DIEDERICHS GELBE REIHE

herausgegeben von Michael Günther

Vanamali Gunturu

Mahatma Gandhi

Leben und Werk

Eugen Diederichs Verlag

Die Deutsche Bibliothek – CIP-Einheitsaufnahme
Gunturu, Vanamali:
Mahatma Gandhi : Leben und Werk / Vanamali Gunturu. –
München : Diederichs, 1999
    (Diederichs Gelbe Reihe ; Bd. 152 : Indien)
    ISBN 3-424-01481-8

Umschlaggestaltung: Zembsch' Werkstatt, München
Produktion: Tillmann Roeder, München
Satz: Fotosatz Otto Gutfreund GmbH, Darmstadt
Druck und Bindung: Pressedruck, Augsburg
Printed in Germany

ISBN 3-424-01481-8

Inhalt

Vorwort

Meine Mutter hatte ein paar Geschichten in ihrem Repertoire. Beim Essen mußte sie sie uns Kindern erzählen, andernfalls hörten wir auf zu essen und machten einen Aufstand. Meistens erzählte sie uns die Geschichten von dem Mädchen Balanagamma und dem Magier, über Sakkubais Liebe zu Krishna, Ramada im Gefängnis und ein paar Passagen aus dem Mahabharata. Manchmal erzählte sie die traurige Geschichte von König Satyaharischandra, der wegen seiner Leidenschaft zur Wahrheit sein Leben aufs Spiel setzte und seine Frau und sein Kind in die Sklaverei verkaufte.

Nach diesem König war unweigerlich Gandhi dran. Meine Mutter erzählte eigentlich nicht viel über ihn. Meistens ging es um ein Kindheitserlebnis von ihr, um Eindrücke, die sie hatte, als sie ihn zum ersten Mal in ihrer Provinzstadt sah. Auf einer Reise nach Madras fuhr Gandhi über Nellore. Als die Menschen in der Stadt und in den umliegenden Dörfern Nachricht davon bekamen, strömten sie zu Tausenden in den Bahnhof von Nellore. Meine Mutter, ein kleines Mädchen damals – uns gab es noch nicht, wir waren einfach nicht da, sagte sie uns, und die Atmosphäre wurde dadurch um so geheimnisvoller – ging mit ihrem Vater zum Bahnhof und wartete am Bahngleis. Überall waren in weißem Khadi gekleidete Mitglieder der Kongreßpartei* zu sehen. Sie trugen Khadistoffe oder Girlanden aus handgesponnenem Garn in der Hand und warteten auf den Zug.

Als endlich der Zug einfuhr und Gandhi hinter dem

---

* Im folgenden werden »Kongreßpartei« und »Kongreß«, wie in Indien üblich, synonym verwendet.

Fenster eines Zugabteils sichtbar wurde, riefen alle: »Mahatma Gandhi ki jai!« (Sieg dem Mahatma Gandhi). Die Menschenmenge und die Rufe machten ihn gar nicht glücklich. Ermahnend legte Gandhi den Zeigefinger auf seine geschlossenen Lippen. Sofort breitete sich ein Schweigen über die Menschenmenge aus. Im Bahnhof herrschte eine tiefe Stille. Einige Prominente wagten, sich ihm ehrfürchtig und langsam zu nähern, und legten ihm die Garngirlanden um den Hals, und einige schenkten ihm Khaditücher. Stillschweigend nahm Gandhi die Ehrung an. Der Zug fuhr wieder ab.

Immer wenn meine Mutter diese Geschichte erzählte, wurde sie selber still. In ihrem Gesicht konnte man die Verehrung für Gandhi ablesen. Es war nicht einfach, sie wieder aus ihrer Erinnerungswelt zurückzuholen. Mein Vater hörte – von seinem Arbeitszimmer aus – nur dieser Geschichte aufmerksam zu. Die anderen Geschichten mit Magiern und Königen duldete er lediglich. Manchmal verließ er seinen Schreibtisch und kam zu uns. Er gab meiner Mutter ernsthaft zu bedenken, und zwar ohne Gandhi verherrlichen oder verurteilen zu wollen, daß viele Menschen wegen Gandhi ihr Eigentum und ihren Beruf aufgegeben und viele Jahre im Gefängnis verbracht hätten und daß viele Familien ruiniert worden wären. Er sprach über die Korruption in den Kongreß-Ministerien und wie sie um sich griff.

Verehrung für Gandhi konnte man ihm also nicht anmerken. Bewegt erzählte er jedoch einmal ein Ereignis aus seiner Kindheit. Sein Vater war ein gutaussehender, immer in teure Seide gekleideter Herr. Nach Gandhis Aufruf, ausländische Waren zu boykottieren, nahm er mit seinem Sohn an einer Kleiderverbrennung teil. Danach zog er nie wieder feine Fabrikstoffe an und trug immer nur Khadi.

In der Schule mußten wir jedes Jahr mindestens eine Geschichte aus Gandhis Leben lernen. Die Rede dort war von »Gandhi tata« (Opa Gandhi). In den Klassenzimmern

hingen seine Bilder. Als ich später die oberen Klassen besuchte, überraschten mich manchmal die Äußerungen
meiner Kommilitonen, die Gandhi Schwäche und Un-
männlichkeit vorwarfen und behaupteten, die Miseren
Indiens seien auf ihn zurückzuführen. Wenn Gandhi nicht
Nehru (der später Indiens erster Premierminister wurde)
unterstützt hätte, wäre Subhas Chandra Bose (der Prot-
agonist des bewaffneten Widerstandes) Premierminister
geworden, und die Inder wären besser dran. Gandhi zu
verurteilen war für sie wie eine Heldentat. Das verwirrte
mich.

Je mehr ich meine Augen von der heilen Welt der Familie abwandte und der Welt zuwandte, desto verwirrter
wurde ich. Ich verstand nie, warum Kongreßpartei-Mit-
glieder Khadi trugen und warum sie sich ständig auf
Gandhi bezogen, obwohl sie in ihrem Leben Gandhi fern
– in jedem Sinne – blieben. Ich verstand nie, warum die
Angestellten und Beamten in ihrem Streik um Gehaltser-
höhungen Gandhis Bilder und das Wort »Satyagraha« gebrauchten. Lange Zeit waren Satyagraha und Hungerstreik für mich und viele meiner Freunde synonym. Nach
der Schule gab es lange keinen Anlaß, sich mit Gandhi auseinanderzusetzen. Gandhi ist eine der vielen Gegebenheiten in der Geschichte Indiens und markiert einen der nationalen Feiertage im Kalender – spätestens zu seinem
Geburtstag denkt man wieder an ihn.

Meine »Erfahrung« mit Gandhi ist in Indien keine besondere. Unzählige Männer und Frauen meiner Generation sind Gandhi, wie ich, über Erzählungen ihrer Eltern
begegnet, die weder ganz zu Gandhi stehen noch von ihm
Abschied genommen haben. In diesem Zwiespalt sind die
Spannungen des Landes wiederzufinden. Und in diesem
Zwiespalt ist Gandhi in Indien direkt oder indirekt allgegenwärtig. Man kann sich ihm nicht entziehen. In Indien
begegnet man auf Briefmarken, Geldscheinen, in Büro-
gebäuden oder Bahnhofen seinem von einer halb trans-

parenten Staubschicht überzogenen oder beschmutzten Bild. Inder pflegen an Straßenkreuzungen seine Statue aufzustellen, deren Kopf ein beliebter Aufenthaltsort für Tauben und andere Vogelarten ist. Unerwartet begegnet man Gandhi manchmal in den Reden der Politiker, und der Zusammenhang bleibt meist unverständlich – alles Erinnerungen an den »Vater der Nation«, wie Gandhi in Indien auch genannt wird, die im Menschenmeer des Subkontinents zu versinken drohen?

Es gibt eine Minderheit von Indern, die ihr Leben einzeln oder in kleinen Gemeinschaften Gandhis Lehre entsprechend führen. Auch eine aktive Bewegung der Heimindustrie und Khadi-Produktion gibt es noch.

Das heutige Indien vermittelt ein ambivalentes Bild von Gandhi. Diese Ambivalenz ist auf eine Kluft zurückzuführen, die zwischen Gandhi, wie er an sich ist, und seinem Bild, wie es in der indischen Gesellschaft erscheint, besteht. Gandhi an sich, wie er in seiner Biographie und seinen Schriften erscheint, wird zunehmend von einem anderen Bild verhüllt. Leider ist dieses Bild das Ergebnis einer fehlenden Auseinandersetzung mit Gandhis Leben und Lehre.

Kaum ein anderer Inder wurde im Ausland, besonders im Westen, so sehr bewundert wie Gandhi. Tolstoi erkannte seine Bedeutung sehr früh. Die ersten Biographien über ihn wurden von Ausländern verfaßt – z. B. 1909 von Joseph Doke, später von Romain Rolland. Beachtlichen Einfluß übte er auf die Bewegungen für Bürgerrechte und Frieden aus. In Gesprächen mit den Intellektuellen des Westens fällt jedoch eine mangelnde Auseinandersetzung mit seiner Lehre auf. Die Kenntnisse reichen in den meisten Fällen nicht über einige Klischees hinaus. »Er war nicht ganz gewaltlos«, »vor einem Hitler hätte er keine Chance gehabt«, »er hat den Engländern vieles zu verdanken«, »er ist mittelalterlich, rückständig und technologiefeindlich« hört man oft. Emanzipierte Frauen stellen oft die Frage, ob seine Frau Kasturba unter seiner Tyrannei nicht zu leiden hatte.

Im Ausland scheint sich ein vages und verzerrtes Bild von Gandhi etabliert zu haben. Man fragt sich sogar, ob es jemals einen echten Versuch gegeben hat, Gandhi zu verstehen. Anders ist es schwer zu begreifen, wenn einige Wissenschaftler Gandhi heute deswegen für relevant halten, weil ihrer Meinung nach mit Hilfe seiner Lehre im Wehretat Einsparungen zu erzielen wären! (Vgl. S. Krolick and B. Cannon [ed.] 1984, S. 45)

Obwohl Gandhi als Inder den indischen Freiheitskampf leitete, war sein Blick nicht nur auf dieses Land beschränkt. Seine Gedanken umspannten die ganze Menschheit und die Welt. Seine Philosophie entwickelte sich in einer ständigen Auseinandersetzung mit den westlichen Intellektuellen und der materialistischen Zivilisation und zeigte für ihre Krisen eine radikale Lösung auf. Die Relevanz seiner Lehre wächst mit jedem Krieg, der geführt wird, jedem Verbrechen, das begangen wird, und mit jeder Gefahr, die dieser Zivilisation droht; sei es im Bereich der (Friedens-)Politik, der Wirtschaft, Umwelt oder Gesundheit. Gandhi machte in seinen Schriften ernsthafte Lösungsvorschläge in allen diesen Bereichen. Mit seiner Philosophie muß sich jeder verantwortungsbewußte Mensch auseinandersetzen, sie sollte zum Grundbestand philosophischer Bildung zählen. Es wäre aber ein falscher Ansatz, in Gandhis Lehre eine bestimmte vorgefertigte Lösung zu einem bestimmten Problem zu suchen, sie also nur in einzelnen Bereichen »anwenden« zu wollen. Wir können z. B. nicht für die moralischen Probleme der Gesellschaft bei Gandhi eine Lösung suchen und auf wirtschaftlicher Ebene weiterhin materialistisch bleiben. Gandhis Lehre und Ideale können wir nur in ihrer Gesamtheit verwirklichen. *Die Bestandteile seiner Lehre stehen in einem engen logischen Zusammenhang zueinander,* wie es bei vielen großen Denkern üblich ist. Das vorliegende Buch versucht diesen Zusammenhang wiederum darzustellen.

Gandhis Werk ist groß wie ein Ozean. Er schrieb selten wissenschaftliche oder systematische Abhandlungen. So ist seine Lehre über verschiedene Ansprachen, Zeitungsartikel und Briefe verstreut. Seine gesammelten Werke bestehen aus 93 Bänden. Während das vorliegende Buch kein Ersatz für die Lektüre von Gandhis umfangreichen Schriften sein kann, wird hier versucht, das Wesentliche an seiner Lehre auch unter philosophischen Aspekten, aber verständlich darzulegen.

Im ersten Teil wird in vier Kapiteln die Lebensgeschichte Gandhis erzählt. Wie viele Lehrmeister Indiens lehrte Gandhi nur das, was er in seinem eigenen Leben sorgfältig praktizierte. Es war sein Leben, das für die Gültigkeit seiner Lehre den letzten Beweis lieferte, nicht seine Disputationsfähigkeit. Dieses Leben war von Herausforderungen, Erniedrigungen, Verehrung und Humor und nicht zuletzt von Trauer und Tränen geprägt. Es ist das Leben eines Dieners der Menschheit. In Anbetracht von Gandhis Biographie können wir gut nachvollziehen, daß die Ereignisse im Leben großer Propheten und ihre edlen Ansichten keine bloßen Erfindungen sein müssen.

Im zweiten Teil wird Gandhis Lehre dargestellt. Wahrheit spielt die wichtigste Rolle in Gandhis Philosophie. Es wird gezeigt, wie der Wahrheitsbegriff in verschiedenen Strömungen der abendländischen Philosophie aufgefaßt wird und inwiefern die Frage, ob Gandhis Wahrheit in irgendeiner dieser Strömungen wiederzufinden ist, bejaht werden kann. Im sechsten Kapitel geht es um die indische Seite dieser Problematik und um den Kern von Gandhis Auffassung von der Wahrheit, in der sich ein starker Einfluß der Jaina- und Advaita-Philosophie nachweisen läßt. Gandhis Wahrheitsbegriff führt logischerweise zu seiner Gewaltlosigkeit, die im folgenden Thema ist. Dabei wird zum ersten Mal gezeigt, warum für Gandhi Gewaltlosigkeit ein epistemologischer Weg zur Wahrheit ist. Im achten Kapitel wird Gandhis Technik Satyagraha behandelt, über die seine Philosophie »umgesetzt« wird. Die Übung des Satyagraha hat Konsequenzen für Politik, Wirtschaft, Kultur und Gesellschaft. Auch diese Konsequenzen werden hier geschildert. Eng mit dem Begriff der Wahrheit und Gewaltlosigkeit hängen Gandhis Vorstellungen über Gesundheit zusammen, und ihre logischen Folgen sind das Naturheilverfahren und die richtige Ernährung – das Thema des neunten Kapitels. Die esoterischen Aspekte von Gandhis Philosophie werden im zehnten Kapitel erläutert. Das elfte Kapitel beschäftigt sich mit der Kritik, wie sie an Gandhi geübt wird.

An dieser Stelle danke ich Helga Klein-Lauw, Bärbel Peitz und vor allem Carmen Greiff. Dieses Buch ist Shri Sainath Maharaj in Shirdi gewidmet.

München, Oktober 1998   Vanamali Gunturu

I.
LEBEN

Mein Leben selbst ist die Botschaft.
Andernfalls kann all das,
was ich jetzt schreibe,
den Zweck nicht erfüllen.

Gandhi, Mai 1945

1. Von Porbandar bis London und zurück

§ 1. *Ich möchte einfach die Geschichte meiner Experimente mit Wahrheit erzählen*

Mohandas Karamchand Gandhi wurde am 2. Oktober 1869 in einer kleinen Stadt im heutigen Bundesstaat Gujarat geboren. Zwölf Jahre vor seiner Geburt hatte Indien einen großen Aufstand gegen die britische Herrschaft erlebt. Daran waren viele Soldaten der britisch-indischen Armee, entmachtete Könige, Fürsten und andere Adlige, Bauern, arbeitslose Weber, Schuster, Schmiede und beleidigte religiöse Anführer der Hindus und Muslime beteiligt gewesen. In diesem ersten Unabhängigkeitskrieg von 1857 machte das mittelalterliche Indien den letzten Versuch, sich zu behaupten. Im Schulterschluß erklärten Hindus und Muslime den muslimischen Mogulkaiser, Bahadur Shah, zu ihrem Kaiser (vgl. Bipan Chandra 1991, 31). Der Aufstand war eine Folge der seit hundert Jahren andauernden ausbeuterischen Herrschaft der Briten im Bereich der Politik, Wirtschaft, Religion und Kultur. Innerhalb von ein paar Jahren schlugen die Briten die Rebellion nieder und brachten ganz Indien wieder unter ihre Kontrolle. Die mittelalterlich denkenden Inder konnten sich mit den »modernen« Briten nicht messen, die Speere nicht mit den Gewehren.

Während dieser Rebellion besuchte Vasudeva Balavant Phadke, einer ihrer Anführer in Maharashtra, den heiligen Swami Samartha. Phadke bat den Heiligen, sein Schwert zu segnen. Nicht nur lehnte der Heilige die Bitte ab, er ließ das Schwert sogar von einem Schüler auf einen hohen Baum legen (vgl. Bharadwaja, 87). Diese Haltung des Heiligen kann man auf unterschiedliche Weise verstehen.

In jedem Fall bedeutet sie eine klare Absage an die Gewalt. Nichts wird erreicht durch die gewaltsame Vertreibung der Briten. Nach Meinung des Heiligen mußte die Gesellschaft in vieler Hinsicht reformiert werden, wenn die Unabhängigkeit wirklich gelingen sollte. Gerade diesen Grundsatz erkannte Gandhi und richtete seine Arbeit entsprechend aus: Gewaltlosigkeit als Bedingung der gesellschaftlichen Reform und der Unabhängigkeit.

Die Gandhis waren Angehörige der Modh Bania, der Kaste der Kaufleute. Gandhis Vorfahren stellten seit drei Generationen Premierminister am Hof der lokalen Fürsten im Kathiawad (im Westgujarat). Karamchand Gandhi, der Vater, war Premierminister in dem Fürstentum Porbandar. Karamchand heiratete vier Mal, da seine Frauen jedesmal starben. Die vierte Frau Putali Bai gebar ihm vier Kinder, eine Tochter und drei Söhne. Gandhi war ihr viertes Kind. Er hatte noch zwei ältere Schwestern aus einer früheren Ehe seines Vaters. Da Karamchand bei der vierten Eheschließung über vierzig Jahre alt war, warf ihm Gandhi sinnliche Gelüste vor.

Karamchand hatte keinen Schulabschluß. Er hatte vielleicht nur die dritte oder vierte Klasse der Grundschule besucht; von Geographie und Geschichte hatte er keine Ahnung. Erfahrung war seine einzige Bildung. Aufrichtig und treu, galt er zugleich als jähzornig. Wegen seiner Aufrichtigkeit und Loyalität zu seinem Fürsten geriet er in die Mißgunst des in diesem Fürstentum stationierten britischen Regierungsvertreters. Nach dem Untertänigkeitsvertrag hatte die koloniale Regierung am Hof jedes Fürsten oder Königs ihre Vertreter stationiert, welche die dortigen inneren und äußeren Angelegenheiten bestimmten.

Karamchand kümmerte sich um seinen Klan, war selbstlos und ohne Habgier. Diese Eigenschaften des Vaters erbte Gandhi – mit dem Unterschied, daß er sich um alle Inder kümmerte und nicht nur um seinen eigenen Klan. Der Kontrast zwischen seinem ungebildeten Vater, der guten Charakters war, und dem Vertreter der Briten, der sicherlich gebildet war, aber zweifelhaften Charakters, muß Gandhis Vorstellungen sehr tief geprägt haben. Später in seinem Leben stellte er immer wieder fest, daß Bildung nicht unbedingt einen guten Charakter gewährleistet. Daher legte er mehr Nachdruck auf die »Charakterbildung« als Ziel des Schulunterrichts als auf die Ansammlung von Kenntnissen.

Auch seine Mutter Putali Bai war »ungebildet«. Sie war nach Gandhi eine zutiefst religiöse Frau, die sorgsam auf alle religiösen Vorschriften achtete, an Festtagen fastete und verschiedene Gelübde ablegte. Mit großer Hingabe pflegte sie die Kranken. Da Gandhis Vater Karamchand, seine vier Brüder und ihre Familien alle zusammen in einem dreistöckigen Haus wohnten, hatte sie viele Möglichkeiten, ihrer »Leidenschaft«, der Krankenpflege, nachzugehen.

Auch ohne eine gute Schulbildung im traditionellen Verständnis genossen zu haben, galt Putali Bai als sehr weise. Die Hofdamen suchten oft ihren Rat. Bei solchen Angelegenheiten begleitete der junge Gandhi Putali Bai zu den Hofdamen und wohnte ihren Gesprächen bei.

Obwohl die Gandhis Vaishnavas, Vishnu-Verehrer, waren, nahmen sie anderen Strömungen des Hinduismus und anderen Religionen gegenüber eine tolerante Haltung ein. So besuchten sie außer den Vishnutempeln auch Shivatempel. Muslime, Parsis und Jainisten kamen zu seinem Vater und unterhielten sich mit ihm über ihre Religion. Als »Diener« und Pfleger seines Vaters bekam Gandhi viel von dieser Atmosphäre der Offenheit und des Austausches mit – seine Mutter war sogar Mitglied einer Bewegung, die den Islam mit dem Hinduismus zu vereinbaren suchte.

Der Jainismus, der in Gujarat weite Verbreitung fand,

muß einer der maßgeblichen Einflüsse auf Gandhi gewesen sein. Mahavira, der letzte Wegbereiter dieser Religion, war ein Zeitgenosse von Buddha. Wie im Buddhismus spielt auch im Jainismus die Gewaltlosigkeit eine wichtige Rolle, mit dem Unterschied, daß die Jainisten die Forderung nach Gewaltlosigkeit mit allen Konsequenzen praktizieren. In vielerlei Hinsicht prägte diese Religion Gandhis Philosophie nachhaltig.

Als Jüngster war Gandhi Putali Bais Lieblingskind. Er suchte immer ihre Nähe, während seine Geschwister spielten. Beim kleinsten Anlaß lief er zu ihr. Für Spiele interessierte er sich nicht so sehr. In der Schule war er schüchtern und hatte keine Freunde außer Schulbüchern. Auch der Sport interessierte ihn nicht, dem Sportunterricht blieb er fern, da er diese Zeit – und Kräfte – lieber dazu nutzen wollte, seinem Vater zu dienen. Aber in dieser Zeit entwickelte er die Gewohnheit, lange Spaziergänge zu machen, eine Gewohnheit, die er bis zu seinem Lebensende beibehielt und sogar später in seinen politischen Agitationen erfolgreich anwendete.

Nach Gandhis eigenen Worten langweilten ihn die Schulbücher, und er war ein »mittelmäßiger« Schüler. Dennoch lernte er prompt alles, was von ihm erwartet wurde. Einmal las er etwa die Geschichte von Shravana, dem Sohn eines alten Brahmanenehepaares. Das Ehepaar war erblindet, hatte aber den sehnlichsten Wunsch, die Pilgerorte zu besuchen. Shravana setzte sie in zwei Körbe, die er an die beiden Enden eines Bambusstockes hängte und legte den Stock mit dem Gewicht der Körbe auf seine Schultern. So trug er seine Eltern von Pilgerort zu Pilgerort. Diese mythische Figur beeindruckte Gandhi sehr, und er wollte seinen Eltern genauso hingebungsvoll dienen. Ebenfalls während seiner Zeit als Schüler sah Gandhi ein Drama mit dem Titel Harischandra. Aus einem hochentwickelten Sinn für Wahrheit und Gerechtigkeit heraus opferte darin Harischandra, ein König der Hindumythologie, seinen Reichtum, seine Macht und Frau und verkaufte sich in die Sklaverei. Aufgrund seines tragischen und von Leid erfüllten Lebens wird der König im Volksmund Satyaharischandra, »Harischandra der Wahrheit«, genannt. Dieses Drama, das Gandhi mehrmals sah und immer wieder in seiner Vorstellung inszenierte, nahm für ihn schließlich die Bedeutung einer wahren Geschichte an. Er fragte sich: »Warum ist nicht jeder wahrhaftig wie Harischandra?«

An einigen Ereignissen aus dieser Zeit kann man erkennen, daß sich Gandhi bereits als Kind der Wahrheit und Gerechtigkeit verpflichtet fühlte. In seiner Autobiographie erinnert er sich, wie einmal ein Schulinspektor seine Schule besuchte und Gandhi und seinen Kameraden eine Aufgabe stellte: Sie sollten auf ihrer Schiefertafel fünf englische Wörter buchstabieren. Als Gandhi »kettle« falsch buchstabierte, flüsterte ihm sein Lehrer zu, er solle von seinem Nachbarn spicken. Gandhi weigerte sich. Gerne nahm Gandhi die Rolle des Schiedsrichters ein, obwohl er selber selten Sport betrieben hatte, und er belehrte mit zwölf Jahren seine Mutter, daß Hinduismus nicht mit der Vorstellung von Unberührbarkeit vereinbar sei (Tendulkar I, 32).

Als Gandhi dreizehn Jahre alt war, verheirateten ihn seine Eltern mit der gleichaltrigen Kasturba. Er schreibt später, daß die Verlobung stattfand, als er sieben Jahre alt war. Aber gesagt wurde ihm davon zu diesem Zeitpunkt nichts. Heute noch suchen in Indien die Eltern Ehepartner für ihre Kinder aus und haben das letzte Wort in dieser Angelegenheit. Gandhis Hochzeit ist ein trauriges und zugleich lustiges Ereignis. Gandhis Vater und Onkel, der Bruder von Karamchand, beide schon recht alt, wollten, so Gandhi, zum letzten Mal in ihrem Leben eine schöne Zeit und Spaß haben. Aber eine indische Hochzeit ist ein teures Vergnügen. In der Einladung, die die Eltern des

Brautpaares verschicken, werden die Verwandten und Freunde gebeten, mit ihrer Familie und ihren Verwandten, Freunden und Dienern an dem Hochzeitsfest teilzunehmen. Eine solche Einladung wird meistens wörtlich verstanden und in die Tat umgesetzt – in der Vergangenheit in einem besonderen Maße. Da sich sämtliche Verwandten am Ort der Feierlichkeiten einfinden, manchmal bereits einen Monat vorher, um die Vorbereitungen zu treffen, bietet sich hier die Gelegenheit, auch entferntere Verwandte kennenzulernen oder sie mal wiederzusehen. Es ist eine große Aufgabe, eine mit jedem Tag wachsende Anzahl von Gästen zu speisen und unterzubringen, und dies nicht nur bis zum Tag der Hochzeit, sondern auch noch für einige Tage danach. Da so das ganze Dorf oder der Ort durch eine Hochzeit belebt wird und es viel Unterhaltung, Tanz und Gesang gibt, bleibt sie jahrelang, manchmal über Generationen hinweg in Erinnerung.

Aber jede Hochzeit ist mit großen Ausgaben verbunden. Um diese Kosten zu sparen, wollten Gandhis Vater und Onkel drei Hochzeiten zusammen feiern – die von Gandhis älterem Bruder, von Gandhi und von seinem Cousin. So ging es in dieser Eheschließung, wie Gandhi später schrieb, nicht um das Wohlergehen und den Wunsch des Brautpaares, sondern um die Bequemlichkeit der Eltern. Gandhi selbst war weniger von der Braut angetan als von der Aussicht auf die köstlichen Speisen, Kleider, Musikkapelle, Hochzeitsumzüge usw. Die »Ehekinder«, anders kann man sie nicht bezeichnen, waren unschuldig in jedem Sinne des Wortes. Gandhi erinnert sich später, daß seine Schwägerin ihn über das Verhalten für die erste Nacht belehrt habe. Er wußte nicht, wer seine Frau Kasturba aufklärte (AB, 9) und merkt an, daß in solchen Angelegenheiten die Belehrung eigentlich nicht notwendig sei, da »die Eindrücke der vergangenen Leben jede Belehrung überflüssig werden lassen« (a.a.O.).

Gandhi hat die Gabe, Geschichten witzig zu erzählen.

Dies spürt man auch, wenn es um seine Ehe geht. Aus einer gehorsamen Haltung heraus wollte er als Kind die Fehler der Eltern und anderer Erwachsener nicht zur Sprache bringen – später im Leben kritisierte er seinen Vater jedoch sehr offen und streng wegen dieser Ehe.

Gandhi muß seine Betörung für die junge Kasturba (Kasturi bedeutet »Moschus«) als übermäßig groß empfunden haben. Nach eigener Bezeichnung verfiel er den sexuellen Gelüsten. Tag und Nacht war er besessen von den Gedanken an seine Frau. Tagsüber, wie es in indischen Familien üblich ist, fand er nie Gelegenheit, sich ihr zu nähern, noch hatte er den Mut dazu. In der Schule dachte er an sie, und nachts muß er sie so sehr gebraucht haben, daß Kasturba wegen seines unsinnigen Geredes kaum schlafen konnte. Trotz dieser »Liebe« versuchte Gandhi, ihren Vorgesetzten zu spielen. Da sie nicht die Schule besuchte, versuchte er sie zu unterrichten. Das konnte er nur nachts, wo er aber von seinen Gelüsten nicht frei war. In späteren Jahren wußte er seine Triebe zu beherrschen, wurde aber von seiner Rolle im öffentlichen Leben stark in Anspruch genommen. So bedauerte Gandhi, daß seine Frau nur ein wenig Gujarati, ihre Muttersprache, schreiben und lesen konnte.

Gandhi war ein treuer Ehemann und erwartete dasselbe auch von seiner Frau – aus »Liebe« zu ihr. Ohne Anlaß wurde er eifersüchtig und beschränkte die Bewegungsfreiheit von Kasturba. Kasturba aber war ein selbständiges Mädchen, das sich ihm nicht unterwerfen wollte. So stritten sie sich oft. Je mehr Gandhi etwa erwartete, daß sie ihn um Erlaubnis bäte, wenn sie das Haus verlassen wollte, desto trotziger wurde Kasturba. Sie ging immer, wohin und wann sie wollte. Sie zeigte Bereitschaft zu leiden, widersetzte sich jedoch Gandhis Nötigungen und Versuchen, ihre Bewegungsfreiheit einzuschränken. Jahre später schämte sich Gandhi wegen seiner Dummheit, und in seiner Autobiographie gestand er sogar, daß er von Kasturba die erste Lektion der Gewaltlosigkeit gelernt habe. Er wollte ihren Willen brechen, aber sie wurde seine Lehrerin in Gewaltlosigkeit.

Gandhi war in einem Jahrhundert der Reformbewegungen geboren. Das 19. Jahrhundert war von Ideen wie Witwenverheiratung, Bildung für Frauen, Gleichheit der Menschen usw. geprägt, und der aufkeimende Nationalismus lag in der Luft. Es ist kein Wunder, daß er seiner Mutter gegenüber immer wieder gegen das Konzept der Unberührbarkeit dozierte und einen Beitrag zur Allgemeinbildung seiner Frau leisten wollte. Er war ein Kind seiner Zeit. In dieser Zeit des aufkommenden Nationalismus begannen die Inder auf intellektueller Ebene zu verstehen, warum sie von den Briten unterworfen worden waren und diese ihnen in vielerlei Hinsicht überlegen waren. Die Erklärungen dafür waren nicht immer logisch. So hieß es etwa, die Briten essen Fleisch, daher seien sie sehr groß und stark. Durch eine Reform der Nahrung, d. h., wenn auch die Inder Fleisch essen würden, würden sie groß und stark wie die Briten. Das ist eine lustige Vorstellung, zumal sich nur eine kleine Minorität der Inder vegetarisch ernährt. Man kann aber nicht leugnen, daß viele Inder unterernährt waren und sind, was nicht mit dem Vegetarismus gleichzusetzen ist.

Gandhi hatte einen muslimischen Freund, Mehtab, Sohn des Polizeichefs von Rajkot, mit dem er seine Erfahrungen mit dem Fleischkonsum machte. Mehtab war ursprünglich ein Freund seines Bruders. Als Gandhi mit ihm Freundschaft schloß, warnten ihn seine Mutter, Kasturba und sein älterer Bruder vor dem schlechten Charakter dieses Freundes. Gandhi erwiderte ihre Warnungen mit der Erklärung, daß er Mehtab nur helfen wolle, sich zu bessern. Bei seinen Versuchen, Kasturba zu erziehen, machte Gandhi immerhin positive Erfahrungen mit dem Konzept der Gewaltlosigkeit. Bei seinem Versuch, Mehtab positiv zu beeinflussen, kam dagegen nichts Wünschenswertes heraus. Vielmehr hatte diese Freundschaft unglückliche Folgen, die Gandhi bis zu seinem Tod beschäftigen sollten; kein Wunder, daß er in seiner Autobiographie das Kapitel über die Freundschaft mit Mehtab eine Tragödie nannte.

Mehtab war robust und furchtlos – er fürchtete keine Gespenster, Diebe oder Dunkelheit wie Gandhi. Selbst Kasturba war in dieser Hinsicht mutiger als Gandhi. Sie konnte bei Dunkelheit aus dem Haus gehen, wann sie wollte. Mehtab war gut in Sport und konnte mühelos die Prügel seiner Lehrer ertragen. Er schrieb diese Tugenden dem Fleischkonsum zu. Das imponierte Gandhi so sehr, daß er insgeheim anfing, Fleisch zu essen. Als Vaishnava-Kaufleute waren die Gandhis strenge Vegetarier, die, wie auch viele Brahmanen in Südindien, das Fleisch nie auch nur zu sehen bekamen, geschweige denn zu essen. So konnte Gandhi das Fleisch nur an geheimen Orten verzehren. Seine beiden älteren Brüder waren dem Fleischkonsum bereits »verfallen«.

Mehtab organisierte das Fleischessen an geheimen Orten. Nach Gandhi dauerte dieses »Experiment« ein Jahr lang, und nicht mehr als sechs Mal wurde es insgesamt organisiert. Nach dem ersten Mal konnte Gandhi nicht schlafen. Jedesmal, wenn er einschlief, hörte er in seinem Magen das Meckern der Ziege, deren Fleisch er gegessen hatte. Das Fleisch schmeckte ihm auch nicht. Mit der Zeit quälten die getöteten Tiere sein Gewissen zwar nicht mehr, und das Fleisch schmeckte ihm auch gut. Eine andere Schwierigkeit blieb aber bestehen: Bei den besonderen Mahlzeiten konnte er nicht zu Hause mit der Familie zu Abend essen. Er mußte sich bei seiner Mutter mit Lügen entschuldigen. Da er aber immer nur die Wahrheit sagte, geriet er in Konflikte – und kam zu dem Schluß, daß er, solange seine Eltern lebten, auf Fleisch verzichten würde.

Derselbe Freund führte Gandhi einmal auch in ein Bordell. Nachdem bereits bezahlt war, hatte Gandhi in dem Zimmer der Prostituierten trotz seiner Begierde nicht den

Mut, den ersten Schritt zu tun. Wortlos und beschämt saß er am Bett der Frau, bis sie ihn mit beleidigenden Worten hinauswarf. Gandhi dankte Gott für dessen Eingreifen. Auch in späteren Jahren schützte ihn Gott zwar noch mehrmals auf ähnliche Weise vor dem Fall. Mit seinem feinen Sinn für Gewissensfragen ließ Gandhi jedoch letztlich keinen Unterschied zwischen dem »Wunsch« und der »Tat« der Untreue gelten, wenngleich gewöhnlicherweise nur in der Tat die Untreue gesehen wird. Allein in diesem gewöhnlichen Sinn sah er sich als gerettet an. Mehtab sorgte dafür, daß Gandhi Kasturbas Treue mißtraute und sie daher oft verletzte. Der Verdacht gegen sie ging so weit, daß er ihr Armreife zerbrach und sie für ein Jahr in ihr Elternhaus verbannte (Kakar, 92). In seiner Autobiographie beschuldigt er sich, ihr oft Gewalt angetan zu haben. Sein Mißtrauen Kasturba gegenüber verschwand erst, als er später im Leben die Tragweite der Gewaltlosigkeit verstand.

In seiner Lebensgeschichte erzählt Gandhi von zwei Diebstählen, die er in dieser Zeit beging. Im ersten Fall entwendete er Geld, um damit Bidis (indische Zigaretten) zu kaufen. Im zweiten Fall stahl er ein wenig Gold von dem Armband seines Bruders, um die Schulden für das Fleischessen zu bezahlen (Tendulkar I, 31). Das wog so schwer auf seinem Herzen, daß er es schließlich seiner Mutter gestand. Auf ihren Rat hin, seinem Vater alles zu beichten, schrieb er ihm einen Brief. Dem kranken Vater traten Tränen in die Augen; er zerriß den Brief und ließ sich langsam wieder auf seinem Lager nieder. Auch Gandhi weinte, doch fühlte er sich durch die tiefe Liebe und das Verzeihen des Vaters gereinigt. Dies war für Gandhi ein klares Zeichen der Gewaltlosigkeit, die in ihrer Reinheit alles verwandelt. Gandhi hatte bei seinem Vater selten so eine Ruhe erlebt und schrieb sie seiner uneingeschränkten reinen Beichte zu. In diesem Ereignis meint Erikson zu erkennen, daß sich der fünfzehnjährige Gandhi »in unge-

27

wöhnlichem Maße der Macht bewußt ist, in seinem Vater einen außerordentlichen Bewußtseinszustand zu erzeugen« (Erikson, 141).

Auf all diesen Irrwegen scheint Gandhi von Wahrheit und Pflichtbewußtsein begleitet gewesen zu sein, die ihn vor dem Sturz bewahrten. Für eine seiner »Irrungen« fühlte sich Gandhi allerdings sein ganzes Leben lang schuldig. Als Gandhi sechzehn Jahre alt war, wurde sein Vater ernsthaft krank (Fistula). Gandhi, seine Mutter und ein Hausdiener pflegten ihn. Kasturba war schwanger. Obwohl die »Religionen, Medizin und gesunder Menschenverstand einstimmig den Geschlechtsverkehr mit Schwangeren« verbieten, schwelgte Gandhi darin. Selbst wenn er die Beine seines Vaters massierte, war er in seinen Vorstellungen bei seiner Frau. Wenn jemand ihn ablöste, ging er immer sofort zu ihr. Einmal kam sein Onkel nach Rajkot, als er hörte, daß es Gandhis Vater sehr schlecht ging. Die Brüder liebten sich sehr. Es war nachts gegen halb elf. Gandhi massierte die Beine seines Vaters. Sein Onkel bot ihm an, ihn abzulösen. Gandhi nutzte sofort die Gelegenheit, zu Kasturba zu gehen. Kasturba schlief bereits. Nach eigenen Worten weckte Gandhi seine Frau und ließ sie nicht weiterschlafen. Einige Minuten später wurde er aus dem Zimmer geholt, und er erfuhr von dem Diener, sein Vater sei tot.

In den letzten Augenblicken vor dem Tod hätte Gandhi gerne von seinem Vater Abschied genommen. Seiner Meinung nach hatten es die sexuellen Gelüste verhindert. Das rief bei Gandhi tiefe Schuldgefühle hervor, die ihn sein Leben lang verfolgten. Wegen dieses Vorfalls betrachtete Gandhi sich selbst als Lüstling und die Gelüste als die schlimmsten Fesseln des Menschen. Nach dem Tod des Vaters hatte seine Frau eine Fehlgeburt – »anders konnte man es nicht erwarten« (AB, 26). Gandhi sah seines Vaters Tod als einen Fluch.

Schon in Gandhis Kindheit lassen sich einige Eigenschaften ausmachen, die besonders auffallen: Zu nennen sind die Beschäftigung mit dem Thema Wahrheit, die Vermittlerrolle, sein Selbstvertrauen, unterschiedliche Situationen gestalten und beherrschen zu können sowie eine frühzeitige Abneigung gegen die Gelüste des Körpers. Die Frage ist aber berechtigt: Wieweit kann man den späteren Mahatma aus diesen Eigenschaften logisch ableiten? Kann man zwischen diesen Eigenschaften und denen des späteren Mahatma einen kausalen Zusammenhang erkennen? Kommt es nicht häufig vor, daß Kinder, nachdem sie gelogen haben, dies ihren Eltern später doch gestehen? Kinder sind der Unwahrheit oder der Lüge unfähig. Erst viel später entdecken sie, daß sich ihre Gedanken der Allwissenheit ihrer Eltern entziehen können. Das Auffallende bei Gandhi ist, daß er seinen Eltern nur die das Gold betreffende Lüge gestand. Den Fleischkonsum und den Besuch im Bordell vertraute er ihnen nicht an. Für viele Kinder ist es ein Spiel, in die Rolle der Erwachsenen zu treten. Kann man tatsächlich Herrschsucht oder -trieb im Kind Gandhi erkennen, wie es Erikson tut, wenn er meint, Gandhi habe das Bild des Fürsten entfernt und sich an seinen Platz gestellt? Sicherlich muß die Tatsache, daß sich der Tod seines Vaters in dem Augenblick des Beisammenseins mit seiner Frau ereignete, tiefe Schuldgefühle in Gandhi erzeugt haben. Muß das aber unweigerlich zum Zölibatsgelübde führen? Die Eigenschaften und Prinzipien des späteren Gandhi hängen mit seiner Spiritualität zusammen. Kann man Spiritualität mit Hilfe von psychologischen oder psychoanalytischen Kategorien erklären?

Mit sechzehn Jahren schloß Gandhi die Schule ab – der einzige in der Familie, der es so weit brachte. Er beschreibt sich als einen mittelmäßigen Schüler, der seine Schulaufgaben aus Angst vor Tadel gemacht habe. Das könnte eine Untertreibung sein – er hatte viele Schul-Preise und Stipendien gewonnen. Nach der Schule besuchte er das College in Bhavnagar. Das Studium im College fiel ihm schwer, da die Dozenten nur Englisch sprachen (Nanda, 21). Er war verzweifelt.

Als er nach dem ersten Semester wieder bei seiner Familie war, kam der Vorschlag von einem Familienfreund, er solle in England Jura studieren und Barrister werden. Der Familienfreund stellte die Nachteile eines Studiums in Indien dar. Wenn man auf den Abschluß des B. A. (»Bachelor of Arts«) hin studiert, endet man als Schreibkraft in einem Büro. Will man das nicht, so muß man volle fünf Jahre lang Jura studieren. In England dagegen kann man in viel kürzerer Zeit Barrister werden. Das habe den großen Vorteil, daß Gandhi bald die Stelle seines Vaters als Premierminister des Fürsten antreten könne. Seine Vorfahren hätten keine solchen Qualifikationen gebraucht, doch die Zeiten hätten sich geändert. Gandhi war mit der Idee, nach England zu fahren, sofort einverstanden. Könne er dort aber nicht Medizin studieren? Sein Bruder brachte gleich den Einwand auf, daß ihr Vater dagegen gewesen wäre, da das Sezieren der Leichen nicht im Einklang mit dem Vaishnavismus sei.

Diese Diskussion über den zukünftigen Beruf verweist beispielhaft auf einige wichtige Aspekte der kolonialen Bildungspolitik. Die Colleges in Indien boten in der Regel nur das Studium der Geisteswissenschaften (mit den Abschlüssen B. A. und M. A. = »Master of Arts«) an, welche zu Büroarbeiten führten – oder Jura. Der Familienfreund oder die Familie selbst kamen nicht auf ein Studium wie Physik, Chemie, Maschinenbau oder Technik zu sprechen, weil diese Fächer aus bildungspolitischen Gründen nicht unterrichtet wurden. Die Bildungspolitik der Briten war gegen die Verbreitung dieser Wissenschaften in Indien gerichtet (Bipan Chandra 1971, 122).

Gandhi mußte aber einige Hürden nehmen, bevor er nach England fahren durfte: Bedenken der Mutter, finanzielle Probleme und das Verbot der Kaste, das Meer zu überqueren.

Als Gandhis Vater starb, hinterließ er nicht viel Geld. Ein Auslandsstudium bedeutete für die Familie eine besondere finanzielle Belastung. Zwar war seine Mutter prinzipiell dagegen, daß ihr jüngster Sohn in ein fremdes Land fahren sollte. Doch gab sie die Entscheidung zunächst ab, indem sie Gandhi riet, von seinem Onkel, dem Bruder seines Vaters, die Erlaubnis einzuholen, weil er, wie es in Indien üblich ist, nach dem Tod des Vaters die Verantwortung für die Familie trug. Gandhis älterer Bruder stimmte der Mutter zu und hielt Gandhi dazu an, sich bei dem Onkel auch nach einem Stipendium des Fürstentums Porbandar zu erkundigen; die Gandhis hatten Anspruch auf seine finanzielle Unterstützung.

Sein Onkel deligierte diese Entscheidungsmacht wieder an Gandhis Mutter. Was die finanzielle Unterstützung betraf, mußte Gandhi den Verwalter, Herrn Lely, ansprechen. Herr Lely entließ Gandhi unwirsch mit dem Rat, er solle erst einmal den B. A. abschließen. Bis dahin käme keine Hilfe in Frage. Der enttäuschte Gandhi dachte – wie viele Inder in finanzieller Notsituation – an die Juwelen seiner Frau. Sein großzügiger älterer Bruder aber versprach, ihn zu finanzieren. Seine Mutter hatte Bedenken, der junge Gandhi könnte den Versuchungen des Westens – Frauen, Alkohol, Fleisch usw. – nachgeben. Ein Jaina-Geistlicher kam Gandhi sehr entgegen, indem er ihm das Gelübde abnahm, nie an fremde Frauen, Alkohol und Fleisch zu rühren. Somit war seine Mutter beruhigt. Aber auch die mittelalterlich geprägte Gemeinde seiner Kaste stellte sich Gandhi in den Weg. Sie verbot die Reise nach England, da sie das Überqueren des Meeres bedeuten würde. Dieses Verbot hatte es im Altertum nicht gegeben. Es entstand erst im Mittelalter als Folge der Unruhen in den arabischen Ländern. Obwohl die Anführer seiner Kaste ihm mit Ausschluß aus der Kaste drohten, fuhr Gandhi am 4. 9. 1888 ab.

In dieser Entscheidung, nach England zu fahren, kommen Gandhis enormer Mut und ein großes Vertrauen seiner Familie zu ihm zum Vorschein. Gandhi fand sein Studium in Bhavnagar schwierig, weil die Professoren nur Englisch redeten. Von der Idee, in England zu studieren, war er jedoch begeistert. Es wäre zu erwarten gewesen, daß seine sprachlichen Schwierigkeiten in England noch schlimmer sein würden. Überdies war Gandhi sehr scheu, so scheu, daß er nach der Schule gleich nach Hause rannte und an Spielen mit Gleichaltrigen nie teilnahm. Die Magie des »Bartanias« (einheimisch für Britannien) muß damals genauso stark zum Tragen gekommen sein wie heute.

Seine Schüchternheit begleitete Gandhi viele Jahre lang. Er selbst sieht in ihr, wie auch in einigen negativen Ereignissen seines Lebens, jedoch auch etwas sehr Positives. Aufgrund seiner Scheu fand er während seiner Schulzeit wenige Freunde. Auch später redete er sehr wenig. Da er sich unwohl und gehemmt den Mitmenschen gegenüber fühlte, selbst bei Freunden, überlegte er sich um so genauer, was er sagen wollte, und nach eigenen Worten verfiel er so nie in ein Geplapper. Er erklärte später auch, die Wahrheit leide unter dem vielen Reden.

§ 2. *Die unmögliche Aufgabe, ein englischer Gentleman zu werden*

Damals dauerte die Reise von Indien nach England etwa vier Wochen. Das Schiff war voll mit Engländern. Gandhi traute sich nicht, sich mit ihnen zu unterhalten oder auch nur, sich zum Essen zu ihnen zu setzen. Ihre Bemerkungen verstand er meist nicht, und selbst wenn er sie verstand, konnte er nicht antworten. Mit dem Gebrauch von Messer und Gabel war er nicht vertraut und wagte nicht, die Kellner zu fragen, welche Gerichte fleischlos seien. So blieb er die ganze Zeit allein in seiner Kabine und aß Früchte und Nüsse, die er mitgebracht hatte. Während der ganzen Überfahrt war Herr Mazumdar, ein weltläufiger Jurist, die einzige Person, mit der Gandhi Kontakt aufnahm.

Ein mitreisender Engländer, der sich für Gandhi interessierte, riet ihm, das Gelübde über den Vegetarismus nicht ernst zu nehmen. Er könne es ja einhalten, bis das Schiff den Golf von Biskaya erreicht habe. Danach aber müsse Gandhi Fleisch essen, um zu überleben. Er meine es nur gut. Er sage ja nichts gegen den Verzicht auf Alkohol, aber er kenne fast niemanden in England, der auf Fleisch verzichte. Gandhi bedankte sich für den Ratschlag, antwortete aber, er würde lieber nach Indien zurückfahren, als Fleisch zu essen, um in England leben zu können.

Auf der Fahrt trug Gandhi einen Anzug. Für den Tag der Ankunft in London hob er sich einen weißen Anzug auf. Als das Schiff Ende September anlegte, war es ihm peinlich, als einziger in Weiß gekleidet zu sein. Eine gewöhnliche Erfahrung eines jungen Mannes, der seine Heimat verläßt und sich in die große fremde Welt begibt. Viele Jahre mußten vergehen, bevor er mit seiner Halbnacktheit die Macht dieser ihm fremden Zivilisation herausforderte.

Die Begegnung mit dem Fremden muß für Gandhi sehr schmerzhaft gewesen sein, obwohl er sie in seiner Autobiographie lustig beschreibt. Gleich bei der Ankunft wies ihn ein europäisierter Inder darauf hin, daß Gandhi die Gegenstände anderer nicht anfassen dürfe. Ein Verbot, das er sicherlich aus seiner Heimat, Gujarat, nicht kannte. Er möge Menschen nicht mit »Sir« anreden, weil nur die Diener das täten, erzählte der Freund weiter. Vieles muß Gandhi danach verunsichert haben. Er war immer auf der Hut. Die hohe Zimmermiete und die Essenskosten schockierten ihn. Das Vegetarismusgelübde erschwerte die Lage, da er viele Gerichte nicht essen durfte, und wenn er vegetarisches Essen bekam, es nach nichts schmeckte.

Da er aus Scheu seine Gastgeber am Tisch nicht um mehr Brot oder Milch bat, hungerte er tatsächlich. In Anbetracht der fremdartigen Häuser, des Essens, der Leute und ihrer Sitten packte ihn die Verzweiflung, er dachte ständig an seine Heimat, seine Frau, Mutter, sein Kind, und nachts weinte er.

Im ersten Monat in London absolvierte er sein Noviziat bei einem Freund, der ihn in die Sitten der englischen Gesellschaft einweihte. Der Freund bedrängte ihn zusätzlich mit allen möglichen Argumenten, Fleisch zu essen. Gandhi aber blieb seinem Gelübde treu.

In den ersten Monaten seines Aufenthalts entdeckte Gandhi ein vegetarisches Restaurant. Sein Anblick erfüllte Gandhis Herz mit Freude. Hier aß er zum ersten Mal nach seiner Ankunft in England nach Herzenslust und zu seiner vollen Zufriedenheit. Und es war nicht nur ein vegetarisches Restaurant. Dort trafen sich regelmäßig Anhänger des Vegetarismus, und man konnte auch Bücher über den Vegetarismus erstehen. Gandhi kaufte und las sie. Bislang war Gandhi nur aus religiösen Gründen und wegen des Gelübdes Vegetarier gewesen. Vom rationalen Standpunkt aus war er seit der Schulzeit vom Sinn des Fleischkonsums überzeugt, wollte aber seinen Eltern zuliebe darauf verzichten, solange sie lebten. Dieser freiwillige Verzicht war durch das Gelübde vor seiner Mutter untermauert worden. Die Bücher, auf die er nun in England stieß, überzeugten ihn zum ersten Mal von der Überlegenheit des Vegetarismus. Seitdem blieb Gandhi ein überzeugter Vegetarier. Die meisten Vegetarier, die er damals in England kennenlernte, kamen ihm allerdings in ihrer nahezu fanatischen Beschäftigung mit dem Thema Gesundheit merkwürdig vor, zumal sie immer von Krankheiten sprachen und keinen glücklichen Eindruck auf ihn machten.

Insgesamt war es Gandhis Wunsch, sich die englischen Sitten und Gewohnheiten anzueignen. Er verstand Tanz,

Musik, Redekunst und Fremdsprachenkenntnisse als Zeichen der Kultiviertheit eines Gentleman. So nahm er Unterricht in diesen Fächern und ließ sich in der Bondstreet Anzüge schneidern. Bald stellte er fest, daß er den Tanz nicht erlernen konnte, da für ihn die westliche Musik zu fremd war. Die Geige zu spielen, dachte er sich, könne er später auch in Indien erlernen. Als ihm nach drei Monaten aufging, daß er nicht sein Leben lang in England bleiben wollte, kehrte die Vernunft zurück, und er wandte sich dem Lernen zu.

Damit begann ein neues Kapitel. Mit dem Geld, das ihm sein Bruder aus Indien schickte, ging er nun sparsam um, mietete ein billigeres Zimmer, kochte sein Essen selbst. Er ging im Schnitt zwölf Meilen am Tag zu Fuß, um Fahrtkosten zu sparen – eine Verhaltensweise, die später in seinem Leben eine wichtige Rolle spielte. Sein Zimmer befand sich immer in der Gegend, in der er arbeitete. Da das Bestehen der Barristerprüfungen keine besondere Mühe erforderte, wollte Gandhi die drei Jahre, die ihm zur Verfügung standen und nicht durch diese Ausbildung allein auszufüllen waren, zu weiterführenden Studien nutzen. Gandhi war sich seiner mangelnden Kenntnisse der englischen Sprache bewußt. Außerdem wollte er nicht nur ein Barrister sein, sondern auch einen Uniabschluß besitzen. Zu seiner Enttäuschung erfuhr er, daß ein Studium an der Universität von Oxford oder Cambridge viel Geld und Zeit kosten würde. Deswegen bereitete er sich auf die Londoner Matriculation-Prüfung (eine Art Abitur) vor und lernte in diesem Zusammenhang Latein. Diese Sprachkenntnisse und das Studium des Römischen Rechts, das Teil seiner Prüfung war, kamen Gandhi in späteren Jahren noch zugute. Aber nicht nur das.

Wie im Fall seines Vegetarismus war es auch hinsichtlich seiner Religionszugehörigkeit nicht intellektuelle Überzeugung, die ihn zum Hindu machte, sondern die Familientradition. Hatte er den Hinduismus noch keiner kritischen Prüfung unterzogen, so geschah dies in England.

Er lernte zwei Brüder kennen, beide Theosophen. Sie luden Gandhi ein, mit ihnen die Bhagavadgita zu studieren. Daß er keine Ahnung von dieser wichtigen Schrift der Hindus hatte, beschämte ihn. Nun begann sein intellektueller Kontakt zu seiner eigenen Religion. Diese Schrift sollte später für ihn eine Anleitung zum Leben werden. Auch der Kontakt zu der Theosophischen Gesellschaft blieb für das ganze Leben bestehen. Die beiden Theosophen stellten ihn Madame Blavatsky, der Gründerin und Präsidentin der Theosophischen Gesellschaft, vor und machten ihn auch mit Anne Besant, ihrer Nachfolgerin, bekannt. Anne Besant engagierte sich später sehr für den Unabhängigkeitskampf Indiens. Gandhi war von der Theosophie sehr beeindruckt. Er meinte später, Theosophie sei Hinduismus in Theorie und Hinduismus sei Theosophie in der Praxis (Tendulkar I, 86).

In England« besuchte er auch »Anjuman Islamia«, die Organisation der indischen in England lebenden Muslime, auf deren Veranstaltungen viele gesellschaftliche und politische Themen diskutiert wurden. Viele Teilnehmer der Organisation wurden später in Indien sehr bekannt.

Das Essen von Fleisch war nicht die einzige Versuchung, der Gandhi in England ausgesetzt war. Die englischen Frauen mit ihrer liberalen Einstellung im Umgang mit Männern stellten eine größere Versuchung dar. Nicht viele indische Studenten lebten damals in England. Die Mehrzahl von ihnen war wie Gandhi bereits verheiratet. Die meisten davon gaben sich als Junggesellen aus und hatten Verhältnisse mit englischen Frauen. Gandhi hatte nichts gegen die Liberalität der Engländerinnen einzuwenden. Er hielt es für völlig in Ordnung, solange sie sich auf die englische Gesellschaft beschränkte. Dieselbe Liberalität auf die Inder in England zu übertragen sei schädlich, weil ihnen die Unschuld der Engländer fehle. Nachdem Gandhi einmal eine junge Frau bei einer netten Dame kennengelernt hatte und die Dame dafür sorgte, daß die beiden sich näherkamen, gab Gandhi, als die Sache ernst wurde, die Wahrheit über seine familiäre Situation preis und entschuldigte sich bei den Damen. Des weiteren beschreibt er eine Übernachtung in Portsmouth, wo er mit einem anderen Inder zu Gast bei einer Familie war. Nach dem Abendessen spielten die beiden mit ihrer Gastgeberin Bridge. Während des Spiels erzählten der Freund und die Gastgeberin unanständige Witze. Gandhi konnte sich nicht beherrschen, zum ersten Mal in seinem Leben wurden wirkliche Gelüste von einer Frau erweckt, mit der er nicht verheiratet war (AB, 60). Der Freund aber tadelte Gandhi und wies ihn zurecht. Dies sieht Gandhi wieder als das Eingreifen Gottes in sein Leben.

Mit den bestandenen Prüfungen – und gegessenen Mahlzeiten an der Uni (das System schrieb vor, daß der Student mindestens an sechs Mahlzeiten pro Semester teilnehmen mußte) – war Gandhis Vorhaben in England erfüllt. Er absolvierte die Prüfungen am 10. Juni 1897. Am 11. Juni ließ er sich am Highcourt einschreiben, und am 12. Juni fuhr er nach Indien.

Gandhis Reise nach England kann man nicht als Abnabelung beschreiben, wie es Erikson tut. Während dieser drei Jahre wurde Gandhi mit einer fremden Gesellschaft konfrontiert. Dabei zeigte sich, daß er überleben konnte, ohne dabei seine Identität zu verlieren: Vegetarismus, Abstinenz, Enthaltsamkeit usw. In keiner seiner Aktivitäten erkennt man allerdings den späteren Gandhi, den voll ausgeformten Menschen. Das liegt daran, daß wir hinter allen seinen Handlungen nur die Bindung und Treue zu seiner Familie sehen. *Seine Handlungen resultieren nicht aus frei getroffenen Entscheidungen.* Die eigentliche Abnabelung findet in der Wahrnehmung dieser Freiheit und im verantwortungsvollen Umgang mit ihr statt. Dazu sollte es erst einige Jahre später in Südafrika kommen.

Das Ergebnis dieses Lebensabschnitts kann man trotzdem nicht geringschätzen. Während des Aufenthaltes wandelte sich Gandhi von einem Provinzler zu einem Kosmopoliten. Später in Südafrika fiel ihm dadurch der Umgang mit den Europäern leichter. Auch ist es diesem Aufenthalt zu verdanken, daß er seine religiösen Überzeugungen kritisch betrachtete. In seinem Versuch, sparsam zu leben, verzichtete er auf Kaffee, Tee und Gewürze. Das wurde zu einer Gewohnheit, welche ihn über seine Zeit in Südafrika hinaus bis an sein Lebensende begleitete. Vor allem erwarb er hier die Barrister-Qualifikation, die in der Anfangsphase seiner Massenbewegung gegen den Rassismus ein wichtiges Hilfsmittel war. Und schließlich erhöhte der Aufenthalt in England Gandhis Selbstwertgefühl.

§ 3. *Ich vervollständigte die Europäisierung*

Gandhi muß sich als jemand betrachtet haben, dem gegenüber das Leben sehr viel gnädiger gewesen war, als er es verdient hatte. Bereits auf seiner Reise nach England hatte ihn ein Herr belehrt, Juristen sollten geschwätzig sein. Eine Eigenschaft, die Gandhi nicht einmal annähernd für sich in Anspruch nehmen konnte. Am Ende seines Aufenthaltes war er immer noch sehr scheu. Zweimal versuchte er, vor den Vegetariern eine kurze Rede zu halten. Beide Male war er so nervös, daß er kein Wort herausbrachte, ein anderer die Rede für ihn vorlesen mußte. Wie sollte er vor den Richtern im Gerichtssaal auftreten und Prozesse führen? Wie viele Menschen in seiner Situation suchte er nach Rat, wollte er die Techniken eines guten Rechtsanwalts erlernen. Er erfuhr, daß er seine allgemeinen Kenntnisse erweitern müsse und sich ein zu großes Vorbild wie die Redner Dadabhai Navroji oder Phiroz Shah Mehta gar nicht erst zum Ziel setzen solle.

Mit diesen Bedenken im Hinblick auf seine Zukunft

kam Gandhi in Bombay an, wo obendrein die traurige Nachricht auf ihn wartete, daß während seiner Abwesenheit seine Mutter gestorben war. Sein Bruder hatte ihm, dem Lieblingskind seiner Mutter, die Nachricht nicht mitgeteilt, weil er ihm in einem fremden Land keinen derartigen Schock zumuten wollte. Gandhi war trauriger als beim Tod seines Vaters.

Da seine Kaste nicht darüber einig war, was sie mit ihm tun sollten, eine Hälfte von ihr ihn wiederaufnehmen, die andere Hälfte ihn weiterhin ausschließen wollte, nahm Gandhis Bruder ihn nach Nasik mit, einem Ort des Shivaheiligtums. Dort sollte Gandhi rituell von seinem sündhaften Aufenthalt in England gereinigt werden. Dem Bruder zuliebe machte Gandhi alles mit. Damit war ein Teil der Kaste zufrieden. Die anderen Kastenmitglieder schlossen Gandhi für alle Zeiten aus. Nach ihrer Anordnung durfte kein Angehöriger ihrer Kaste, eingeschlossen seine Schwiegereltern und Schwestern, ihn zu Hause empfangen. Sie durften ihm nicht einmal ein Glas Wasser anbieten, andernfalls wurden auch sie ausgeschlossen.

Diese Kastenregeln und ihre Macht über ihre Angehörigen sind durch das Fehlen eines Staatswesens zu erklären, das sich in Indien weder im Altertum noch im Mittelalter ausgebildet hatte. Mangels staatlicher Verwaltung regelten die Kasten ihr gesellschaftliches und wirtschaftliches Leben selbst. Im Rahmen einer Strafmaßnahme konnten einzelne Mitglieder ausgeschlossen werden. Lediglich die Macht, Mitglieder »auszubürgern«, kam der Kaste nicht zu. Das war nur dem König möglich, bis Ende des 19. Jahrhunderts. Inzwischen hat sich in Indien ein Staat gebildet, der nach und nach in der Gesellschaft Wurzeln zu schlagen versucht. So ist die Macht der Kasten abgebröckelt. Bestrafen kann heute nur der Staat.

Die Sparsamkeit, die Gandhi in England eingeübt hatte, war noch keine Lebensphilosophie geworden. Sie war eine Lösung in einer Notsituation gewesen. Als er nach

Rajkot zurückkehrte, wollte er seine Großfamilie europäisieren. Europa muß ihn sehr beeindruckt haben. Die Großfamilie Gandhis und die seines Bruders standen bereits im Begriff, sich zu europäisieren: Tee und Kaffee wurden eingeführt, Porzellangeschirr in regelmäßigen Gebrauch genommen, man trug Schuhe und Stiefel. Nach seiner Rückkehr aus England vollendete Gandhi diesen Prozeß, indem er dem Speiseplan der Familie Kakao und Haferflockenbrei hinzufügte. Auch europäische Kleidung führte er ein. In einer Hinsicht jedoch blieb Gandhi von Europa unberührt: Er war nach wie vor neidisch auf seine Frau. Wenn sie sich stritten, schickte er sie zu ihren Eltern, eine Strafmaßnahme indischer Ehemänner ihren Frauen gegenüber. Gandhi nahm sie nicht zurück, bevor er Kasturba damit viel Leiden bereitet hatte. Der Freund Mehtab war noch nicht aus Gandhis Leben verschwunden. Ganz im Gegenteil: Er las Kasturba Gandhis Briefe vor, die er aus England geschrieben hatte. Ein Arrangement, das nach Erikson fatale Auswirkungen auf Gandhis Leben und seinen älteren Sohn Harilal haben sollte, auf den Mehtab immer wieder schlechten Einfluß ausübte.

Die Europäisierung der Familie machte Gandhi Spaß, bedeutete aber größere finanzielle Belastung für seinen Bruder. Die Familie scheint zu diesem Zeitpunkt die Vorstellung aufgegeben zu haben, Gandhi zum Premierminister des Fürsten machen zu können. Gandhi unternahm die ersten Versuche, seinen Beruf als Barrister auszuüben. Er erlebte aber nur Enttäuschungen.

In Rajkot, wo seine Familie wohnte, konnte er seinem Beruf nicht nachgehen, da er als in England ausgebildeter Jurist für das Klientel dieser kleinen Stadt zu teuer war. So zog er nach Bombay, um am Highcourt tätig zu werden und Erfahrungen zu sammeln. Die Lebenshaltungskosten in Bombay überstiegen die finanziellen Möglichkeiten Gandhis, wie er sie sich als Rechtsanwalt erarbeiten konnte. Seine Skrupel und sein Lampenfieber legten ihm Steine in den Berufsweg. Es war in dieser Zeit üblich, daß die Rechtsanwälte Kundenfänger beschäftigten und ihnen Provisionen zahlten. Gandhi war zu stolz, das zu tun. Als er im Fall der Witwe Mamibai trotzdem einen Klienten akquirieren konnte, bekam er beim Auftritt vor dem Richter weiche Knie und ihm wurde schwindelig, so daß er den Fall einem anderen Rechtsanwalt übergeben mußte. Nach dieser Erfahrung betrat er den Gerichtssaal nicht wieder – bis er in Südafrika war.

Nach sechs Monaten löste Gandhi seinen Haushalt in Bombay auf und zog zu seinem Bruder nach Rajkot zurück. Dieser, ein unbedeutender Jurist, half Gandhi, ein wenig Arbeit zu bekommen. Gandhi bercitete juristische Anträge und Appelle armer Kunden vor, was ihm ein bescheidenes monatliches Einkommen sicherte. Hier mußte er aber schließlich doch den Kundenfängern Provisionen zahlen, um genügend Arbeit zu haben. Die Atmosphäre in seiner Heimat voller Intrigen und Heuchelei war ihm zuwider. Dazu kam, daß er sich mit dem in Rajkot stationierten Vertreter der britischen Regierung, der ihn beleidigte, stritt. Gandhi war verzweifelt.

In dieser Zeit bot die Firma Dada Abdullah & Co Gandhi an, das Unternehmen in Südafrika juristisch zu vertreten. Gandhi war nicht klar, ob er ihrem Anwalt in Südafrika assistieren sollte oder die Firma im Gerichtshof allein vertreten sollte. Da ihm die Firma 105 Pfund für ein ganzes Jahr bot und die Fahrtkosten erstattete, brach er im April 1893 nach Südafrika auf. Nach näherer Erkundigung erfuhr er, daß die Firma bereits die besten Anwälte engagiert hatte und er den Anwälten helfen und bei der englischen Korrespondenz der Firma behilflich sein sollte. Auf jeden Fall sei die Aufgabe einfach. Obwohl dies kaum die Aufgabe eines Barristers sein konnte, nahm Gandhi das Angebot in seiner Verzweiflung an.

Der zweijährige Aufenthalt in seiner Heimat war für Gandhi und seinen Bruder, der Gandhis Studium mit viel

Geld finanziert hatte, eine Enttäuschung gewesen. Der Traum, Premierminister des Fürstentums zu werden, wurde nicht einmal annähernd verwirklicht. Eine normale Ausübung der Anwaltstätigkeit war aufgrund von Gandhis Skrupeln, seiner Scheu und der allgemeinen politischen Lage schwierig. In einer Hinsicht war der Aufenthalt jedoch sehr wichtig gewesen. Er hatte den Dichterphilosophen Rajchand kennengelernt.

Rajchand war ein gleichaltriger reicher Mann, der mit Edelsteinen und Schmuck handelte. Vor allem war er ein Satavadhani, nach dem gleichnamigen intellektuellen Spiel, das in Indien eine lange Tradition hat. Der Spieler hat hundert Gegner, die ihm gleichzeitig Aufgaben aus den Bereichen Dichtung, Mathematik, Literatur, Geschichte usw. stellen. Der Satavadhani löst alle Aufgaben nur mit Hilfe seines Gedächtnisses, ohne Stift, Papier und Nachschlagewerke, und zwar an einem einzigen Abend, vor Zuschauern. Rajchands Gedächtnis und seine Fähigkeit, mühelos geschäftliche Probleme zu lösen, imponierten Gandhi sehr. Doch der eigentliche Grund für Gandhis Bewunderung lag in Rajchands Spiritualität. Obwohl Jainist, war er in den heiligen Schriften des Hinduismus sehr bewandert und strebte nach Selbstverwirklichung. Bei seinen Geschäften hatte er mit Unsummen, Tausenden von Rupien zu tun, aber Mittelpunkt seines Strebens blieb die Selbstverwirklichung. Sie war sein einziges Thema, wenn er gerade nicht mit dem Handel beschäftigt war.

Fast 35 Jahre später schrieb Gandhi, daß niemand ihn so sehr beeindruckt habe wie Rajchand, obwohl er die führenden Figuren verschiedener Glaubensrichtungen getroffen habe. Gandhi hielt den Kontakt zu Rajchand auch später von Südafrika aus aufrecht. Er bat ihn oft um Rat in seinen schwierigen Entscheidungen. Trotz allem erhob Gandhi ihn nicht zu einem Guru. Diese Stelle in seinem Herzen blieb immer unbesetzt. Gandhi räumt Rajchands

Einfluß auf sein Leben eine große Bedeutung ein und meint, daß nur noch Tolstoi und Ruskin für ihn so bedeutend gewesen seien.

2. Licht in den Schwarzen Kontinent

Hier züchtete und pflanzte er einen Samen, welcher solche
Riesen von Männern hervorbrachte wie Chief Luthuli,
Nelson Mandela, Oliver R. Tambo.

Kenneth D. Kaunda

§ 4. *Der Richter starrte mich an und forderte mich auf, meinen Turban abzusetzen*

Ahnungslos, was ihm bevorstand, landete Gandhi Ende
Mai 1893 in Durban. Er war stolz auf sich und entsprechend elegant gekleidet: Anzug, Krawatte, feine Schuhe
und schwarzer Turban, wie er zur Berufskleidung gehör-
te. Abdullah Seth, Geschäftspartner der Firma, begrüßte
ihn am Hafen. Gandhi fiel schnell auf, daß die Inder dort
schlecht behandelt wurden. Sein Informant in Indien hatte
ihm vieles über Natal erzählt, doch eigentlich ein falsches
Bild vermittelt.

Ein paar Tage nach seiner Ankunft besuchte Gandhi
einen Gerichtssaal in Durban. Der Richter verlangte von
Gandhi, daß er seinen Turban absetze. Beleidigt verließ
Gandhi den Gerichtssaal. Er beklagte sich bei der Presse
über diesen Vorfall und erregte Aufmerksamkeit.

Einige Tage danach fuhr Gandhi nach Pretoria. Den
Weg mußte er zum Teil im Zug und zum Teil in einer Postkutsche zurücklegen. Gandhi hatte sich eine Fahrkarte für
die erste Klasse gekauft. In Maritzburg hielt der Zug. Ein
weißer Reisender betrat das Abteil, verließ es aber wieder,
als er Gandhi sah. Wenig später kam er mit zwei Bahnbeamten zurück, die Gandhi aufforderten, in den Güter-
waggon zu ziehen. Gandhi zeigte ihnen seine Fahrkarte
für die erste Klasse. Sie bestanden weiterhin darauf, daß

Gandhi das Abteil verlasse. Da Gandhi auf die Aufforderung nicht einging, wurde er trotz seiner Proteste mit seinem Gepäck hinausgeworfen, und der Zug fuhr weiter. Die Bahnbehörden nahmen das Gepäck in Gewahrsam. Gandhi verbrachte die ganze Nacht im kalten Warteraum des Bahnhofs. Er wagte nicht, seinen Mantel zu holen, der in seinem bei den Bahnbeamten untergestellten Reisegepäck war, da er fürchtete, diese könnten ihn wieder beleidigen.

Am nächsten Tag schickte er ein langes Beschwerdetelegramm an den »General Manager« der Bahn und ein zweites an Abdullah Seth. Der »General Manager« rechtfertigte die Vorgehensweise der Bahnbeamten, versprach ihm aber Sicherheit bei der weiteren Fahrt nach Charlestown. Auf Abdullah Seths Information hin machten sich viele indische Kaufleute und Freunde auf, um Gandhi am Bahnhof zu treffen. Sie erzählten ihm, daß sie von den Bahnbeamten immer diskriminiert und schlecht behandelt worden seien, gleich welcher Klasse sie reisten. Sie erzählten ihm von ihren Miseren, die von der Rassendiskriminierung herrührten. Gandhi wurde deutlich, daß seine Erfahrung mit der Bahn nur die Spitze des Eisbergs war.

Am nächsten Morgen kam Gandhi in Charlestown an und stieg in eine Postkutsche um; in Standerton sollte er in eine andere Kutsche umsteigen, um Pretoria zu erreichen. Auch auf dieser Fahrt machte Gandhi schlechte Erfahrungen. Der Schaffner, englisch »Leader« (Führer), ließ Gandhi nicht mit anderen Weißen in der Kutsche sitzen. Er bat Gandhi, draußen hinter dem Kutschbock Platz zu nehmen und setzte sich selbst in die Kutsche zu den weißen Fahrgästen. Gandhi schluckte diese Beleidigung hinunter und blieb draußen. Aber selbst damit konnte er sich keinen Frieden erkaufen. Nach einer Weile befahl der Leader Gandhi, den Platz zu räumen, weil er an der frischen Luft rauchen wollte. Er legte ein schmutziges Tuch auf den Fußboden und forderte Gandhi auf, sich darauf zu setzen. Gandhi kam dem Wunsch des Leaders nicht nach. Er bestand darauf, den Platz beizubehalten oder sich in die Kutsche zu den anderen zu setzen. Das empörte den Leader. Er fluchte und prügelte brutal auf Gandhi ein. Als er versuchte, ihn von dem Sitz fortzuzerren, mischten sich einige Fahrgäste ein, um es zu verhindern. Widerwillig gab der Leader auf und forderte einen anderen ärmeren Reisenden auf, auf dem Fußboden Platz zu nehmen. Er ließ sich auf seinem Sitz nieder und begann zu rauchen. Dabei drohte er Gandhi, sich ihn in Standerton vorzunehmen. Gandhi hatte große Angst. Er atmete auf, als er in Standerton ein paar Inder sah.

Gandhi beschwerte sich wieder bei dem Kutschenunternehmen. In seinem Brief schilderte er die bittere Erfahrung mit dem Leader. Die Firma versprach ihm wieder eine sichere Reise. Es fällt auf, daß weder die Bahn noch die Kutschenfirma die Mißhandlung bedauerten noch sich entschuldigten.

Auf der letzten Etappe seiner Fahrt nach Pretoria wollte Gandhi wieder im Zug erster Klasse reisen. Pretoria lag in der Provinz Transvaal, wo die Rassendiskriminierung schlimmer als in Natal war. Gandhi durfte die Fahrkarte für die erste Klasse nicht kaufen, fand dann aber doch einen Weg. Diesmal machte Gandhi eine gute Erfahrung mit einem netten Abteilgenossen, der den Schaffner schimpfte, als er Gandhi in die dritte Klasse schicken wollte.

In Pretoria mußte Gandhi feststellen, daß Inder keine Hotelzimmer bekamen. Als er schließlich doch eines fand, verbot man ihm, im Speisesaal mit den anderen Gästen zu essen, da sie sich empören könnten.

Diese Episode im Leben des vierundzwanzigjährigen Gandhi ist von großer Bedeutung. Denn auf dieser Reise ging ihm der Unterschied auf, der zwischen zwei Sichtweisen bestand: wie Gandhi sich selbst und seine Landsleute sah und wie ihn die weißen Kolonialisten wahrnahmen. Die Konfrontation mit diesem Unterschied stellte ihn vor die Entscheidung, ob er gegen die diskriminierende Sichtweise und für die Würde der Inder in Südafrika kämpfen oder ob er sich wie die anderen Inder dort nur um seinen Job kümmern wollte, um möglichst bald nach Indien zurückzufahren. Diese Konfrontation zwang ihn zum ersten Mal im Leben zur genauen Einschätzung seines Potentials. Und darin entdeckte er den Sinn seines Daseins, den er bis zu seinem Lebensende verfolgte. Nach dieser Reise kam es zu tiefgreifenden Veränderungen in Gandhis Leben, und die Komponenten und Fähigkeiten, die er von seinen Eltern oder der Gesellschaft übernahm oder selber erwarb, fanden einen Mittelpunkt, um den herum sie ab jetzt organisiert wurden. Kurzum: Nach Gandhis Entscheidung für den Kampf und die Gerechtigkeit fand die Integration seiner Person statt. Daher muß man diese Reise als die wirkliche Abnabelung von seinem bisherigen Dasein verstehen.

Als viele Jahre später ein christlicher Missionar Gandhi bat, die kreativste Erfahrung seines Lebens zu nennen, schilderte Gandhi diese Reise von Durban nach Pretoria. Mit dieser Reise wurde eine Wende in der Geschichte des Kampfes gegen Rassismus und Imperialismus eingeleitet, die für das 20. Jahrhundert von großer Bedeutung ist.

Bald nach seiner Ankunft in Pretoria traf sich Gandhi mit den dortigen indischen Kaufleuten, darunter T. H. Khan Muhammad, und analysierte gründlich die Lage der Inder in Südafrika.

Infolge der Erschließung von Gold- und Diamantenbergwerken war Südafrika Mitte des 19. Jahrhunderts von Europäern verschiedener Länder kolonialisiert worden. Dadurch entstanden die Staaten von Südafrika – Natal, Transvaal, Freistaat von Oranje und Kap. Das dortige Klima ist für Agrarwirtschaft gut geeignet. So wurden Mais, Weizen und verschiedene Gemüsesorten angebaut. Das Land ist so fruchtbar, daß die schwarzen Ureinwohner, Zulus, Swazis, Basutos, Bechuanas usw., nur einige Monate im Jahr arbeiten mußten. Auch Viehzucht wurde dort betrieben. Hauptziel der Kolonisten war aber nicht die Selbstversorgung, sondern wirtschaftliches Wachstum. Sie sahen, daß dort Zuckerrohr, Kaffee und Tee angebaut werden konnten, brauchten dafür aber viele Landarbeiter, da sie aus ihren eigenen Reihen nicht genügend Arbeitskräfte rekrutieren konnten. Die einheimischen Schwarzen waren mit ihrer Existenz zufrieden und wollten nicht für Lohn bei den Weißen arbeiten. Da diese sie nicht zwingen konnten, nachdem die Sklaverei bereits abgeschafft worden war, baten die Kolonisten die britische Regierung in Indien um indische Arbeiter. So kamen am 16. November 1860 die ersten »indentured labourers«, die Vertragsarbeiter, in Natal an (SSA 1995, 20).

Ein Vertrag sicherte diesen Arbeitern gewisse Rechte. Zum Beispiel waren sie verpflichtet, fünf Jahre lang für die Kolonisten zu arbeiten. Nach dieser Zeit endete das Arbeitsverhältnis jedoch, und sie durften sich im Land als Freie niederlassen, arbeiten oder Handel treiben. Doch so gerecht die Behandlung der Inder in der Theorie schien, die Wirklichkeit sah anders aus. Nach Meinung prominenter Europäer in Südafrika führten sie eine Existenz der Halbsklaverei (a.a.O. 20). Es gab keine Instanz in Südafrika, an die sich die analphabetischen Inder wenden konnten, noch wurden ihre religiösen und kulturellen Bedürfnisse berücksichtigt. Diese Arbeiter trugen zur Vielfalt der Flora des Landes bei, indem sie neue Gemüse- und Obstsorten einführten. So kam etwa die Mango nach Südafrika. Die gesellschaftliche Stellung ihrer Frauen wurde zu der von Konkubinen reduziert. Einige der »freien« Inder erwarben Boden, trieben Ackerbau und mit der Zeit auch Handel. Das erweckte den Neid der europäischen Händler.

Um das Jahr 1890 wohnten etwa 150 000 Inder in Südafrika (Tendulkar I, 43), 51 000 in Natal. Nur 250 von ihnen hatten das Wahlrecht. 1894 wurde ein Gesetz verabschiedet, welches bestimmte, daß die Kontraktarbeiter am Ende ihres Vertrags, d. h. nach fünf Jahren, zurückkehren oder einen neuen Vertrag unterschreiben mußten. Wenn sie in Natal als Freie leben wollten, mußten sie pro Kopf drei Pfund an die Regierung zahlen. Dieses Gesetz betraf jeden männlichen Kontraktarbeiter, der älter als 16 Jahre, und jede weibliche Kontraktarbeiterin, die älter als 13 Jahre war. Da das Einkommen einer Familie nie mehr als vierzehn Shilling im Monat betrug, war diese Aufforderung inhuman (AB, 131). Gandhi und andere Inder betrachteten sie als deprimierend und rassistisch.

Im Gefolge der Vertragsarbeiter kamen viele muslimische Kaufleute aus Gujarat nach Südafrika und wurden von ihren Buchhaltern, Angestellten und Dienern begleitet. Diese Inder hatten mehr Rechte als die Vertragsarbeiter. Da sie tüchtig, klug und flexibel waren, hatten sie bald Erfolg. Ihre Kundschaft bestand nicht nur aus den Vertragsarbeitern, sondern auch aus den Schwarzen. Mit ihrem Erfolg im Handel wuchs auch der Neid der Europäer.

Die Mehrheit der Inder bestand aus den Vertragsarbeitern, die aus Tamilnadu, Andhra Pradesh und Nordindien, etwa aus Bihar, gekommen waren. Die Weißen nannten sie abwertend »Kulis« (Tagelöhner) oder »Sammis«. Sammi ist eine Verballhornung des Wortes Swami, Sanskrit für »der Herr«. Die muslimischen Kaufleute nannten sich Araber, obwohl auch sie Inder waren. Gleicherweise bezeichneten sich die Parsi-Inder, die Angestellten der Kaufleute als Perser. Auch die Hindu-Schreibkräfte wollten, wie die Kaufleute, nicht als Inder erkannt werden. Aber ungeachtet ihrer Versuche, ihre Herkunft zu verschleiern, wurden alle Inder von den Weißen Kulis oder Sammis genannt. So hieß Gandhi Kuli-Barrister. Die Benennung an sich wäre nicht schlimm gewesen, aber die Gesinnung der weißen Kolonisten war unverblümt rassistisch. Die Europäer in Südafrika zum Beispiel reisten in der Regel nie in demselben Waggon wie die Inder. In Transvaal wurde es ihnen sogar verboten (SSA, 165). Im Freistaat Oranje durften die Inder nach Ablauf ihres Vertrags nur Berufe ausüben wie den des Kellners. Die Händler wurden mit geringer Entschädigung nach Indien zurückgeschickt. Man verlangte von allen Indern drei Pfund bei Einreise nach Transvaal, und sie durften dort nur in bestimmten, für sie vorgesehenen Gegenden Land erwerben. Auch hier war das Eigentumsrecht nicht lückenlos. Zudem hatten sie kein Wahlrecht, durften keine Bürgersteige benutzen und nach 21 Uhr das Haus nicht verlassen (AB, 107). Gandhi wurde einmal ohne Vorwarnung von einem Polizisten getreten und vom Bürgersteig auf die Straße gestoßen.

Die Staatsmänner fanden immer wieder »intellektuelle« Begründungen für ihre Abneigung gegen die Inder. General Smuts sagte zum Beispiel: »Der Westen ist gegen die Schlichtheit, während sie für die Östlichen eine Tugend ist.« »Die Inder wurden in Südafrika nicht gemocht wegen ihrer Schlichtheit, Geduld, Ausdauer, Sparsamkeit und Spiritualität« (SSA, 84). Immer wieder wurde das Schreckensgespenst der Überfremdung und Überflutung durch die Inder heraufbeschworen. Bürger der Kolonie hielten solches Gedankengut für wohlbegründet und wahr.

Gandhis Aufgabe in Südafrika hatte drei Stoßrichtungen: a) die Europäer zum Umdenken zu bewegen; b) die Regierung dazu zu bewegen, seine Landsleute als gleichwertig zu behandeln; c) die Landsleute, die zum größten Teil Analphabeten waren, in politischer Arbeit auszubilden. Romain Rolland vergleicht Gandhi mit Moses. Er schreibt, Gandhi führe seine unterdrückten Landsleute in Südafrika wie Moses die Exiljuden in Ägypten (Romain Rolland and Gandhi: Correspondence, 532).

Nach seiner Ankunft in Pretoria rief Gandhi die Inder zusammen, um sie über ihre Rechte und ihre Lage aufzuklären. Vor der Versammlung der Inder hielt er eine Rede. Sie war die erste Rede in seinem Leben. Weder zitterte er, noch drehten sich die Zuhörer vor seinen Augen im Kreis. Das Lampenfieber war verschwunden. Er machte einen guten Eindruck auf seine Zuhörer. Gandhi sprach zu ihnen über die Moral im Handel, die Hygiene und Notwendigkeit, die englische Sprache zu beherrschen. Er bot ihnen an, Englisch zu unterrichten. Den drei Interessenten, die sich meldeten, erklärte er, daß sie trotz ihrer religiösen und sprachlichen Unterschiede alle Inder seien. Gandhi schlug seinen Zuhörern vor, einen Verein zu gründen, der die Inder mit ihren Beschwerden vor den Behörden vertreten sollte. Niemand ahnte damals, daß dies der Anfang einer Massenbewegung werden würde. Die Aktivitäten befaßten sich überwiegend mit den Miseren der Inder. Das heißt aber keineswegs, daß Gandhi der Misere der Schwarzen gegenüber unaufmerksam war. Seine Gedanken und Beobachtungen über die Ureinwohner Südafrikas zeigen uns, welch ein scharfsinniger Beobachter und Intellektueller Gandhi war: In seiner Schrift »Satyagraha in Südafrika« erschließt uns Gandhi Religion und Ethik der Schwarzen und die Schönheit ihrer Sprachen. Meines Erachtens übernahm er einige ihrer Gewohnheiten in seinen Lebensstil und in die Hausordnung seines späteren Ashrams. Trotz seines Mitleids für diese unterdrückten Menschen galt seine aktive Hilfe zwar überwiegend den Indern, da er zu ihnen aus verständlichen Gründen einen leichteren Zugang hatte. Seine Aktivitäten und Anwesenheit blieben jedoch nicht ohne Auswirkung auf die schwarze Bevölkerung in Südafrika.

Die eigentliche Aufgabe, wegen der Gandhi nach Südafrika gekommen war, erledigte er so meisterhaft, daß er einen neuen Sinn in seinem Beruf entdeckte. Gandhis Mandant Abdullah und der Beklagte Tyeb Khan stammten beide aus der Stadt Porbandar in Gujarat und waren sogar miteinander verwandt. Beide waren erfolgreiche

Kaufleute. Abdullah prozessierte gegen Tyeb Khan in einer Streitfrage von 40 000 Pfund. Der Fall war sehr kompliziert, mit vielen Feinheiten der Buchhaltung. Beide Parteien heuerten die besten und teuersten Rechtsanwälte an. Keiner wußte, wie lange der Prozeß dauern würde. Gandhi war sicher, daß sein Mandant Abdullah am Ende den Prozeß gewinnen würde, sah aber auch deutlich, daß die Prozeß- und Anwaltskosten beide Parteien in den finanziellen Ruin treiben würden. Daher schlug er beiden Parteien eine Schlichtung vor. Der Schlichtungsspruch gab Gandhis Mandanten recht. Doch damit allein war Gandhi nicht zufrieden. Er wußte, daß diese Niederlage für den Gegner den Bankrott bedeuten würde und daß ein Kaufmann aus Porbandar sich lieber umbringen würde, als durch einen Bankrott das Gesicht zu verlieren. Daher überzeugte Gandhi seinen Mandanten, die Summe von 37 000 Pfund in Raten zu nehmen. Diese Lösung machte beide Parteien glücklich.

In seinem zwanzigjährigen Berufsleben in Südafrika machte Gandhi es zu seinem Prinzip, den Prozeß außerhalb des Gerichts privat zu lösen und nicht nach dem Sieg, sondern nach der Gerechtigkeit zu streben. Daher verlangte er von seinen Mandanten immer, ihm vorbehaltlos alles über den Fall anzuvertrauen. Erst wenn er von der Gerechtigkeit und Wahrheit der Klage überzeugt war, nahm er den Fall an. Einmal war sein Mandant dabei, den Prozeß zu gewinnen, als Gandhi einen Fehler in den Akten entdeckte. Gegen den Willen seiner Kollegen gab er dem Richter den Fehler preis und gewann zur Überraschung trotzdem den Prozeß. In seiner rigorosen Haltung machte er keine Ausnahmen. Rustomji, ein guter Freund, war wegen eines Schmuggeldelikts mit den Zollbeamten in Schwierigkeiten geraten. Anstatt ihn juristisch zu verteidigen, riet Gandhi ihm, die Wahrheit zuzugeben und das Strafgeld, eine große Summe, zu bezahlen. Rustomji hörte nicht nur auf den Rat, er ließ sein Geständnis einrahmen und hängte es in seinem Büro als Ermahnung für seine Kollegen und Erben an die Wand (AB, 308). In seinem Beruf widerlegte Gandhi den Spruch, Rechtsanwälte müssen lügen (a. a. O. 303–5).

Abdullah Seths Prozeß dauerte ein Jahr. In diesem Jahr lebte Gandhi in Pretoria und lernte einige Europäer kennen. Es waren überwiegend Christen mit missionarischem Geist, die versuchten, Gandhi zu bekehren. Doch waren sie frei von Rassismus. Ihre Argumente, daß Jesus der einzige Sohn Gottes und die Errettung der Menschen allein durch ihn möglich sei, überzeugten ihn nicht. Er dachte, sollte Jesus Gott oder gottähnlich sein, dann müßten alle Menschen Götter sein. Gandhi verstand die Reinigung der Menschen von der Sünde durch den Tod Christi bestenfalls als Symbol. Auch teilte er nicht den Glauben, daß nur die Menschen und keine anderen Kreaturen eine Seele hätten (AB, 113).

Am Ende des Jahres war Gandhis Aufgabe erledigt, und Abdullah Seth wollte ihn feierlich verabschieden. Zu diesem Anlaß trafen sich die prominenten Inder in Natal. Dabei wurde Gandhi auf eine Nachricht in der Zeitung aufmerksam. Es ging um die Abschaffung des Wahlrechts für die Inder. Gandhi erklärte den Indern die Konsequenzen einer solchen Gesetzgebung. Die versammelten Inder waren zum größten Teil Analphabeten. Sie verstanden weder die Bedeutung des Wahlrechts noch die seiner Abschaffung. So baten sie Gandhi, in Südafrika zu bleiben und die politische Agitation gegen diesen Gesetzesentwurf zu leiten. Gandhi war damit einverstanden, da die Kaufleute ihm versprachen, ihn als Rechtsanwalt zu engagieren. So konnte Gandhi diese politische Arbeit unentgeltlich leisten und zugleich – um das Ansehen seines Berufsstandes zu wahren – einen landesüblichen Lebensstil, ein großes Haus, Büro, Sekretärin usw., haben.

Damit fing ein achtzehnjähriger Kampf gegen die Rassendiskriminierung in Südafrika an. Die Inder in Südafrika mit allen ihren Problemen und Unterschieden bildeten einen Mikrokosmos. Die Analyse und Lösung ihrer Probleme konnte Gandhi später direkt auf Indien übertragen. In gewissem Sinne war seine Agitation in Südafrika erfolgreicher als die spätere in Indien. In Südafrika waren die Fronten deutlich gezogen: die Regierung gegen die Inder, die allerdings noch nicht geeinigt waren. An der Kampagne gegen den Gesetzesentwurf nahmen Inder verschiedener Herkunft teil – Kaufleute, ihre Angestellten und die in Südafrika geborenen indischen Christen. Diese letzte Gruppe hatte bis dahin unter dem Einfluß der Kirche gestanden und war sich ihrer indischen Herkunft nicht bewußt. Gandhi bezog auch sie in den Kampf ein.

Unter Gandhis Leitung schickten die Inder ein Telegramm an den Landtag mit der Bitte, die Diskussion über den Gesetzesentwurf zu verschieben. Der Vorsitzende des Landtags verschob sie um zwei Tage. Gandhi bereitete einen Appell an den Landtag gegen die Abschaffung des Stimmrechts vor. Fünf Kopien davon mit Unterschriften wurden an die Presse und den Landtag gesandt. Doch trotz des günstigen Kommentars in der Presse wurde das Gesetz verabschiedet. Das war Gandhi und den Indern von vornherein klar gewesen. Dennoch waren sie nicht enttäuscht. Beim Melden ihres Einwandes gegen die Ungerechtigkeit war die Erfahrung wichtig, daß sie sich trotz ihrer regionalen, religiösen, sprachlichen und wirtschaftlichen Unterschiede als Inder miteinander verbunden fühlen konnten. Aus dieser Entdeckung schöpften sie neue Hoffnung und Kraft.

Bald verfaßte Gandhi einen weiteren Mammutappell, diesmal an den Kolonialminister, zugleich Kabinettsminister in der britischen Regierung, zuständig für Regierungsentscheidungen in Indien und in anderen Kolonien. Gandhi richtete diesen Appell an ihn, da Natal wie auch Indien britische Kolonie war. Für diesen Aufruf sammelten die Inder 10 000 Unterschriften. Tausendfach wurde er vervielfältigt und an die Presse und an Publizisten in England und Indien geschickt. Diese Kampagne war die erste Lektion in der politischen Bildung der Inder. Gandhi sah die Änderung im Bewußtsein der Unterdrückten bereits als einen Sieg an. Daher sein späterer Spruch: »Das Ziel ist im Weg enthalten.«

Gandhi beschloß, sich in Südafrika niederzulassen. Er beantragte die Zulassung am Supreme Court als Rechtsanwalt. Dabei stieß er auf den Widerstand der europäischen Rechtsanwälte, welche argumentierten, daß die Zulassung von farbigen Anwälten die europäischen Anwälte zahlenmäßig zurückdrängen und ihren Schutz vor den Farbigen schwächen würde. Dieses Argument wurde in der Presse als Neid verurteilt. Gandhi wurde von dem Richter des Supreme Court zugelassen.

Gandhi stellte seinen Beruf in den Dienst der Öffentlichkeit. Er wußte, daß die Miseren und politischen Nachteile der Inder mit ein paar Appellen nicht zu beheben waren. Eine unnachgiebige und dauerhafte Kampagne mußte geführt werden. Zu diesem Zweck gründete er im August 1894 den »Natal Indian Congress«. Der Mitgliederbeitrag betrug drei Pfund im Jahr. Der Natal Indian Congress wiederum gründete den indischen Bildungsverein. Indische Jugendliche, die in Südafrika geboren waren, trafen sich hier regelmäßig und diskutierten über wichtige Themen. So wurden Kontakte zwischen diesen Jugendlichen und den anderen Indern hergestellt. Ähnliche Organisationen entstanden auch in Transvaal und der Kapprovinz.

Der Natal-Indien-Kongreß war die erste antikoloniale politische Organisation in Afrika (B. R. Nanda 1995, darin Nelson Mandela, 8). Acht Jahre nach ihrer Gründung wurde die Afrikanische Volksorganisation gegründet (1902) und im Jahre 1912 der ANC. Beide waren von Gandhi beeinflußt (a. a. O.).

Als Ergebnis dieser anfänglichen Agitation legte der Kolonialminister gegen das Gesetz sein Veto ein. Obwohl

das Veto trügerisch war, waren die Inder davon begeistert.

Nicht alle Inder hatten sich an der Agitation beteiligt.
Um das Jahr 1890 gab es in Natal 40 000 Kontraktarbeiter.
Gandhis innigster Wunsch, den Armen zu dienen und ihr
Herz zu gewinnen, wurde im Hinblick auf diese Gruppe
von Indern in mehreren Fällen erfüllt. So etwa, als ein
tamilischer Kontraktarbeiter, Balasundaram, Gandhi auf-
suchte, nachdem sein europäischer Arbeitgeber ihn brutal
verprügelt hatte. Balasundarams Schneidezähne waren
herausgeschlagen und sein Mund blutete. Mit einem ärzt-
lichen Attest und der Aussage des Verletzten konnte
Gandhi den prominenten weißen Herrn dazu bringen,
daß er Balasundaram bei einem anderen Europäer arbeiten ließ. Das war ein weises Manöver von Gandhi. Ein
mißhandelter Kontraktarbeiter konnte seinen Herrn nicht
einfach verlassen. Während ein Arbeiter, der vertragswid-
rig kündigt, in einem demokratischen Land nur zivil-
rechtlich belangt wird, galt dies in Südafrika als Straftat.
Gandhi bat einen netten Europäer, Balasundaram einzu-
stellen. Balasundaram war sehr glücklich. Seine Geschichte erreichte das Ohr jedes Inders, der in Südafrika
arbeitete. Seitdem sahen sie in Gandhi ihren Freund. Bald
überfluteten sie sein Büro mit ihren Berichten des Leids
und der Freuden: ein großer Vorteil für Gandhi in seinem
späteren Satyagraha in Südafrika. Die Geschichte von
Balasundaram wurde sogar in Madras in Indien bekannt.

»Der ernsthafte und reinste Wunsch des Herzens wird
immer erfüllt«, schreibt Gandhi in seiner Autobiographie
(AB, 127). Den Armen und Unterdrückten zu dienen war
immer sein Wunsch. Eines Tages stand ein indischer le-
prakranker Arbeiter vor seiner Haustür. Gandhi verband
seine Wunden und nahm ihn auf. Darüber hinaus wollte
er für die Kranken etwas Konkretes tun. So wurde mit der
Unterstützung eines indischen Kaufmanns ein karitatives
Krankenhaus gegründet. Die Leitung übernahm Dr.

Booth, ein Missionar. Gandhi arbeitete selbst jeden Tag zwei Stunden als Krankenpfleger in diesem Krankenhaus. Er sammelte die Beschwerden der Kranken, legte sie dem Arzt vor und reichte den Kranken ihre Medikamente. Diese praktische Tätigkeit verlieh Gandhi inneren Frieden. Sie brachte noch zwei weitere Vorteile mit sich. Er lernte viele Inder gut kennen und konnte seine Erfahrung als Krankenpfleger im Burenkrieg einsetzen.

Dies war eine Zeit für Gandhi, in der er seine eigenen Bedürfnisse kritisch beobachtete und sie immer stärker beschränkte. Je geringer die eigenen Wünsche und Bedürfnisse, desto größer ist die Zeit, die für die anderen zur Verfügung steht. Das ist, nach Gandhi, der »königliche Weg« zu Gott, und Gott spielte die zentrale Rolle in seinem Leben. Gandhi sah einen kausalen Zusammenhang zwischen seinem Dienst an den Unterdrückten und der Verwirklichung Gottes oder der Seele. So ist es kein Wunder, daß sein Leben in dem Maß asketischer wurde, in dem er tiefer an den Problemen der Mitmenschen beteiligt war. Sein Verzicht auf eigene Bedürfnisse ging so weit, daß er im wahren Sinne des Wortes der Welt und seiner Familie entsagte, um die Menschheit zu umarmen. Dies ging einher mit einer Beschäftigung mit Religionen und Philosophien. Der Kontakt mit den Missionaren und Theosophen trug zu Gandhis Interesse an religiösen Fragen bei. Seinem Freund Rajchand in Indien schrieb er oft, um in Zweifelsfällen seine Meinung einzuholen. Rajchand unterstützte Gandhis Suche und schickte ihm philosophische Bücher, darunter Dharma Vicara. Gandhi studierte Max Müllers »India – what can it teach us?«, die Upanishaden, heilige Schriften des Hinduismus, Vivekanandas, Rajayoga, Patanjalis, Yoga Sutras, Bhagavadgita usw. Er studierte »The Gospel in brief, what to do?« von Tolstoi. Gleichermaßen studierte er den Koran und die heilige Schrift der Parsis »The sayings of Zarathustra«. All das bewog Gandhi zur Selbstbeobachtung. Er fing an, in seinem Leben die neuen

Erkenntnisse ins Werk zu setzen. So bestand kein zeitlicher Abstand zwischen Erkenntnis und Handlung, keine Kluft zwischen seinen Überzeugungen und seinem Leben. So wirkte beides auf die Öffentlichkeit, und er beeindruckte viele ernsthafte Menschen, welche mit ihm für die Sache der Inder arbeiteten.

So kam Gandhi auch in Kontakt mit einigen Europäern, die den Indern helfen wollten. Die Hilfe einiger Freunde war durch christliche Gebote angeregt. Zu diesen Freunden zählen Baker und seine Bekannten, Coates, Harris, Gaff oder eine Familie, die er kennenlernte. Diesen Freundschaften fehlte die Tiefe des Herzens, zumal sie eher auf »Pflichtgefühlen« aus religiösen Geboten als auf wirklich tiefer menschlicher Verbundenheit beruhten. Kein Wunder, daß die Familie Gandhi bat, sie nicht mehr zu besuchen, als ihr fünfjähriger Sohn unter Gandhis Einfluß ein Vegetarier zu werden drohte (AB, 134).

In seinen Schriften erzählt Gandhi allerdings von seinen Freundschaften mit anderen Europäern, die wirklich beeindrucken können, da es sich hier um junge Männer und Frauen handelte, die, anstatt eine Karriere anzustreben, sich mit den unterdrückten und diskriminierten Indern, den Schwächsten der Schwachen, identifizierten und dadurch ihr gesellschaftliches Ansehen und viele andere Vorteile riskierten. Diese Freunde versuchten nicht, Gandhi zu bekehren, so wie umgekehrt auch Gandhi keine entsprechenden Absichten hegte. Seine Freundschaft zu diesen Menschen war tiefer als eine Blutsverwandtschaft, weil sie auf Menschlichkeit basierte. Zu solchen Freunden zählten Albert West, Henry Polak, Hermann Kallenbach, Sonja Schlesin und Pfarrer Doke. Als Gandhi Sonja Schlesin einmal eine Gehaltserhöhung anbot, lehnte sie es entsetzt ab und sagte zu ihm, sie arbeite wegen seiner Prinzipien bei ihm, nicht wegen Geld.

Nächstenliebe, die einem religiösen Gebot zu verdanken ist, ist auf jeden Fall besser als Rassismus. Diese Art von Nächstenliebe erreicht aber nicht dieselbe Qualität wie jene, die aus Gefühlen der Menschlichkeit resultiert.

Gandhi verstand bald, daß er wegen seines Engagements länger in Südafrika bleiben mußte, als er es sich vorgestellt hatte. Er fuhr 1896 nach Indien, um seine Familie zu sich zu holen. Auf der Schiffsfahrt lernte er die Sprache der Tamilen. Von dieser Reise nach Indien konnte er auch für die Sache seiner Agitation profitieren. Er traf sich mit Redakteuren vieler Zeitungen, die ihm Gehör schenkten und sich bereit erklärten, über das Thema zu berichten. In Rajkot verfaßte Gandhi das sogenannte Grüne Flugblatt, in dem er auf die Lage der Inder in Südafrika aufmerksam machte. Er traf sich mit einflußreichen Persönlichkeiten wie Pherozshah Mehta, Lokamanya Bala Gangadhar Tilak, dem Führer des indischen Freiheitskampfs vor Gandhi, und Gopala Krishna Gokhale. Gandhi empfand Gokhale als den heiligen Fluß Ganges, der zu einer angenehmen Umarmung einlädt. Ihn schloß Gandhi sofort in sein Herz. Dagegen empfand er Tilak als unnahbar wie einen Ozean. In Südindien lernte er Parameshwaran Pillay, Subramaniam und andere kennen. Sie organisierten Ansprachen für ihn, die von Menschen in großen Mengen besucht wurden und überall auf große Resonanz stießen. Das »Grüne Flugblatt« verkaufte sich sehr gut, und die Zeitungen schenkten Gandhi Aufmerksamkeit.

Im Ausland berichteten Nachrichtenagenturen über Gandhis Aktivitäten in Indien. Allerdings faßten die Zeitungen in Natal das »Grüne Flugblatt« in zwei Sätzen zusammen, die den Kolonialherren Gandhis Klage in zugespitzter Form und mit übertriebener Schärfe schilderten. Dazu kam das Gerücht, daß Gandhi Natal mit einer Schiffsladung von Indern überfluten wolle. Tatsächlich war zusammen mit dem Schiff, mit dem Gandhi reiste, noch ein zweites Schiff nach Südafrika in See gestochen. Daß in beiden Schiffen insgesamt 800 Fahrgäste waren, empörte die weißen Politiker und Prominenten, darunter

Mr. Escomb, der Generalstaatsanwalt. Sie organisierten ein Komitee und Kundgebungen gegen Gandhi, und schließlich unterstützte auch die Regierung diese Hetzkampagne.

Gandhi ließ seine Familie wie die Parsis einkleiden, da die Parsis damals als »zivilisierte«, d. h. europäisierte Inder galten. Dennoch durfte die Familie, wie auch die anderen Fahrgäste, die Schiffe fünf Tage lang nach der Ankunft nicht verlassen – wegen Pestverdacht. So agitierten die Weißen gegen die Landung der Schiffe, forderten, daß beide Schiffe nach Indien zurückkehren sollten, und drohten den indischen Fahrgästen mit dem Tod, falls sie blieben (AB, 158). Als der Schiffskapitän Gandhi fragte, was er tun würde, wenn die Weißen ihn angreifen würden, antwortete Gandhi: »Ich hoffe, Gott wird mir den Mut und die Vernunft geben, damit ich ihnen verzeihen kann« (a. a. O. 159).

Nach 23 Tagen erhielten die Schiffe schließlich Landeerlaubnis. Trotz der Drohungen gegen sein Leben verließ Gandhi das Schiff. Als die Menschen ihn am Strand erkannten, riefen sie laut seinen Namen, und eine bedrohliche Menschenmenge versammelte sich um ihn. Ein Kollege, Laughton, der eine Gefahr für Gandhis Leben ahnte, rief eine Fahrradriksha herbei, um Gandhi schnell wegzubringen. Gandhi hatte nie zuvor in einem Fahrzeug gesessen, das von einem Menschen gezogen wurde. Obwohl es ihm widerstrebte, war er aus Furcht um sein Leben dazu bereit. Die aufgebrachten Weißen drohten dem Rikschafahrer, einem Zulujungen, sie würden ihn prügeln und seine Riksha zerstören, sollte er Gandhi fahren. Der Zulujunge flüchtete. Einmal mehr sah Gandhi dies als die Einmischung Gottes: Selbst wenn der Mensch moralisch fallen will, kann er es nicht, wenn Gott es nicht will (SSA, 54). Gandhi wurde vor der Sünde der Rikschafahrt beschützt.

Die Masse schimpfte und schlug auf Gandhi ein, bis es

einer alten Bekannten, der Ehefrau des Polizeipräsidenten, die ihn zufällig sah, gelang, ihn mit ihrem Schirm zu schützen. Schließlich kam die Polizei Gandhi zu Hilfe. In ihrer Begleitung erreichte er das Haus eines indischen Freundes, zu dem er vorher seine Familie geschickt hatte. Tausende von Europäern, so Gandhi in seiner Autobiographie, belagerten das Haus (SSA, 55). Nach Einbruch der Dunkelheit verlangten die Belagerer von dem indischen Freund die Übergabe Gandhis und drohten damit, andernfalls das Haus niederzubrennen. Der Polizeipräsident, Alexander, riet Gandhi, sich zu verkleiden und das Haus insgeheim zu verlassen. Gandhi tat es, um sein Leben zu retten, und fand Zuflucht in der Polizeistation. Als die Aggressoren davon erfuhren, zogen sie sich enttäuscht zurück. Gandhi beschreibt dieses Ereignis mit Humor (a.a.O. 55–57). Doch stimmt die Geschichte insofern besonders traurig, als sich hier die Exekutive eines souveränen Staates der Gewalt der Hooligans beugt und einem wehrlosen Menschen die Flucht nahelegt, die Weißen dagegen nicht fürchten mußten, strafrechtlich verfolgt zu werden.

Als der britische Kolonialminister die Natalregierung immerhin in einem Telegramm dazu aufforderte, Gandhis Angreifer vor Gericht zu stellen, lehnte Gandhi das ab, da er nicht der Masse die Schuld gab. Er erklärte dem Generalstaatsanwalt, Herrn Escomb, daß das Komitee, d. h. die Natalregierung, eigentlich die Schuld trage, da sie die Masse angestachelt habe. Folglich wolle er die Mißstände auf der politischen Ebene bekämpfen, das sei für ihn zugleich eine Sache von religiöser Bedeutung.

Der politische Kampf war nicht das einzige Mittel, das Gandhi zugunsten der Inder einsetzen wollte. Gesellschaftlich sollten sie neben den Europäern als gleichwertige Bürger stehen – nicht nur um die Rechte kämpfen, sondern auch die Pflichten erfüllen. Gandhi sah keinen Unterschied zwischen den Indern und den Europäern in

Natal. Die Angehörigen beider Bevölkerungsgruppen waren Bürger des britischen Imperiums. Als solche sollten sie gleiche Rechte und Pflichten haben. Wenn die Inder ihre Pflichten dem Staat gegenüber aktiv erfüllen, so dachte Gandhi, kann ihr Ansehen erhöht werden. Eine der Beschuldigungen gegen die Inder war, daß sie weder sich noch im Kriegsfall das Land schützen könnten; sie seien dort nur aus wirtschaftlichen Gründen. Solchen Vorurteilen entgegenzuwirken und Pflichten zu erfüllen, ergab sich eine Gelegenheit im Jahre 1899, als der Burenkrieg ausbrach.

In dieser Zeit wie auch viele Jahre danach war Gandhi der festen Überzeugung, daß das britische Imperium seinen Bürgern die besten Möglichkeiten zur Entfaltung biete, und er war der britischen Regierung gegenüber loyal. In diesem Krieg zwischen der britischen Kolonie Natal und den von den Buren bewohnten Kolonien Transvaal und Freistaat Oranje entschlossen sich die Inder unter Gandhis Führung, die Briten zu unterstützen. Es ist bemerkenswert, daß die Briten die Mißhandlung der Inder in Transvaal als einen der Gründe für den Krieg bezeichneten. Gandhi teilte der Regierung den Wunsch der Inder mit, sich in irgendeiner Form an dem Krieg zu beteiligen. Diese Stellungnahme zum Burenkrieg revidierte Gandhi auch in späteren Jahren nicht.

Nach anfänglicher Ablehnung nahm die Regierung Gandhis Angebot dankend an, zumal die Briten erhebliche Verluste zu verzeichnen hatten. Mit Dr. Booths Hilfe bildete Gandhi ein indisches Sanitätskorps von Freiwilligen. Am Anfang bestand es nur aus freien Indern, doch bald schlug Gandhi der Regierung vor, auch die Vertragsarbeiter in das Sanitätskorps einzubeziehen. Aufgrund der schwierigen Lage wurde die Zustimmung gegeben – so erhöhte sich die Zahl der Männer auf 1100. Auf diese Weise wurden diese Inder zeitweilig von der Sklaverei befreit und leisteten ehrenhafte Arbeit an der Front und an der

Seite der Europäer. Die Männer des Sanitätskorps trugen die Verwundeten sieben bis acht, manchmal 25 Meilen weit. Mit dem Fortschreiten des Kriegs wurden sie gebeten, die Verwundeten auch aus dem Bereich der Schußlinie wegzutragen. Ihre Tapferkeit und ihr Geschick wurden auch von jenen Europäern bewundert, die vorher Hetzkampagnen gegen die Inder betrieben hatten. An diesem Krieg nahm auch der später berühmt gewordene Winston Churchill teil (Tendulkar I, 63). Am Ende des Krieges erhielten 37 Inder Medaillen. Ein Vertragsarbeiter, Parbhusing, wurde zur Berühmtheit, da er ein Dorf durch das Läuten einer Glocke vor einem Artilleriebeschuß gewarnt hatte. Der Vizekönig aus Indien schickte Kashmirikleider, um ihn zu ehren, und der Bürgermeister von Durban überreichte sie ihm vor einer Versammlung von Bürgern, die er eigens zu diesem Anlaß einberufen hatte.

Nach dem Ende des Krieges im Jahre 1901 zog Gandhi zurück nach Indien, in der Hoffnung, daß die erfolgreiche britische Regierung nun dem Rassismus entgegenwirken und diskriminierende Gesetze abschaffen würde. Er wollte sich in Indien der Öffentlichkeitsarbeit widmen. Doch schon nach einem Monat wurde er von indischen Freunden und Mitstreitern gebeten, sofort nach Südafrika zurückzufahren.

Bei seiner Rückkehr erfuhr Gandhi, daß sich die Lage der Inder verschlimmert hatte. Vor dem Krieg hatten die Inder nach Transvaal einreisen dürfen. Das wurde jetzt drastisch eingeschränkt. Zwar listete ein Regierungskomitee alle alten Verordnungen der ehemaligen Burenregierungen auf, die die Freiheit der Bürger eingeschränkt hatten, um sie schnell abzuschaffen. Dasselbe Komitee bereitete aber auch eine Liste der Gesetze vor, die gegen Inder gerichtet waren. Diese wurden nicht abgeschafft. Im Gegenteil wurden Versuche unternommen, die Diskriminierung per Gesetzgebung zu verschärfen. Gandhi wurde nach Südafrika gebeten, um diese Lage Chamberlain, dem

Kolonialminister, bei dessen Besuch in Südafrika zu schildern. Nach dem Krieg kümmerte sich die Regierung nur noch um die Europäer. Sie schuf die Asiatische Abteilung, die die Lage noch verschlimmerte. Da den Indern überwiegend in Transvaal Schwierigkeiten entstanden, die sich von dort aus in die anderen Staaten zu verbreiten drohten, ließ sich Gandhi diesmal in Johannesburg als Rechtsanwalt nieder. Um die Fragen zur Lage der Inder zu erläutern, die kritische Meinung der Inder sowie der Europäer zu bilden, gründete er die Zeitschrift »Indian Opinion« (1904). Diese Zeitschrift war von Anfang an der Objektivität verpflichtet. Während des Satyagrahakampfes, des gewaltfreien Widerstandes (siehe Kap. VIII), verkündete sie genau die Pläne und Gedanken der Satyagrahis. Selbst die Regierungsbeamten lasen sie, wenn sie sich über den Satyagrahakampf informieren wollten. Eine Zeitlang arbeitete Henry Polak und später während des intensiven Kampfes Joseph Doke als Redakteur. Beide waren auch Gandhis Biographen.

Die Regierung beabsichtigte inzwischen, ein neues »Asian Law« (»Asiaten-Gesetz«) zu verabschieden, um die Einreise von Indern nach Transvaal und allgemein nach Südafrika zu erschweren. Zudem sollten im Rahmen dieser Verordnung alle in Südafrika lebenden Inder in einer Liste erfaßt werden, damit die Neuankömmlinge aus Indien leichter ausfindig zu machen wären. Alle Inder und ihre Kinder, selbst die minderjährigen, wurden aufgefordert, sich anzumelden und eine Meldebescheinigung einzuholen, die sie in der Öffentlichkeit und im privaten Bereich bei sich tragen sollten, um sie auf Verlangen vorzuzeigen. Diese bereits diskriminierende Verordnung wurde dadurch noch erniedrigender, daß die Inder den Behörden neben den Angaben zu körperlichen Merkmalen auch die Fingerabdrücke aller zehn Finger abgeben mußten. Fingerabdrücke wurden ansonsten nur von Kriminellen verlangt. Dies schockierte Gandhi.

§ 5. Der Grundsatz des Satyagraha war entstanden, bevor der Name erfunden wurde

Die zweite Phase des indischen Widerstands gegen die Diskriminierung in Südafrika spielt sowohl in Gandhis Leben als auch in der späteren Geschichte Indiens eine wichtige Rolle. In dieser Phase entdeckte Gandhi die Kraft der Gewaltlosigkeit und Liebe und entwickelte seine Philosophie. Er erlebte den Abgrund menschlicher Gemeinheit, aber auch Gipfel menschlichen Edelmuts.

Er studierte die Bhagavatgita und Yoga Sutras. Je tiefer er in die Bhagavatgita eindrang, desto mehr faszinierte sie ihn, bis diese Schrift zu seinem Lebensführer wurde. In jedem Zweifelsfall schlug er in ihr nach. Begriffe wie *aparigraha* (Besitz nicht ergreifen) oder *samabhava* (Gleichmut) beschäftigten ihn sehr. Indem er diese Begriffe verstand, verstand er auch das Prinzip der *trusteeship*, der Treuhandschaft, besser. Ein junger Freund gab ihm einmal Ruskins »Unto this last« als Reiselektüre. Gandhi las das Buch und geriet sofort in seinen Bann. Die wichtigen Aussagen dieser Schrift sind: a) Das Wohl des Individuums ist in dem der Gemeinde enthalten; b) Der Wert aller Berufe ist gleich (ob Barbier oder Rechtsanwalt); c) Der Mensch soll seine Existenz über körperliche Arbeit bestreiten.

Diese Leitsätze wollte Gandhi sofort in die Praxis umsetzen. Seine Freunde, darunter West, der sich voller Hingabe der Zeitschrift »Indian Opinion« widmete, Polak und Maganlal Gandhi (sein Cousin), stimmten seinem Plan zu, auf einer Farm nach diesen Prinzipien zu leben und der indischen Sache zu dienen. Er kündigte seine Lebensversicherung und schrieb seinem Bruder in Indien, daß dieser, dem er bislang alle seine Ersparnisse gegeben habe, ab jetzt von ihm nichts mehr erwarten dürfe, da er sein Einkommen für die indische Gemeinde ausgeben werde. Das war ein Affront für seinen Bruder, da in einer indischen Großfamilie normalerweise das Einkommen aller Brüder in einen Topf geworfen und vom ältesten Bruder im Interesse der ganzen Familie verwaltet wird. Gandhi tat eigentlich nichts anderes. Er erweiterte nur den Begriff der Familie. So nannten ihn auch alle Inder in Südafrika »Gandhibhai« (Bruder Gandhi), eine Bezeichnung, auf die er stolzer war als auf die spätere, »Mahatma«.

Bald kaufte Gandhi hundert Acker Land, eine Farm in 14 Meilen Entfernung von Durban (1904). Da diese Farm in der Nähe eines Dorfes Phoenix war, hieß sie Phoenix-Siedlung. Jedem Mitbewohner dieser Siedlung wurden drei Acker Land zugeteilt, die er bearbeiten sollte, um seinen Lebensunterhalt zu verdienen. Auch Gandhi teilte man ein Stück Land zu. Er wollte seine Tätigkeiten in Johannesburg beenden und sein Leben nur noch auf der Farm verbringen. Die Druckerei der Zeitschrift »Indian Opinion« wurde dorthin verlegt, und jeder Siedler mußte das Setzen erlernen. Das war Pflicht.

Gandhi sah, daß sein Aufenthalt in Südafrika lange dauern würde, und ließ seine Familie aus Indien nachkommen.

§ 6. *Ein Zulu-Häuptling riet seinem Volk, die neu erhobene Steuer zu verweigern*

Im Jahr 1906 brach ein Zuluaufstand aus. Die Natalregierung suchte die Hilfe der Bürger. Gandhi meldete sich wie schon einmal freiwillig und bot an, ein Sanitätskorps aus 24 Indern aufzustellen. Während seines Einsatzes machte er die traurige Feststellung, daß die sogenannte Zulurebellion eigentlich nur in der Verweigerung der Zahlung einer neu auferlegten Steuer bestand. Viele Zulus wurden von den europäischen Soldaten verwundet, die Gefangenen brutal gepeitscht, bis sie bluteten und ihre Wunden eiterten, zumal die weißen Sanitäter es ablehnten, die Zulus zu pflegen. Um so dankbarer nahmen die Zulus sowie die Ärzte Gandhis Hilfe an.

Bei diesem Einsatz mußte Gandhi Verwundete oft meilenweit durch einsame Gegenden tragen. Er hatte genug Zeit zum Nachdenken über sich und die westliche Zivilisation, die auf Gewalt aufgebaut ist. Die verwundeten Zulus waren ein Beweis dafür. Er kam in seinen Überlegungen auch zu dem Schluß, daß die Öffentlichkeitsarbeit Enthaltsamkeit verlange. Gleich nach dem Ende seines Einsatzes legte er im Einverständnis mit seiner Frau das Gelübde der Enthaltsamkeit ab, welches Erikson »sexuelle Abrüstung« nennt (Erikson, 277). Sicherlich kam der letzte Anstoß dazu von dieser Rebellion, die seinen Ekel gegen die brutale Macht hervorrief. Der eigentliche Grund muß aber in der traditionellen indischen Philosophie und Esoterik liegen. Man darf nicht vergessen, daß Gandhi in dieser Zeit die Bhagavadgita und Philosophie des Yoga intensiv studierte. *Brahmacharya* oder Enthaltsamkeit ist eine der Praktiken des achtgliedrigen Weges. Mahadev Desai, ein Mitarbeiter Gandhis, erklärte viele Jahre später in Indien Louis Fischer, Gandhis enormer Einfluß auf die Massen sei darauf zurückzuführen, daß er seine Wünsche und Begierden vollkommen überwunden habe (siehe § 44).

Während Gandhi mit diesem Gelübde sein Leben für die Öffentlichkeit vorbereitete, kam ein neues Element zu dem Kampf hinzu, das die Trennlinie zwischen seinem privaten und öffentlichen Leben endgültig aufhob. Die Neigung dazu trat während Gandhis Aufenthalt in Südafrika immer stärker in den Vordergrund: Seine Mitarbeiter wohnten bei ihm zu Hause wie Mitglieder der Familie, womit er sein *grihasthashrama dharma*, die Pflichten eines Hausherrn nach indischer Tradition, vollkommen erfüllte. Aber bei der Versammlung am 11. September 1906 in Johannesburg schworen die Inder im Namen Gottes, sich dem »Asian Law« nicht zu unterwerfen (SSA, 95). Die volle Bedeutung dieses Schwurs wurde Gandhi erst später deutlich. Gandhi war sein Leben lang auf der Suche nach

Gott. Dieser Schwur verlegte Gott aus der Privatsphäre in die Öffentlichkeit. Damit war der Bereich seines Privatlebens erloschen. Danach fand die Suche nur noch unter den Menschen und in ihrem Herzen statt. Seine Suche oder sein Kampf vollzog sich ohne Gewalt und nur mit Appellen an die Güte des Gegners und hieß am Anfang »passiver Widerstand«. Gandhi empfand den englischen Namen *passive resistance* aber als eine Schande (a. a. O. 102). So prägte er den Begriff »Satyagraha« (Beharren auf der Wahrheit) und stellte der Öffentlichkeit den unverkennbaren Unterschied zwischen den beiden dar.

Im Rahmen von Satyagraha kommen zunächst alle normalen Methoden politischer Arbeit zum Einsatz. Eine indische Delegation trug der Transvaalregierung ihre Einwände gegen das »Asian Law« vor. Mit einer anderen Delegation fuhr Gandhi nach England, um dem Kolonialminister und dem Staatssekretär einen Appell zu überreichen. Da Südafrika zu dieser Zeit noch eine britische Kolonie war, benötigte jedes Gesetz die Zustimmung des britischen Königs. Die Empfehlungen der Minister spielten dabei eine wichtige Rolle. Gandhi hoffte, die gut informierten Parlamentarier könnten den König zum Veto bewegen. Er traf sich in England mit vielen Parlamentariern und erhielt auf der Rückfahrt auf dem Schiff die Nachricht, daß der Kolonialminister dem König das Veto empfehlen würde. Diese Nachricht von einem jungen Engländer, Symonds, machte Gandhi durchaus glücklich. Symonds war einer der vielen Europäer, die Gandhi in Südafrika kennenlernte und die ihm gegenüber Liebe und Treue bewiesen, so daß er in »Satyagraha in Südafrika« anmerkte: »Ich habe oft erlebt, daß Gutmütigkeit keinesfalls die Eigenart der dunklen Haut ist« (SSA, 114).

Die Euphorie platzte wie eine Seifenblase bei seiner Ankunft in Südafrika. Gandhi erfuhr, daß Transvaal bald, 1907, eine eigene Regierung erhalten würde und der König seine Zustimmung zu Gesetzen dann nicht mehr verweigern könne. In der Tat riet der Kolonialminister den Buren, mit der Verabschiedung des »Asian Law« solange zu warten. Gandhi nannte es eine unehrwürdige Politik (a.a.O. 116).

Im Januar 1907 erhielt Transvaal eine eigene Regierung. Als erstes verabschiedete sie den Haushaltsetat und gleich danach das »Asian Law«. Bald wurden vielerorts Meldebüros geöffnet, und die Inder sollten sich innerhalb eines Monats registrieren lassen. Die Inder verwendeten viele Methoden des Widerstands. Sie stellten Posten in den Straßen auf, die die Inder über das Gesetz belehren sollten. Aber keinesfalls sollten sie Passanten behindern oder nötigen. Selbst wenn sie von der Polizei mißhandelt oder verhaftet würden, sollten sie keinen Widerstand leisten. Für diese Arbeit wurden Inder im Alter ab 12 Jahren eingesetzt.

Aufgrund dieser Kampagne galt die Anmeldung bald bei vielen Indern als Schande. Wenngleich mit der Zeit einige Inder die Scham überwanden und die Behörden baten, die Meldescheine zu Hause ausfüllen zu dürfen, hatten sich von 13 000 Indern am Ende des Monats immerhin nur 500 angemeldet und ihren Meldeschein erhalten. Die Regierung reagierte auf den Widerstand mit einer Reihe von Verhaftungen. Zusammen mit einigen Satyagrahis wurde auch Gandhi festgenommen. Trotz Gandhis Bitte, ihm dieselbe Strafe zu erteilen, zu der die anderen Inder verurteilt wurden, bekam er nur zwei Monate »einfache« Strafe, d.h. ohne schwere Zwangsarbeit. Es war geradezu eine Strategie der Inder, Verhaftungen zu provozieren und so die Gefängnisse zu überfüllen. Im Gefängnis erhielten die Inder Essen ohne Gewürze. Gandhi machte später ein diätetisches Prinzip daraus.

Selbst nach der Verhaftung der Anführer wurde der Kampfgeist der Inder dank der »Natur« des Satyagraha nicht geschwächt. Der beeindruckte Verteidigungsminister, General Smuts, rief Gandhi zu sich und machte ein

Kompromißangebot. Er schlug vor, die Inder sollten sich freiwillig melden, nicht aufgrund des Gesetzes. Die Angaben für das Meldeformular könnten durch eine Verhandlung mit den Indern festgelegt werden. Als Gegenleistung würde die Regierung das »Asian Law« aufheben. Nach Rücksprache mit seinen Mitstreitern erklärte sich Gandhi mit dem Vorschlag einverstanden und fuhr nach Johannesburg, um den Indern das Abkommen zu erklären.

In derselben Nacht, als Gandhi in Johannesburg ankam, wurde eine Versammlung aller Inder einberufen. Er legte den etwa tausend Anwesenden den Inhalt des Abkommens dar. Einige äußerten die Angst, daß der Kompromiß zu einseitig sei. Was könnten sie tun, wenn die Regierung nach der freiwilligen Meldung aller Inder das Gesetz doch nicht aufheben sollte? Gandhi erklärte, Kompromiß, Angstlosigkeit und Vertrauen zum Gegner seien die Merkmale des Satyagraha. Sollte die Regierung ihr Versprechen nicht einlösen, so könne man das Satyagraha wiederaufnehmen. Auf die Fragen eines Angehörigen des Pathanenvolkes hin erklärte sich Gandhi bereit, sogar die Abdrücke aller zehn Finger abzugeben. Der Pathan, wie einige andere, war mit dem Kompromiß nicht einverstanden. Sie fragten Gandhi, ob er von der Regierung bestochen worden sei, und drohten, Gandhi und andere Anführer umzubringen, falls diese sich anmeldeten.

Zehn Tage danach hatten sich die Gemüter etwas beruhigt, und Gandhi und andere Anführer wollten sich als die ersten anmelden. Dabei wollten sie auch feststellen, ob die Behörden die Inder freundlich behandelten. Der Pathan Alam, der Gandhi für einen Verräter hielt, trat Gandhi und seinen Freunden auf der Straße entgegen und fragte ihn, wohin er ginge. Sich anmelden, und Alam könne, wenn er sich auch anmelden wolle, seinen Meldeschein ohne Fingerabdrücke erhalten, antwortete Gandhi. Kaum hatte er seinen Satz beendet, schlug Alam Gandhi mit einem Knüppel auf den Kopf. Gandhi fiel bewußtlos zu

Boden. Alam und seine Freunde prügelten Gandhi weiter und schlugen auch auf seine Freunde ein, als sie Gandhi schützen wollten. Kurze Zeit später verhaftete die Polizei die Pathanen.

Pfarrer Doke nahm Gandhi mit zu sich nach Hause, um ihn dort zu pflegen. Chamney, der Beamte der Meldebehörde, begleitete Gandhi. Chamney gegenüber äußerte Gandhi den Wunsch, sich als erster Inder anzumelden. Gandhi hatte über Chamney viele Beschwerdebriefe geschrieben. Als er aber mit seinen verletzten Fingern die Fingerabdrücke abgab, standen dem Beamten Tränen in den Augen. Trotz Gandhis Bitte, Alam und seine Freunde nicht zu bestrafen, wurden sie zu drei Monaten Haft mit schwerer Arbeit verurteilt.

Der Pfarrer Doke, seine Frau und kleine Tochter pflegten Gandhi zehn Tage lang, bis er wieder gesund war. In diesen Tagen besuchten die Inder Gandhi in Scharen. Sicherlich bedeutete das einen beruflichen Nachteil für den Pfarrer. Trotzdem widmete er sich nach wie vor der indischen Sache. Jahre danach erinnerte sich Gandhi an Doke und wie er bei dessen Tod in der Gemeindekirche gebeten wurde, über ihn eine Rede zu halten.

Einige Tage nach diesem Vorfall fuhr Gandhi nach Durban, um den dortigen Indern das Abkommen zu erklären. In einer Versammlung der Inder versuchte auch hier ein Pathan, Gandhi mit einem Stock zu erschlagen. Gandhi wurde von seinen Freunden und der Polizei, die rechtzeitig ankam, geschützt. Er versuchte weiterhin, alle Inder davon zu überzeugen, sich anzumelden.

Er wurde böse überrascht, als General Smuts das »Asian Law« nicht aufhob und den freiwilligen Anmeldungen mit einem zusätzlichen Gesetz legale Gültigkeit verlieh.

Am 6. August 1908 trafen sich die Inder in Johannesburg unter Gandhis Führung, um öffentlich ihre Meldescheine zu verbrennen. Man sammelte zweitausend Meldescheine, und ein großer Topf mit Paraffin wurde bereitgestellt. An diesem Tag lief die der Regierung gegebene Frist ab, auf die Bitte der Inder zu reagieren und das Gesetz aufzuheben. Da die Regierungsantwort ein klares Nein war, verbrannten die Inder die Meldescheine und hißten wieder die Flagge des Widerstands. Ein Journalist beschrieb dieses Ereignis als »Boston Tea Party«. Der Unterschied zu dieser »Party« ist jedoch unverkennbar. Die unterdrückten (und ungebildeten) Inder fanden sich in einer vollkommen anderen Situation als die Europäer, die gegen die britische Regierung gekämpft hatten.

Unter dem Eindruck dieser Aktion entschuldigte sich auch der Pathan Alam bei Gandhi und übergab ihm seinen Meldeschein zur Verbrennung. Gandhi begrüßte ihn herzlich und ohne Groll. Die weithin akzeptierte Strategie bestand nun darin, friedlich nach Transvaal zu gehen, am Grenzübergang den Behörden den Meldeschein nicht vorzuzeigen und sich auch zu weigern, die Fingerabdrücke abzugeben: demonstrativ das »Asian Law« zu brechen. Die Satyagrahis schickten als ersten einen Parsi, Sorabji, nach Transvaal. Vorher informierten sie die Behörden über ihre Aktion. Nach einigem Zögern bestrafte die Regierung Sorabji »nur« mit einem Monat Gefängnis und Zwangsarbeit. Nach diesem »Test« schickte Gandhi eine Schar von Indern aus Natal los, darunter auch seinen ersten Sohn Harilal. Nachdem die Polizei sie verhaftet und dem Richter vorgeführt hatte, wurden sie aufgefordert, Transvaal zu verlassen. Da sie sich weigerten, schob die Polizei sie schließlich ohne Prozeß ab. Bei ihrer Wiederkehr nach Transvaal wurden sie zu dreimonatiger Gefängnisstrafe mit schwerer Arbeit verurteilt. Auch die Inder von Transvaal provozierten ihre Verhaftung, indem sie entweder ohne Lizenz auf den Straßen handelten oder von der Seite Natals nach Transvaal reisten, ohne ihren Meldeschein zu zeigen. So überfüllten sie die Gefängnisse. Die

Inder, unter ihnen Gandhi, mußten im Gefängnis harte und niedere Arbeiten leisten. Das brachte Demut in ihr Leben. Gandhi wurde nach seiner Verhaftung nach Pretoria in Einzelhaft gebracht.

Einige Inder wurden nach Indien abgeschoben. Aufgrund der langen Abwesenheit war ihnen das Land fremd, einige waren sogar in Südafrika geboren und hatten Indien nie zuvor gesehen. Als sowohl in Südafrika als auch in Indien viele Betroffene heftig gegen diese Abschiebepraxis protestierten, wurde die Behandlung der Inder in den Gefängnissen noch strenger und härter, so daß einige von ihnen sich der Regierung beugten. Die Mehrzahl stand jedoch weiterhin entschlossen hinter Gandhi.

Nach seiner Freilassung führte Gandhi wieder eine Delegation nach England, um bei den Parlamentariern gegen das »Asian Law« zu protestieren (1909). In England traf er sich mit vielen indischen Anarchisten und lernte ihre Ansichten kennen. Wenngleich seine Mission erfolglos blieb, verfaßte er auf der Rückfahrt doch immerhin sein wichtiges Werk »Hind Swaraj«, eine programmatische Zusammenfassung der Satyagraha-Philosophie, die als ein Manifest bezeichnet werden kann.

Die inhaftierten Inder und ihre Familien hatten ihr Einkommen verloren, und es war nicht abzusehen, wie lange die Satyagraha-Aktionen noch andauern würden. So konnte die Finanzierung der Bewegung nicht mehr durch die Beiträge der Inder gedeckt werden. Die Verteilung des wenigen Geldes an die Familien der Satyagrahis war ohnehin keine befriedigende Lösung gewesen. Denn zum einen konnte das Geld nicht gerecht an die Familien verteilt werden, zum anderen lebt die Satyagraha-Bewegung nicht vom Geld allein, sondern von der Charakterstärke der Satyagrahis. Aus solchen Überlegungen heraus entwickelte Gandhi das Konzept eines gemeinschaftlichen Lebens aller Satyagraha-Familien auf einer Farm, auf der sie ihre bescheidene Existenz selbständig verdienen und ihre Kinder als gute Menschen erziehen könnten. Die Phoenix-Farm in Natal lag sehr weit von Johannesburg entfernt. Die Lösung kam von einem jüdischen Architekten, Herrmann Kallenbach, der in Südafrika in fürstlichem Stil lebte. Er war Gandhis engster Freund und mehr als ein leiblicher Bruder. Dieser reiche Mann kaufte eine Farm von 1100 Ackern nahe Johannesburg und stellte sie Gandhi zur Verfügung.

In dieser Zeit korrespondierte Gandhi mit Tolstoi und informierte ihn über das Satyagraha der Inder. Aus Verehrung für diesen Dichter nannte Gandhi die Farm nach Tolstoi. Die Familien der Satyagrahis und Gandhis eigene Familie sowie Kallenbach begannen, ihr Leben dort einzurichten. Von der Phoenix-Farm nach Durban oder zum Bahnhof etwa lief Gandhi zu Fuß, da die Farbigen und Schwarzen nicht in Bussen mitfahren durften. Doch auch um Geld zu sparen, durften die Mitbewohner der Tolstoi-Farm nicht mit dem Zug nach Johannesburg fahren, es sei denn, die Fahrt war im Interesse aller Bewohner.

Die Tolstoi-Farm war 21 Meilen entfernt von Johannesburg. Viele Obstbäume und einen Brunnen gab es auf ihr, alle Farmbewohner arbeiteten auf der Farm, sie waren ihre eigenen Landarbeiter, Handwerker und Kloputzer. Kallenbach etwa hatte in einem Kloster das Schusterhandwerk gelernt und brachte es Gandhi bei. Von ihm lernten es wiederum die anderen auf der Farm – bald konnten die Farmbewohner Sandalen verkaufen. Kurz darauf wurde auch die Schreinerei eingeführt. Gandhi und Kallenbach unterrichteten die Kinder, Mädchen und Jungen gemischt, so gut sie konnten. Der Unterricht konnte allerdings nur nachmittags stattfinden, da die Lehrer vormittags körperlich arbeiten mußten. Trotz dieser doppelten Belastung der Ausbilder waren alle hochmotiviert durch das gemeinsame Ziel, so selbständig wie möglich zu werden, um den Kampf gegen die Regierung geduldig bis zum Sieg führen zu können.

Im Rahmen der vielen Diskussionen über Philosophie und Religion, die Kallenbach und Gandhi auf der Farm führten, überzeugte Gandhi ihn und andere Mitbewohner so nachhaltig von der Idee der Gewaltlosigkeit, daß auf der Farm nicht einmal giftige Schlangen getötet wurden. In einer Sache aber wurde Gandhi enttäuscht. Er ließ die Jungen und Mädchen unter seiner Aufsicht am Brunnen zusammen nackt baden. Es muß seine Überzeugung gewesen sein, die Jungen und Mädchen würden von sexuellen Regungen frei bleiben, wenn sie sich gegenseitig kennen. Diese Überzeugung hatte er vermutlich aus seiner Beobachtung der Zulus gewonnen. Denn über die Zulus, die ihre Genitalien nur mit einem Stück Leder oder gar nicht bedeckten, schrieb er: »Keiner darf aber vermuten, daß sie ihre Sinnesorgane nicht beherrschen können« (SSA, 9). Nach seiner Enttäuschung an dem Brunnen hinsichtlich »sexueller Enthaltsamkeit« der Jugendlichen schnitt Gandhi den Mädchen die langen Haare ab, damit kein junger Mann auf die Idee käme, böse Blicke auf sie zu richten (a.a.O. 223). Diese drakonische Strenge kann leicht als autoritär mißverstanden werden. Doch angesichts der Tatsache, daß Charakter und Ruf die einzigen Mittel der Inder in ihrem Kampf gegen die Regierung waren, muß Gandhi diese Strenge für absolut notwendig gehalten haben.

Gandhi erstattete Gopalakrishna Gokhale, dem berühmten indischen moderaten Freiheitskämpfer, immer Bericht über das Satyagraha in Südafrika. Es war sein Wunsch, daß die Politiker in Indien und England über das Los der Inder in Südafrika redeten. Ihm war auch daran gelegen, daß irgendein wichtiger Politiker aus Indien nach Südafrika komme und sich über die indische Frage informiere. Der Wunsch wurde erfüllt, als 1919 Gokhale mit der Zustimmung des Kolonialministers nach Südafrika reiste. Da der Kolonialminister aus England die südafrikanische Regierung zuvor über die Bedeutung Gokhales informierte, wurde er von den Europäern sehr geehrt. Die Regierung übernahm die Rolle des Gastgebers. Er hielt vielerorts Ansprachen, und immer führten die jeweiligen Bürgermeister den Vorsitz. Oft veranstalteten die Inder ein vegetarisches Festessen, woran die Europäer zahlreich teilnahmen und mit den Indern am gleichen Tisch saßen. Der Bürgermeister von Johannesburg stellte Gokhale sein Auto zur Verfügung.

Gokhale gewann das Herz der Inder sowie der Europäer. Die Krönung der Reise Gokhales war sein zweistündiges Treffen mit den Generälen Botha und Smuts. Sie versprachen ihm, daß das »Asian Law« und die Kopfsteuer von drei Pfund aufgehoben und das Einwanderungsgesetz gelockert würde. Damit betrachtete Gokhale Gandhis Arbeit in Südafrika als erfolgreich beendet und bat ihn, ein Jahr später nach Indien zurückzukehren und sich dem Land zu widmen. Gandhi blieb aber skeptisch, da er die Aufrichtigkeit der Minister bezweifelte.

Nach Gokhales Abreise teilte General Smuts dem Parlament tatsächlich mit, daß die Kopfsteuer auf die indischen Vertragsarbeiter nicht aufgehoben werden könne, da die Europäer in Natal, die die Arbeitgeber seien, dies nicht begrüßen würden. Darin sah Gandhi eine Beleidigung Gokhales und des Mutterlandes. In dieser Erklärung der Regierung erkannte er aber auch zum ersten Mal die Möglichkeit, die Vertragsarbeiter in den Kampf einzubeziehen. Bis dahin hatte sich das Satyagraha nur mit dem »Asian Law« und der Beschränkung der Einwanderer beschäftigt. Ein weiteres Gerichtsurteil stärkte den Kampfgeist der Inder und gab auch ihren Frauen Anlaß, in den Kampf gegen die Regierung zu ziehen. Dieses Urteil erklärte am 14. 3. 1913 alle Eheschließungen in Südafrika für ungültig, die nicht christlich und standesamtlich geschlossen waren. Damit wären viele Ehen von Hindus und Muslimen ungültig geworden. Ihre Ehefrauen wären nicht mehr als Mätressen.

§ 7. Der große Marsch

Somit waren im Jahre 1913 Inder jeder »Kategorie« von problematischen Regierungsmaßnahmen betroffen und sahen auf das Satyagraha. Da die Mehrzahl der Inder in Natal lebte, verlegte Gandhi den Hauptsitz der Satyagraha-Bewegung nach Phoenix und beendete die Aktivitäten auf der Tolstoi-Farm.

Eine kleine Gruppe eifriger Südinderinnen schickte Gandhi nach Transvaal, um ihre Verhaftung zu provozieren. Die Polizei ignorierte sie. Selbst, als sie ohne Lizenz auf den Straßen Waren verkauften, blieben sie unbehelligt. Wie der Gauner in O. Henry's Erzählung »Cop and the Anthem« warteten sie vergeblich auf ihre Verhaftung. Daraufhin schickte Gandhi die Mitbewohner der Phoenixfarm, darunter seine Frau Kasturba, nach Transvaal. Beim Grenzübergang sollten sie ebenfalls keinen Meldeschein vorlegen und sich verhaften lassen. Falls dieser Plan fehlschlüge, sollte die vorherige Gruppe der Südinderinnen nach Newcastle in Natal zurückkehren, dort zum Kohlebergwerk gehen und die indischen Kontraktarbeiter zur Arbeitsniederlegung bewegen. Die Phoenix-Schwestern wurden verhaftet und zu drei Monaten Gefängnis mit schwerer Arbeit verurteilt. Die Natal-Schwestern kehrten heim nach Natal und fuhren planmäßig nach Newcastle. Ihr Appell wirkte wie ein wildes Feuer: Alle Inder legten die Arbeit nieder. Das konnte die Regierung nicht gelassen hinnehmen. Sie verhaftete auch diese Schwestern und verurteilte sie zu dreimonatiger Haft mit Zwangsarbeit.

Damit erreichte Satyagraha den Höhepunkt seiner Wirkung in Südafrika. Wie keine andere Tat deckte die Verhaftung der Inderinnen die Herzlosigkeit der weißen Regierung auf; sie berührte einen sehr empfindlichen Punkt. Nicht nur die Arbeiter im Kohlebergwerk legten die Arbeit nieder, auch die Inder in Indien, die bis dahin

Südafrika gegenüber ohne Anteilnahme geblieben waren, empörten sich darüber. Pheroz Shah, der Anführer der Kongreßpartei, kochte vor Wut, als er an das Schicksal der Frauen im Gefängnis, in Gesellschaft von Kriminellen, dachte. Derselbe Pheroz Shah hatte Gandhi einige Jahre zuvor vom Kampf gegen die Weißen abgeraten.

Die Bergwerkbesitzer versuchten auf jede mögliche Weise, die Inder zur Arbeit zu zwingen. Sie drehten ihnen Strom und Wasser ab, warfen Gegenstände aus ihren Quartieren und peitschten sie sogar in einigen Fällen. Diese Inder strömten in die Stadt Newcastle zu Gandhi. Sie waren Analphabeten, verstanden nicht die Feinheiten der Gesetze. Aber sie verstanden, daß die Ehre Indiens tödlich verletzt wurde, und verließen ihre Arbeitsplätze (SAA, 259). Sie zeigten sich bereit, sogar auf das Notwendigste zu verzichten. Der Geist des Satyagraha fing an, sie zu ergreifen. Die Gewalt erwiderten sie nicht mit Gewalt.

Durch die Ausweitung des Satyagraha auf die zahllosen Vertragsarbeiter wurde Gandhis Verantwortung enorm groß. Diese Inder, die zunehmend die Arbeit niederlegten, mußten ernährt und untergebracht werden. Die Finanzen waren knapp, und die reichen indischen Kaufleute wollten Gandhi nicht unterstützen, aus Angst, bei der Regierung in Mißgunst zu geraten. So blieb Gandhi nur die Möglichkeit, die Arbeiter von der Regierung verhaften zu lassen und sie als Regierungsgäste im Gefängnis unterzubringen. Am 28. 10. 1913 brachen nach einem Gebet Hunderte von Indern unter Gandhis Führung nach Charlestown, einem Dorf an der Grenze zu Transvaal, auf, um die Grenze illegal zu überqueren. Die Schwächeren wurden mit der Bahn vorausgeschickt. Vor der Grenze bat Gandhi die Regierung noch einmal um die Aufhebung der 3-Pfund-Kopfsteuer. Die Regierung aber blieb von seinen Bitten ungerührt. So entwickelte sich der ursprünglich bis zum Grenzdorf Volksrust geplante Marsch zu einem 200 Meilen langen Exodus zur Tolstoi-Farm. 2037 Männer,

127 Frauen und 57 Kinder liefen acht Tage lang täglich 24 Meilen zu Fuß. Sie bekamen pro Tag anderthalb Pfund Brot und eine Unze Zucker. Am 6.11. 1913 überquerten sie die Grenze nach Transvaal und marschierten nach Nordwesten. Kallenbach, Fräulein Schlesin, Albert Christopher, P. K. Naidoo und andere koordinierten den Marsch. Gleich am ersten Tag wurde Gandhi verhaftet, kam aber gegen eine Kaution wieder frei. Dies wiederholte sich in den folgenden Tagen. Inzwischen gelangte die »Friedensarmee« der indischen Arbeiter bis nach Johannesburg. Alles verlief planmäßig. Gandhi und Gokhale in Indien baten ihren europäischen Mitarbeiter Polak, nach Indien zu fahren, um die Inder und den Vizekönig über den Kampf zu informieren. Polak wollte sich vor seiner Abreise mit Gandhi besprechen und gesellte sich zu diesem, der wie gewöhnlich den Indern voranschritt. Bei diesem Treffen wurde Gandhi verhaftet und zu neun Monaten Gefängnis verurteilt. Gandhi übergab Polak die Führung. Polak beschloß, die Inder zur Tolstoi-Farm zu bringen, bevor er abreiste. Aber am nächsten Morgen wurde er mit allen Indern zusammen in Balfour verhaftet und in drei Sonderzügen nach Natal abtransportiert. Die Regierung ließ auch Kallenbach verhaften. Gegen die beiden wurde mit Gandhis »Hilfe« prozessiert. Der Staat konnte seine Anklage gegen diese drei nur darauf stützen, daß sie gegeneinander als Zeugen aussagten. Doch freundliche Zusammenarbeit selbst mit dem Gegner ist ein Prinzip des Satyagraha.

Die verhafteten Arbeiter wurden zu Bergwerken geführt. Die Regierung erklärte diese Bergwerke zu erweiterten Gefängnissen, zäunte sie ein und zwang die Inder zur Arbeit. Die europäischen Angestellten spielten die Gefängniswärter und mißhandelten sie. Als sich diese Nachricht verbreitete, streikten indische Arbeiter zu Tausenden und verließen ihre Arbeitsstätte. Etwa 60 000 waren in Bewegung. Diese Nachrichten aus Südafrika erschütterten die Inder; mit strengen Worten verurteilte der Vizekönig Hardinge die südafrikanische Regierung. Die ganze Welt beobachtete sie.

Als auch die schlimmsten Repressalien wie Peitschen und Erschießungen den Willen der Inder nicht beugen konnten, ließ General Smuts Gandhi, Polak und Kallenbach frei und eröffnete Verhandlungen mit Gandhi. Um aus dieser Krise herauszukommen, ernannte Smuts eine dreiköpfige Kommission. Die Empfehlungen dieser Kommission bildeten die Basis eines Gesetzes, das später als »Indian Relief Bill« (Gesetzesentwurf zur Entlastung der Inder) vom Parlament gebilligt wurde. Danach wurde die Rechtmäßigkeit derjenigen Ehen anerkannt, die in Indien als legal galten, die jährliche Kopfsteuer von drei Pfund wurde abgeschafft, die Meldescheine der Natalregierung mit dem Daumenabdruck sollten den Indern das Recht auf die Einreise in die Südafrikanische Union sichern. Viele andere Probleme sollten über eine wohlwollende Verwaltung und eine ebensolche Auslegung der Gesetze gelöst werden. Damit waren nicht alle Probleme der Inder vom Tisch. Gandhi vertraute der neuen Generation von gebildeten Indern einige verbleibende Aufgaben an.

Satyagraha hatte den Indern eine Identität und Selbstachtung verliehen. Es hatte General Smuts zur geistigen Gesundheit bekehrt (EWMG, 46). In der Gefangenschaft stellte Gandhi ein Paar Sandalen für diesen »Wahnsinnigen« her und schenkte sie ihm bei seiner Freilassung. Jahre später gestand Smuts, daß er sie viele Jahre lang im Sommer getragen habe, obwohl er in die Schuhe so einer großen Persönlichkeit zu steigen nicht würdig gewesen sei (Tendulkar I, 184). Gandhis grenzenlose Gutmütigkeit seinem Peiniger gegenüber bewirkt in einem normalen Menschen Entrüstung. So ist es kein Wunder, daß ihn diese Gutmütigkeit später das Leben kosten sollte.

3. Der Diener der Wahrheit

Ich nehme an der Politik teil, weil ich denke, daß kein
Lebensbereich von Religion getrennt werden kann.

Gandhi 1919

§ 8. Das Land lernte die erste Lektion
   in Satyagraha

Am 18. Juli 1914 nahm Gandhi zufrieden von Südafrika
Abschied. Er fuhr mit Kasturba und Kallenbach ab. Bevor
er nach Indien reisen konnte, mußte er der Bitte Gopalakrishna Gokhales nachkommen, ihn in England zu besuchen. Als das Schiff in den Ärmelkanal einfuhr, erhielt er
die Nachricht, daß der Erste Weltkrieg ausgebrochen sei.
In London wurde ihm mitgeteilt, daß Gokhale in Paris
festsaß.

Gandhi glaubte immer noch, daß das britische Imperium zum Wohl aller Menschen bestünde. Diesem unerschütterlichen Vertrauen ordnete er sogar sein eigenes
Ideal der Gewaltlosigkeit unter. Er ging soweit, wie schon
einmal, ein indisches Sanitätskorps auf die Beine zu stellen, um der britischen Regierung im Krieg beizustehen.
Das Sanitätskorps bestand aus indischen Studenten, die in
England lebten. Dieses Kriegsengagement bereitete Gandhi einige Schwierigkeiten, viele seiner Mitarbeiter und
Anhänger empörten sich darüber. Gandhi scheint uns
Heutigen ein Freund der Briten in Not (*a friend in need*)
gewesen zu sein. Aber er versuchte nicht mit Schönreden
seine Unterstützung kriegerischer Handlungen zu vertu-
schen. Er sagte deutlich, die Sanitäter trügen genausoviel
Schuld an dem Krieg wie die anderen. Doch wurde Gandhi von diesem naiven Fehler des Kriegsengagements, das

seiner Philosophie widersprach, durch den Eingriff der Natur befreit: Gandhi erkrankte an einer unheilbaren Brustfellentzündung, und die Ärzte empfahlen ihm, in das warme Land Indien zu fahren. Ähnlich griff die Natur später nochmals in sein Leben ein.

Als Deutscher durfte Herrmann Kallenbach nicht mitfahren, sosehr dies Gandhi auch wünschte. Die Bindung zwischen den beiden war tiefer als die zwischen zwei Brüdern. Kallenbach war unkompliziert und seriös. Wenn er von einem Prinzip überzeugt war, setzte er es sofort im Leben um. Als er von Gandhi über die negativen Eigenschaften von Milch hörte, entschloß er sich sofort, mit Gandhi zusammen lebenslang auf Milch zu verzichten. Als Gandhi ihn einmal auf einer Schiffsreise davon überzeugte, daß ein Fernglas ein überflüssiger Gegenstand sei, warf er auf der Stelle sein teures Gerät ins Meer. Für die beiden war die Trennung nur sehr schwer zu ertragen.

Bereits aus Südafrika hatte Gandhi seine Familie mit Kindern, Cousinen, Freunden und Anhängern, die Phoenix-Familie, 18 insgesamt, nach Indien geschickt. Sie wurde bei dem Dichter Rabindranath Tagore in Shantiniketan und zum Teil in Gurukul Kangli untergebracht.

Am 9. 1. 1915 kam Gandhi zusammen mit Kasturba in Bombay an. 25 Jahre lang war er fort von Indien gewesen. »Das Land ist fremd für mich«, sagte er zu einem Freund. Das war auch Gokhales Eindruck. Indien und die Inder müssen auf ihn befremdender gewirkt haben, als er es sich hatte vorstellen können. Die Oberflächlichkeit der indischen Elite, die er nach seiner Ankunft bei öffentlichen Treffen und Versammlungen kennenlernte, enttäuschte ihn: Die indische Elite sprach Englisch, kleidete sich und dachte britisch. Er sagte unverhohlen, daß er sich unter den Kontraktarbeitern in Südafrika wohler gefühlt habe als in der »merkwürdigen Gesellschaft« von Bombay.

Die verwestlichte Intelligenzia fand Gandhi ihrerseits merkwürdig und altmodisch. Selbst Gokhale, der in

Gandhi die größte Hoffnung für den Unabhängigkeitskampf Indiens sah, bezeichnete Gandhis Ansichten in
»Hind Swaraj« als »grob«. Er war sich sicher, daß Gandhi
seine Ansichten ändern würde, wenn er sich mit Indien
vertraut machen würde. Daher »befahl« er Gandhi, ein
Jahr lang das Land und die Menschen kennenzulernen
und seine Meinung über politische Themen so lange nicht
zu äußern.

Gokhales Vorschlag nahm Gandhi sich zu Herzen. Er
reiste mit der Eisenbahn in der dritten Klasse, lernte Städte und Menschen kennen. Er fuhr nach Südindien, um die
Witwen der Kontraktarbeiter zu besuchen, die im Satyagraha-Kampf in Südafrika zu Märtyrern geworden waren.
Überall war er bereits berühmt und wurde als ein Held
empfangen. Die Ehrungen schob er auf den übertriebenen
Leumund, den Gokhale ihm bescheinigte, und wies stets
darauf hin, daß die einfachen Kontraktarbeiter die eigentlichen Helden gewesen seien. Er selbst habe nur die Rolle
des Vermittlers zwischen den Weißen und den Kontraktarbeitern gespielt.

Stets wurde er mit der Komplexität der Gesellschaft
und ihren Problemen konfrontiert. In Südafrika war sein
Bild von Indien durch die Kontraktarbeiter geprägt, deren
Lebensinhalt darin bestand, irgendwie ihren Lebensunterhalt zu verdienen. Sie waren »unkultiviert«, Analphabeten, aber gutherzig und bereit, für das Mutterland (wie es
in Indien heißt) ihr eigenes Leben zu opfern.

Auf seinen Reisen begegnete er an Pilgerorten wie
Kumbhmela oder Varanasi unvorstellbarem Dreck auf
den Straßen und der Gier der Menschen. Es schmerzte ihn
sehr, wie die Menschen aus reiner Dummheit die Schönheit der Natur beeinträchtigten oder den heiligen Ganges
sowie die Straßen mit Fäkalien verunreinigten. Er sah
enorme Armut einerseits und den Reichtum der Fürsten
andererseits. Das Jahr der Beobachtung bestärkte Gandhi
in seinem Willen zum politischen Engagement.

Je mehr er das Land und die Leute kennenlernte, desto fester wurden seine Ansichten, wider Gokhales Erwartungen. In diesem Jahr müssen die Pläne für die Politik, Wirtschaft und Gesellschaft Indiens geboren sein, wie sie in der Satzung des Satyagraha-Ashrams in abstrakter Form zum Ausdruck kamen. Er fand Shantiniketan, die Schule des Dichters Tagore, reformbedürftig. Die Schüler und Lehrer dort waren nicht auf »Selbsthilfe« eingestellt. In ihrem Alltag waren sie sehr auf Fremdenhilfe angewiesen – in der Küche arbeiteten 200 Köche, von dem Putzpersonal ganz zu schweigen. Gandhi handelte, er ließ die Schüler und Lehrer in der Küche arbeiten, den Boden kehren und Toiletten reinigen. Er führte seine Ernährungsansichten ein. Der Dichter ließ das Experiment zunächst über sich ergehen. Doch nach 14 Tagen wurde es abgebrochen.

Offenbar konnte Gandhi den Dichter von einer grundlegenden Ansicht des Hind Swaraj nicht überzeugen, daß die Unabhängigkeit des Landes mit der »Selbsthilfe« im kleinen anfängt.

In seinen Ansprachen in diesem Jahr hört man immer wieder die Themen, die er später zu einem Programm für die Nation erhob: Beseitigung der Unberührbarkeit, Swadeshi (Förderung der Selbständigkeit der Gesellschaft und des Menschen, der Heimindustrie und Kultur und des Patriotismus), Gebrauch der einheimischen Sprachen statt Englisch, Handwebstühle als Lösung für die Armut Indiens und Aufforderung an die Reichen, ihren Reichtum mit den Armen zu teilen (XIII, 69–71 und 210–216). In einem Zeitungsinterview sagte Gandhi, seine Arbeit für Indien sehe er in der langfristigen Ausbildung von Menschen, die bereit seien, sich in den Dienst Indiens zu stellen. Diese Ausbildung sollte an ähnlichen Stätten wie der Phoenix- oder Tolstoi-Farm stattfinden. Es war Gandhis dringender Wunsch, möglichst bald eine Farm in Indien zu gründen. Verschiedene Orte wurden dafür vorgeschlagen.

Gandhis Entscheidung fiel auf Ahmadabad. Da er selbst ein Gujarati war, meinte er, es müsse relativ einfach sein, in Gujarat Fuß zu fassen. Er rechnete auch zu Recht mit der Großzügigkeit der reichen kaufmännischen Familien von Ahmadabad.

Am 20. 5. 1915 gründete er den Sabarmati-Ashram in einem Dorf nahe Ahmadabad auf einem Grundstück von 150 Acker mit 25 Mitgliedern – Männern, Frauen und Kindern. Das Sanskritwort »Ashram«, Wohnort für die Asketen oder Mönche, ist kennzeichnend für diese Siedlung. Gandhi und die Mitglieder sollten dort selbständig leben und die Ideale verwirklichen, die in der »Verfassung«, der Satzung, des Ashrams formuliert sind. Diese Satzung beinhaltet spirituelle, moralische, wirtschaftliche, gesellschaftliche, psychologische und linguistische Ideale, wodurch das Individuum zunächst im Ashram einen hohen Grad an innerer Autonomie erreicht. Gandhi sieht innere Autonomie und Selbstreform als die einzig logische Antwort auf die Fremdherrschaft und Unterdrückung. Wenn Menschen innerlich im geistlichen und moralischen Sinne unabhängig sind, kann sie niemand beherrschen. Solche ausgebildeten Menschen übertragen die Ideale des Ashrams auf die Gesellschaft und Politik, und das Land wird im *wahren* Sinne frei.

Alle Mitglieder des Ashrams sind den Gelübden der Wahrheit, Gewaltlosigkeit, Enthaltsamkeit – selbst innerhalb der Ehe – (XIII, 92), der Forderung nach Beherrschung des Geschmackssinnes, des Nicht-Besitz-Ergreifens, Swadeshi, der Angstlosigkeit, des Kampfes gegen die Unberührbarkeit usw. unterworfen. Eltern dürfen ihre Kinder in den Ashram schicken wie in ein Internat. Sie werden dort zusätzlich zur körperlichen Arbeit in allen gewöhnlichen Schulfächern unterrichtet. Aber der Satz »Eltern sollen die Verantwortung für ihre Kinder vorbehaltlos [den Leitern des Ashrams] anvertrauen« im Zusammenhang mit dem nächsten Satz, daß sie ihre Kinder bis zum Ende des Studiums nicht mehr besuchen dürfen, erinnert an Platons Vorstellungen.

Bei allen diesen Geboten und Verboten stieß Gandhi auf keinen Widerstand bei seinen Mitbewohnern – nicht einmal bei den Ehepaaren hinsichtlich der Enthaltsamkeit. Anders aber war es mit dem Gelübde gegen die Unberührbarkeit. Hier meldeten sich Widerstände, nicht nur der Menschen von Ahmadabad, sondern auch einiger Mitbewohner des Ashrams.

Alles begann mit dem Wunsch eines Lehrers aus der Kaste der Unberührbaren, Dudabhai, der mit seiner Frau und seiner kleinen Tochter Lakshmi bei Gandhi wohnen wollte. Die Familie erklärte sich mit den Regeln des Ashrams einverstanden und zog dort ein. Dieses löste einen Furor unter den Orthodoxen Ahmadabads aus. Die Kaufleute stellten aus Protest ihre finanzielle Hilfe für den Ashram ein. Das Geld wurde knapp. Schließlich ging es um das Überleben im materiellen Sinn. Gleichzeitig wurde der Ashram von Bewohnern Ahmadabads boykottiert. Sogar die Mitbewohner, die bereits in Südafrika mit Gandhi auf seiner Farm gelebt hatten und mit allen Regeln vertraut waren, erwiesen sich bei der Rückkehr in die Heimat als in ihren alten Vorurteilen verhaftet. Selbst Kasturba erhob einen Einwand gegen die neue Familie. Maganlal Gandhi, Gandhis engster Vertrauter und Mitstreiter in dem schwierigen Kampf in Südafrika, packte seinen Koffer und wollte mit seiner Familie von Gandhi Abschied nehmen.

Als Gandhi seine Frau vor die zwei Möglichkeiten stellte, den Ashram zu verlassen oder seine Regeln zu beherzigen, fügte sich Kasturba in die Befolgung der Satzung des Ashrams. Maganlal wiederum sollte einige Monate in Madras leben, um das Weben zu erlernen und die Vorurteile gegen die Unberührbarkeit zu verlieren. Gegen die gesellschaftliche Ächtung und finanzielle Not hatte Gandhi eine radikalere Lösung, nämlich in das Viertel der

Unberührbaren zu ziehen und wie sie mit körperlicher Arbeit den Lebensunterhalt zu verdienen. Dieser Schritt wurde durch die großzügige Spende eines liberalen Industriellen, Ambalal Sarabhai, abgewendet, und Gandhi adoptierte Lakshmi, die Tochter des unberührbaren Ehepaares.

Mit der Zeit änderte die Gesellschaft von Ahmadabad ihre Einstellung zum Ashram und nahm auch die finanzielle Unterstützung Gandhis wieder auf. Gandhi sah darin eine klare Bestätigung seiner Grundsätze durch die Orthodoxie. Lebenslang blieb der Kampf gegen die Unberührbarkeit ein Bestandteil von Gandhis Mission.

Trotz seines Vorsatzes war es Gandhi nicht möglich, ganz passiv zu bleiben. Er wohnte den Kongreßtagungen bei und bemerkte ihre Schwächen, oder er hörte Menschen wie Motilal zu und machte Vorschläge für ihre mögliche Vorgehensweise gegen die tyrannischen Beamten. Auch schauten viele zu ihm auf in der Erwartung, daß er die Führung übernehmen werde. Sein Satyagraha in Südafrika hatte ihn bereits sehr berühmt gemacht und ihm den Ruf eines Heiligen eingetragen. Rajkumar Shukla war einer dieser Menschen, die in ihm den Erlöser sahen.

Rajkumar Shukla war ein Bauer aus Champaran, der Gandhi auf die Miseren seiner Landsleute aufmerksam machte. Am Anfang reagierte Gandhi nicht auf seine Bitte, nach Champaran im Bundesstaat Bihar zu fahren und sich die Lage der Bauern anzuschauen. Aber unnachgiebig verfolgte Shukla Gandhi überall durch das Land, bis dieser ihm einen Termin gab. Gleich bei seinem ersten Besuch in Patna (Stadt in Bihar) bei dem Rechtsanwalt Rajendra Prasad, der später zu seinem engen Mitstreiter wurde, stellte Gandhi fest, welcher Abgrund die armen Bauern von den gebildeten Indern trennte. Er erlebte selbst, wie tief die Vorstellung von der Unberührbarkeit in den Menschen, auch in den gebildeten, saß. »Die Lage hier ist ernsthafter, als ich sie mir vorgestellt hatte. Sie scheint schlimmer als die in Fiji und Natal zu sein« (CWMG XIII, 363), schrieb er in einem Brief an den Ashram.

Im Zusammenhang mit den Miseren der Champaran-Bauern kommen einige Auswirkungen der Wirtschaftspolitik der Briten in Indien deutlich zum Vorschein. Die Grundbesitzer hier waren seit Anfang des 19. Jahrhunderts Europäer, die das Land unter dem *tin kathia*-System an die einheimischen Bauern verpachteten. Das System verlangte, daß die Bauern auf drei Zwanzigstel oder 15 Prozent des Anwesens, oft auf dem besten Teil des Landguts, Indigo anbauten. Das gesamte Indigo mußten die Bauern dem Besitzer für unangemessen wenig Entschädigung abgeben. Meistens waren die Bedingungen des Vertrags einseitig vorteilhaft für die Besitzer, was zu Unruhen und manchmal zu gewalttätigen Aufständen führte. Die Besitzer kamen immer ungeschoren davon, da sie die Unterstützung der Regierung genossen.

Mit der Entdeckung des chemischen Indigos Anfang dieses Jahrhunderts in Deutschland war das natürliche Indigo unrentabel geworden. Damit erreichte die Ausbeutung der Bauern den Gipfelpunkt. Die europäischen Besitzer verlangten Riesensummen von den Bauern, um sie von dem *tin kathia*-System zu befreien. Gleichzeitig erhöhten sie das Pachtgeld um bis zu 60 Prozent und nötigten die Bauern unter vielerlei illegalen Vorwänden, Geld zu zahlen. Die Bauern mußten zum Beispiel den Kauf eines Elefanten, Hauses oder Autos für den Besitzer mit finanzieren. Einige Bauern beugten sich der Tyrannei der Besitzer, einige stellten sich dagegen. Nach und nach erfuhren die analphabetischen Bauern den eigentlichen Grund, warum die Besitzer sie von dem System befreien wollten. Shukla bat Gandhi nun, diese Ausbeutung zu beenden. Gandhis Aufgabe war zweifach: das als Entschädigung bezahlte Geld von den Besitzern für die Bauern zurückzugewinnen und die Ansprüche auf weitere Entschädigungen als illegal zu beweisen und die Regierung, die Bauern und nicht zuletzt die Besitzer zu dieser Einsicht zu bewegen.

Gandhis Vorgehensweise in dieser Angelegenheit war von einer Präzision und Vorsicht eines Wissenschaftlers. Im Grunde genommen bestand die ganze Kampagne aus einer Dokumentation von Aussagen der Bauern, auf deren Grundlage sich Gandhi von der Ungerechtigkeit überzeugen wollte. Solange sie nicht vorlagen, wollte Gandhi nichts unternehmen. Da Gandhi den Dialekt von Bihar nicht verstand, brauchte er Dolmetscher, die ihm bei den Gesprächen mit den Bauern halfen und die lokalen Zeitungen übersetzten. Die Hilfe, die er darüber hinaus benötigte, war überwiegend die einer Schreibkraft. Zwei führende Rechtsanwälte von Bihar, Brajkishore und Rajendraprasad, stellten sich mit ihren Kollegen zur Verfügung. Gandhi muß sich bereits der Problematik dieser Aufgabe bewußt gewesen sein, denn er warnte seine neuen Freunde davor und schrieb Maganlal, daß Champaran mehrere Jahre in Anspruch nehmen würde und sie im Gefängnis landen würden. Letztlich wünschte er sich von den neuen Freunden die Bereitschaft, ins Gefängnis zu gehen.

Bevor er mit seiner Arbeit begann, wollte er auch die andere Seite der Geschichte von den Landbesitzern und den Behörden kennenlernen. Diese äußerten nicht nur ihren Unmut, sondern nannten ihn einen Fremdling und seine Arbeit eine unerwünschte Einmischung. Die Behörden forderten ihn mit einer Mahnung auf, den Distrikt Champaran zu verlassen. Als Gandhi sich weigerte, der Mahnung nachzukommen, wurde er vor Gericht geladen. Die Nachricht über die Mahnung und den bevorstehenden Prozeß gegen Gandhi breitete sich wie ein Sturm unter den Menschen von Champaran aus. Da sie in Gandhi ihre Hoffnung sahen, strömten sie in Scharen in den Gerichtshof. Es war eine schwierige Aufgabe für die Regierung, dafür zu sorgen, daß keine Gewalt ausbrach. Gandhi und seine Freunde setzten sich erfolgreich für ein friedliches Verhalten der Massen ein, was die Regierung angenehm überraschte. Eines wurde dabei klar erkennbar: Die Massen verloren die Angst vor der Regierung und vor den Grundbesitzern. Wie Gandhi meinte, war die Regierung selbst in die Falle geraten, die sie Gandhi gestellt hatte (AB, 344).

Während der Anhörung erklärte sich Gandhi für schuldig und sagte zu dem Richter, daß er die Aufforderung der Regierung mißachtet habe, da er »dem höheren Gesetz unseres Seins, der Stimme des Gewissens« gehorchen wollte. Von hier aus ging die Botschaft an die armen Bauern: nicht den Gesetzen der Briten, sondern dem Gewissen zu folgen.

Die Regierung nahm die Klage gegen Gandhi zurück und erklärte sich bereit, ihn in seiner Arbeit der Dokumentation zu unterstützen. Gandhi dokumentierte Aussagen von 8000 Bauern und war durch und durch über ihre Miseren informiert. Als die Regierung darauf ein »Champaran-Agrarkomitee« bildete, wurde Gandhi zu seinem Mitglied ernannt. Das Komitee schlug die Abschaffung des *tin kathia*-Systems und der illegalen Forderungen der Grundbesitzer vor, was per Gesetz umgesetzt wurde.

Die Champaran-Kampagne kann man als ein ideales Beispiel für die Wirkung von Satyagraha bezeichnen. Mit Hilfe von Satyagraha wird versucht, Gerechtigkeit herzustellen, wobei die Aufdeckung der Wahrheit eine große Rolle spielt. Ohne Wahrheit zu erkennen und erkennen zu lassen, kann man kein Bewußtsein für Gerechtigkeit herstellen. Daher Gandhis erster Schritt: die Dokumentierung aller Aussagen der Bauern. Dieselbe Wahrheit verlangt auch nach Überparteilichkeit. Daher lernte Gandhi auch die Ansichten der Gegner, Landbesitzer und Regierungsbeamten kennen. Die Liebe zur Wahrheit und Gerechtigkeit zieht Menschen in die Kampagne hinein, die bereit sind, für die Mitmenschen freiwillig und selbstlos zu arbeiten und ihren Beruf und Besitz aufzugeben. Nur solche Menschen können die wahre soziale oder politische Arbeit leisten. Nicht umsonst ist ein Bestandteil der Satzung des Satyagraha-Ashrams die Absage an Besitzergreifung. Ihre Arbeit befreit die Menschen von ihren alten, erstarrten Verhaltensmustern und erlöst sie von Angst vor der Autorität. Gandhi legte größeren Wert auf diese Seite seiner Kampagne als auf das »äußerliche« Ziel. Die Inder wurden unterworfen, weil sie mit ihrer Unterwerfung einverstanden waren; wenn sie sich änderten, würden die Briten sie freiwillig in Ruhe lassen – heißt es in »Hind Swaraj«. Um diese innere Umwandlung des Individuums geht es bei Satyagraha. Die Bauern waren in dem Augenblick frei, als sie ihre Angst verloren. Die wirkliche Abschaffung des *tin kathya* war nur eine Frage der Zeit. Gandhi wollte keine vollständige Niederlage der Landbesitzer. Er wollte ihr Prestige retten, da es für einen Satyagrahi keinen bösen Menschen gibt. Obwohl er auf hundert Prozent hätte bestehen können, wollte er sich zufriedengeben, wenn sie den Bauern 25 Prozent der illegal eingetriebenen Summen zurückgäben. Die Landbesitzer verließen Champaran freiwillig innerhalb der folgenden zehn Jahre.

Gandhis Satyagraha befaßte sich auch mit einer umfassenden Erziehung der Menschen. Gandhi gründete Grundschulen in den Dörfern Champarans. Sie waren recht bescheiden und in ihnen sollten den Dorfkindern nicht nur das Schreiben und Lesen, sondern auch die Grundregeln der Hygiene und Gesundheit vermittelt werden. Die Wirkung von Satyagraha beschränkt sich nicht auf einzelne erreichte Ziele. Im idealen Fall erneuert sich die ganze Gesellschaft in vielerlei Hinsicht, um insgesamt »widerstandsfähig« zu werden.

Bei dieser Kampagne muß Gandhi sehr zufrieden gewesen sein. Hier waren die Fronten, wie früher in Südafrika, klar gezogen – die weißen Grundbesitzer und die unterdrückten, ungebildeten Bauern. Er war der ungefragte Führer der Bauern, mußte nicht allzu viele verschiedene Interessen gegeneinander abwägen und Parteien überzeugen. Leider verliefen nicht alle seine späteren Kampagnen auf solch beispielhafte Weise, sosehr Gandhi sich dies auch wünschte.

Gandhi und seine Freunde waren noch mit ihrem »konstruktiven Programm« in Champaran beschäftigt, als Anasuyabehn Sarabhai, die Schwester eines reichen Textilfabrikanten in Ahmadabad, um seine Hilfe bat. Unter den Textilarbeitern von Ahmadabad herrschte Unruhe wegen des Lohns. Ein Jahr zuvor war in dieser Stadt die Pest ausgebrochen. Um einen Exodus der Arbeiter aus der Stadt zu verhindern, hatten die Arbeitgeber eine Lohnerhöhung von 75 bis 100 Prozent pro Tag angeboten. Nach einiger Zeit war die Gefahr der Pest vorüber, und die Fabrikanten wollten den ursprünglichen Lohn zahlen. Die Arbeiter aber verlangten eine Erhöhung von 50 Prozent, da die Inflation nach der Pest spürbar groß war. So kam es zu einer Konfrontation zwischen beiden Parteien. Anasuyabehn vertrat die Interessen der Arbeiter, obwohl sie die Schwester des führenden Textilfabrikanten Ambalal Sarabhai war. Gandhi war mit der Sarabhai-Familie befreundet. Ambalal unterstützte den Satyagraha-Ashram finanziell. Gandhi fuhr nach Ahmadabad, und nach langer Diskussion mit den Fabrikanten wurden sich alle Parteien darüber einig, daß die Lohnfrage von einem Schlichtungskomitee entschieden werden sollte. Bevor das Schlichtungskomitee sich treffen konnte, sperrten die Arbeitgeber ihre Fabrikgelände ab. Als Grund nannten sie einen unvorhergesehenen kleinen Streik der Arbeiter.

Gandhi untersuchte die wirtschaftlichen Verhältnisse der Textilindustrie – die Kosten der Produktion und die Gewinne in Bombay und Ahmadabad – und schloß daraus, daß eine Lohnerhöhung von 35 Prozent vertretbar sei. Davon konnte er die Arbeiter überzeugen, aber nicht die Fabrikanten.

Darauf empfahl Gandhi den Arbeitern zu streiken. Er erklärte sich bereit, den Streik zu leiten, stellte ihnen aber einige Bedingungen: keine Gewalt anzuwenden, die Streikbrecher nicht zu belästigen, gleich wie lange der Streik andauern würde, die Entschlossenheit, nicht aufzugeben und ihr tägliches Brot durch eine andere Beschäftigung zu verdienen, nie Almosen anzunehmen. Auf einer Versammlung schworen die Arbeiter, die Arbeit nicht anzutreten, bis ihre Forderung erfüllt wäre. Wenn der Streik zum Hungern führen sollte, Gandhi würde der Erste sein, der verhungern würde.

Während des Streiks hielt Gandhi zusammen mit Anasuyabehn täglich Ansprachen am Ufer des Sabarmatiflusses und erinnerte die Arbeiter dabei an ihren Schwur. Seine Mitarbeiter besuchten regelmäßig die Arbeiterviertel und informierten sich über ihre Lage. Gandhi und Anasuyabehn gaben jeden Tag ein Bulletin heraus. Zu Beginn des Streiks war die Begeisterung der Arbeiter sehr groß. Nach einigen Tagen jedoch ließ sie nach – »Hunger und die Unterhändler der Fabrikanten« (Tendulkar I, 269) zeigten ihre Wirkung: immer weniger Arbeiter besuchten Gandhis Ansprachen unter dem Akazienbaum am Sabarmati. Die Fabrikanten schienen den Arbeiterwiderstand zu brechen.

Bei einem Besuch im Arbeiterviertel hörte Chaganlal, Gandhis Schüler, von einem Arbeiter: »Was haben schon Anasuyabehn und Gandhiji auszusetzen? Sie kommen und gehen in ihrem Auto, sie nehmen erlesene Nahrung zu sich, während wir im Todeskampf liegen« (Erikson, 419). Am nächsten Tag sah Gandhi bei seiner Ansprache eher die Enttäuschung und Entmutigung in den Gesichtern der Arbeiter als die Entschlossenheit zu kämpfen. Augenblicklich kündigte Gandhi an, daß er fasten werde, bis die streikenden Arbeiter ihr Ziel erreicht oder sie die Fabriken ganz verlassen hätten. Das überraschte die Arbeiter sowie die Fabrikanten. Die Fabrikanten von Ahmadabad liebten und verehrten Gandhi, obwohl sie sein Engagement in dem Streik als Einmischung in ihre Angelegenheiten bezeichneten. Gandhis Hungerstreik stürzte sie in einen moralischen Konflikt. Am dritten Tag erklärten sie sich bereit zu einer Schlichtung. Nach 21 Tagen wurde der Streik beendet. Die Schlichtung entschied 35 Prozent Lohnerhöhung für die Arbeiter.

In Gandhis Satyagraha wird der Hungerstreik als das letzte Mittel im Kampf gegen die Ungerechtigkeit gesehen. Gandhi unternahm insgesamt 17 Mal das Fasten bis zum Tode. Seine erstmalige Anwendung dieses Mittels im Jahre 1918 gegen die Textilfabrikanten wirft eine moralische Frage auf: War dies keine Nötigung des Gegners? Darf der Satyagrahi seinen Gegner nötigen? Diese Frage ist sicherlich mit »nein« zu beantworten. Jedoch: Hat denn Gandhi die Fabrikanten genötigt, und wenn ja, inwiefern? Nach Erikson, der dieses »Ereignis« von Ahmadabad intensiv untersucht hat, befand selbst Gandhi sich in einem Zwiespalt und war von der Fairneß dieses extremen Schrittes nicht ganz überzeugt (vgl. Erikson, 422–426).

Es ist aber nicht zu übersehen, daß Gandhi durch diesen Schritt seine Verbundenheit mit den Arbeitern unverkennbar demonstrierte. Er würde eher hungern, als die Arbeiter hungern zu lassen. Dieser Schritt überzeugte die Arbeiter davon, daß Gandhis Engagement in ihrer Angelegenheit nicht oberflächlich war, sondern aus reiner Liebe erfolgte. Nach diesem Streik entwickelte sich Schlichtung zur Tradition und Institution in Indiens Textilindustrie. Zwei Jahre danach eröffnete Gandhi die erste Gewerkschaft der Textilarbeiter in Ahmadabad, in der sich das Gandhische Ethos des Arbeitnehmer- und Arbeitgeberverhältnisses verkörperte. Die Gewerkschaft

wurde mit ihren Bibliotheken, Schulen, Kliniken, Frei-
zeitzentren, mit ihrer Bank und Zeitung eine Muster-
gewerkschaft für das Land.

Kaum war der Streik in Ahmadabad beendet, mußte
sich Gandhi den Bauern des Khaida Distrikts (im heutigen
Gujarat) zuwenden. Im Jahre 1918 war der Regen ausge-
blieben, und die Bauern hatten ihre Ernten eingebüßt.
Drei prominente Mitglieder der Servants of India Society
untersuchten die Situation und empfahlen der Regierung
einen allgemeinen Steuererlaß für die Bauern. Nach einer
Klausel des Steuergesetzes muß die Regierung die Steuern
erlassen, wenn die Ernte weniger als 25 Prozent der normalen Ernte beträgt. Die Regierung aber war anderer
Meinung und wollte auf jeden Fall die Steuern eintreiben.
Viele Prominente, darunter Vallabhbhai Patel, der in
Ahmadabad mit Gandhi den Streik geführt hatte und später ein wichtiger Unabhängigkeitskämpfer wurde, unterstützten die Forderung der Bauern und traten den Kampf
gegen die Regierung an. Gandhi besuchte mehr als 50
Dörfer in Khaida und befragte viele Menschen, untersuchte ihre Felder und überzeugte sich davon, daß die
Ernte in diesem Jahr unter 25 Prozent der üblichen aus-
machte. Seine Bitte, die Ernennung eines Komitees für die
Ermittlung der Jahresernte, wies die Regierung zurück.
Sie lehnte auch Gandhis Kompromißvorschlag ab, die
Steuern mindestens zur Hälfte im ganzen Distrikt zu erlassen und sie nur in einigen Dörfern wie in einem normalen Jahr zu fordern.

Die Regierung griff auf autoritäre Methoden zurück,
um die Steuern einzutreiben. Gandhi schlug den Bauern
Satyagraha vor. Mehr als 2000 Menschen legten das Satya-
graha-Gelübde ab mit der Erklärung, daß sie sich der ungerechten Forderung der Regierung nicht beugen würden,
selbst wenn sie dabei ihr Hab und Gut verlören. Gandhi
und Patel reisten viel in Khaida und bildeten die Bauern
im Satyagraha-Kampf aus.

Die Regierung beschlagnahmte in vielen Fällen die Rinder, beweglichen Besitz und die Ernte auf den Feldern. Unzählige Bauern wurden Opfer von Strafmaßnahmen. Während dieses vier Monate andauernden Streikes fingen einige Bauern an, den Mut zu verlieren. Um den Kampf zu beleben, schlug Gandhi in einem Dorf vor, Zwiebeln auf einem beschlagnahmten Feld zu ernten. Acht Bauern, die seinem Vorschlag folgten, wurden verhaftet und angeklagt. Anläßlich des Prozesses gegen sie strömten Tausende von Menschen in den Gerichtssaal. Zeichen der verlorenen Angst vor der Fremdregierung waren deutlich geworden.

Am Ende beugte die Regierung sich Gandhi mit dem Vorschlag, sie sei bereit, den armen Bauern Steuererlaß zu gewähren, wenn die reichen Bauern den normalen Satz zahlen würden. Gandhi empfahl den Satyagrahis, den Kompromiß anzunehmen, da er im Geist sein eigener Vorschlag war, den er zu Beginn des Kampfes unterbreitet hatte. Im Verlauf des Kampfes zeigte sich, daß die reichen Bauern bereit waren, die armen zu unterstützen.

Nach diesen regionalen Aktionen war Gandhi darauf eingestellt, seine Aufmerksamkeit auf die nationalen Fragen zu richten. Während des Khaida-Satyagrahas hatte sich die Distrikt-Regierung beklagt, daß Gandhi in einer Krisenzeit des Imperiums Unruhen stifte. Der Erste Weltkrieg war im Gang, die Briten brauchten Hilfe jeder erdenklichen Art von Indien. Gandhi antwortete, die Regierung selbst habe mit ihrer Gedankenlosigkeit die Unruhe hervorgerufen. In seinem Brief an den Vizekönig, der alle indischen Prominenten um Hilfe aufgerufen hatte, schrieb Gandhi, daß die Bauern bereits mehr als ihren Beitrag geleistet hätten. Daher sei finanzielle Hilfe nicht zu erwarten. Er meinte, der Aufruf sei nicht nur an die Bürger, sondern auch an die autokratischen Regierungsbeamten zu richten, die Mißhandlung der armen Inder zu unterlassen. *Er betrachte die Champaran- und Khaida-Satyagrahas als seinen konkreten Beitrag zur Kriegshilfe.* Er wolle Inder für die britische Armee rekrutieren, in der Hoffnung, daß Indien nach dem Kriegsende Dominionsstatus erhielte. Gandhi verlangte von den Briten ein Versprechen über die Autonomie der muslimischen Länder, welche den indischen Muslimen Sorgen bereitete. Er erklärte sich bereit, als loyaler Bürger des Imperiums Soldaten zu rekrutieren!

Die führenden Politiker dieser Zeit in Indien wie Tilak, Jinnah und Annie Besant waren gegen die Hilfeleistung, solange die Briten kein konkretes Versprechen über das »Home Rule«, so hieß der Dominionsstatus auch, machten. Gandhi schrieb Briefe an diese Persönlichkeiten und versuchte sie zur Loyalität zu bewegen. Er argumentierte, daß die loyale Hilfe der Inder automatisch zum »Home Rule« führen würde. Gandhis Gedanken soweit kann man als Gutgläubigkeit bezeichnen. Als er aber die Ausbildung der Inder in der Waffenanwendung, die die Rekrutierung ermöglichen sollte, lobte und das Waffengesetz, welches die Inder entwaffnete, verurteilte, stieß er auf den Unmut seiner Freunde. Anders als in der Vergangenheit in Südafrika oder in England wollte Gandhi nicht ein Sanitätskorps aufstellen, sondern Soldaten zur Front schicken – eine halbe Million indische Soldaten, die in Frankreich und Mesopotamien kämpfen sollten. Kriegshilfe in Form des Sanitätskorps ist kein krasser Widerspruch zu seinem Ideal der Gewaltlosigkeit. Was aber hat Gandhi zur Rekrutierung der Inder für die britische Armee bewegt, die seinem Ideal der Gewaltlosigkeit eindeutig widersprach?

Die Antwort ist zum einen Teil in seiner Überzeugung zu finden, daß die britische Weltherrschaft zugunsten der Kolonien bestünde. Die Mißstände und die Tyrannei der Kolonialregierung sei auf einzelne Beamte zurückzuführen. Zum anderen Teil liegt die Antwort in seinen durch die Reisen gewonnenen Einsichten in die indische

Gesellschaft. Er stellte fest, daß die Inder ein geschwächtes und daher feiges Volk sind. Sie können »ihr Leben, ihre Frauen, Kinder, ihr Vieh und Felder« (CWMG, XV, 2) nicht schützen. Wenn sie in ihrem Dorf einen Tiger sehen, bitten sie den Kollektor, den britischen Beamten, den Tiger töten zu lassen, anstatt ihn selber zu töten. Noch dazu fehlt den Indern jegliche Disziplin. Verdient ein feiges und undiszipliniertes Volk Selbstregierung (a.a.O.)? Gandhi wie auch Tilak sahen in der Rekrutierung die Lösung für die beiden Mängel der indischen Gesellschaft. In dieser Lösung kommen Gandhis kompromißlose Ehrlichkeit und sein Pragmatismus zugleich zum Ausdruck.

Oft hatte er, in Südafrika sowie in Indien, gesagt, die Gewaltlosigkeit sei keine Waffe der Schwachen, die ohnehin keine Gewalt ausüben könnten. Gewaltlosigkeit sei die Waffe der Starken. Zwischen Feigheit und Gewalt würde er sich für die Gewalt entscheiden. Gewaltlosigkeit ist kein Deckmantel für die Schwachen.

Die größte Hoffnung für seine Rekrutierung legte Gandhi auf Bauern des Khaida-Distrikts, wo er wegen ihrer Miseren Satyagraha-Aktionen durchgeführt hatte. Er dachte, wenn jedes Dorf hier mindestens 20 Soldaten stellen würde – der Distrikt setzte sich aus 600 Dörfern zusammen –, so würde er eine Armee von 12 000 Soldaten auf die Beine stellen. Dem war aber nicht so. Dieselben Dörfler, die vorher auf ihn gehört hatten, bereit gewesen waren, ihre Ernten und Rinder beschlagnahmen zu lassen, auf sein Wort ins Gefängnis gegangen waren, sagten ihm jetzt ganz offen, daß sie den bösen Briten nicht helfen wollten. In einigen Dörfern waren Gandhi und Patel nicht willkommen. Niemand gab ihnen Wasser, Essen oder Ochsenkarren. So mußten sie ihr Essen selber kochen und bis zu 20 Meilen am Tag zu Fuß gehen.

In diese Tragikomödie griff noch einmal die Natur ein. Gandhi erkrankte an einem schlimmen Durchfall und rechnete mit seinem Tod. Ambalal und seine Frau holten ihn zu sich, doch selbst bei ihnen besserte sich sein Zustand nicht, da er Medizin und kräftige Nahrung ablehnte. Auf Anasuyabehns Bestehen ließ Gandhi sich von einem richtigen Arzt untersuchen. Der Arzt meinte, es sei ein Nervenzusammenbruch, und es bestehe keine Lebensgefahr. Während Gandhi sich auskurierte, wurde mit der Niederlage Deutschlands der Weltkrieg beendet, und die Regierung bat Gandhi, nicht mehr zu rekrutieren.

Während der Krankheit machte Gandhi noch einen weiteren Kompromiß hinsichtlich seiner Prinzipien. Einige Jahre zuvor in Südafrika hatte er Milch mit dem Argument abgelehnt, ihr Verzehr sei unmoralisch wegen der schlechten Kuhhaltung, und sie fördere den Sexualtrieb. Jetzt, da er krankheitsbedingt sehr schwach war, konnte Kasturba ihn davon überzeugten, Ziegenmilch zu trinken, zumal sich sein Gelübde nur auf Kuhmilch bezog. Gandhi gab nach, blieb aber streng in der Selbstkritik: Sein Wille zu leben sei stärker als die Hingabe zur Wahrheit gewesen.

Mit dem Ende des Ersten Weltkriegs brach in der Kolonialgeschichte der afroasiatischen Länder eine neue Phase an. Führende Nationen wie die USA, England und Frankreich hatten den Krieg nach dem Motto, er sei für den Erhalt der Demokratie notwendig, geführt und ihre Unterstützung für die Unabhängigkeitsbewegungen in diesen Ländern angekündigt. Gandhi hatte keinen Hehl aus seinen Erwartungen gemacht, als er anläßlich der Rekrutierung den Indern sagte, die Briten würden als Gegenleistung für ihr Kriegsengagement das »Home Rule« gewähren. Hatte Gandhi wirklich daran geglaubt, trotz seiner Erfahrungen in Südafrika im Burenkrieg und während der Zulu-Rebellion? Es sieht so aus. Die Inder würden dank ihres Kriegsengagements jedenfalls als gute Freunde der Briten dastehen, die die Briten allerdings im Stich lassen könnten, falls sie ihnen kein »Home Rule« gewähren würden.

Das Kriegsende war sehr enttäuschend für die Inder. Die Friedensabkommen brachten keinen neuen Ansatz in der Kolonialpolitik der Supermächte mit sich – auch nicht in der der Briten. Sie kündigten lediglich die »Montague-Chelmsford«-Reformen an. Montague war der Kolonialminister und Chelmsford der Vizekönig. Ihre Vorschläge fanden per Gesetzgebung Eingang in die Verfassung. Danach wurde in Indien die Zahl der gewählten Abgeordneten in den Parlamenten der Provinzen vergrößert. Den Ministern der Provinzen wurden Bereiche wie Bildung, Gesundheit, lokale Verwaltung usw. übertragen, während dem Gouverneur der Provinz Bereiche wie Finanzen und innere Sicherheit unterstellt wurden. Der Gouverneur war dem Vizekönig, nicht den Abgeordneten im Parlament verantwortlich. Auch in der zentralen Regierung blieb die größte Macht beim britischen Repräsentanten. Zwar wurden hier ein Unterhaus und ein Oberhaus geschaffen, keines von beiden jedoch hatte Kontrolle über den Vizekönig. So konnte die ganze Reform den Indern die einzige Befriedigung verschaffen, daß sie ihre Vertreter wählen durften. Doch selbst dabei war im Jahr 1920 die Zahl der Stimmberechtigten unter den Millionen von Indern nur ungefähr 900 000 für das Unterhaus des zentralen Parlaments.

Mit dem Gesetz aus dem Jahre 1909, genannt Morley-Minto-Reform, waren getrennte Wahlkreise für die Muslime eingeführt worden (Bipan Chandra, Amales Tripathi, Barun De, 99). Die Gesetzgebung von 1919 setzte diese üble Politik des »Trenne und herrsche« der Briten fort und erweiterte sie auch auf die Sikhs (a. a. O. 125). Diese Gesetzgebung, wie seinerzeit die Morley-Minto-Reform, teilte den Kongreß in zwei Lager. Die Mehrheit aber war unzufrieden.

§ 9. *Den ersten Schock erlitt ich durch das Rowlatt-Gesetz, dann folgten die Grausamkeiten des Panjab*

Auch Gandhi war mit den Reformen unglücklich. Er war trotzdem bereit, sie auszuprobieren, wollte aber den Kampf für die Rechte der Inder, stets sein zentrales Anliegen, fortsetzen. Die allgemeine Enttäuschung der Inder über die neue Gesetzgebung war nicht Anlaß genug. Ihn lieferte die Regierung dann konkret mit dem Rowlatt-Gesetz noch im selben Jahr 1919. Dieser Gesetzesentwurf beunruhigte Gandhi so sehr, daß er alles daransetzte, bald gesund zu werden, um den Kampf gegen die Regierung ausfechten zu können.

Die Rowlatt-Gesetze, wie der Entwurf später hieß, ermächtigten die Regierung, angeblich zur Bekämpfung des politischen Terrors, jeden beliebigen Inder ohne Prozeß und rechtliche Verurteilung zu inhaftieren. So setzte das Gesetz die Habeas-Corpus-Akte, das Fundament der Menschenrechte, welche in England unantastbar war, außer Kraft. Die Gesetze sahen weiter eine Freiheitsstrafe von zwei Jahren vor, wenn jemand verbotene Literatur besaß oder veröffentlichte.

Der Gesetzesentwurf wurde von führenden Politikern aller Parteien abgelehnt. Vallabhbhai Patel schlug dem indischen Parlament vor, die Verabschiedung des Gesetzes um sechs Monate zu verschieben. Mohamed Ali Jinnah, der Abgeordnete der Muslimliga, und viele andere befürworteten den Vorschlag. Trotzdem wurde das Gesetz verabschiedet. Gandhi, der sich die Debatten im Parlament anhörte, wurde bitter enttäuscht. Bereits als er den Gesetzesentwurf sah, erklärte er seinen Widerstand dagegen und legte mit einem kleinen Kreis von Freunden den Satyagraha-Eid ab, daß sie dem geplanten Gesetz Ungehorsam leisten würden, bis es aufgehoben würde. Er gründete eine Satyagraha-*Sabha* (Sabha = Gesellschaft) in

Bombay. In kurzer Zeit stieg die Mitgliederzahl auf zwölf-hundert.

Mit der Gründung der Satyagraha-Sabha wurde der Unabhängigkeitskampf auf eine neue Ebene gehoben. Bis dahin hatte der politische Kampf aus Reden, Appellen an die Regierung und Demonstrationen bestanden. Zum ersten Mal entschlossen sich die Inder, gezielt die Gesetze gewaltlos zu brechen und sich dabei verhaften und bestrafen zu lassen. Nichts Geheimnisvolles gab es bei diesen Verstößen. Gandhi teilte dem Vizekönig den Entschluß mit, gegen die Rowlatt-Gesetze zu verstoßen und »ohne Angst vor Konsequenzen die Gebote des Gewissens durchzusetzen« (CWMG, XV, 103).

Er reiste viel, hielt viele Ansprachen und wirkte auf eine Meinungsbildung der Inder zu dem Thema des Rowlatt-Gesetzes hin – all das trotz seiner kurz vorher überstandenen schweren Krankheit und Operation. In Madras, wo er bei Rajagopalachari zu Gast war, kam er im halbwachen Zustand auf die Idee, ein *Hartal* (Boykott, Streik) auf nationaler Ebene zu organisieren (AB, 338). Da Satyagraha Selbstreinigung und einen heiligen Kampf bedeutet, sollten alle Inder an diesem Tag des Hartals, dem 6. 4. 1919, keiner Arbeit nachgehen und den ganzen Tag fasten und beten. Im politischen Kampf kann so dem Gegner bzw. dem Machtinhaber ein starkes Signal gesendet werden. Gelingt das Hartal, so heißt es, daß Menschen in gewissen Sachen einig sind. Anders als ein Streik umfaßt das Hartal alle Bereiche der Gesellschaft.

Das Hartal war ein Erfolg, obwohl es kurzfristig angekündigt wurde. In Bombay, wo das Hartal perfekt organisiert war, verkauften Satyagrahis verbotene Bücher von Gandhi, darunter »Hind Swaraj«, um dem Rowlatt-Gesetz zu trotzen. Gandhi gab das Wochenblatt »Satyagraha« heraus, ohne es, wie die Rowlatt-Gesetze forderten, bei den Behörden anzumelden, und schickte dem Vizekönig ein Exemplar davon. Er bestand darauf, daß das

Blatt öffentlich, mit den Namen der Verkäufer, verteilt würde, damit die Polizei sie, wann immer sie wolle, aufspüren und verhaften könne.

Die Menschen in Delhi hielten das Hartal mit Begeisterung ein, wodurch auch die Einigkeit unter Hindus und Muslimen gefördert wurde. In Delhi wurde ein Hindumönch, Shraddhananda, von Muslimen eingeladen, in der berühmten Freitagsmoschee eine Rede zu halten. Auf einer Massendemonstration in Delhi schoß die Polizei mit scharfer Munition in die Menge – es gab Tote und Verletzte. Trotzdem brach unter den 400 000 Menschen keine Panik aus. Ähnlich war die Situation auch in Panjab. Die Satyagrahis in Delhi und Panjab baten Gandhi um seinen Besuch.

Als Gandhi im Zug nach Panjab unterwegs war, wurde er verhaftet und nach Bombay zurückgeschickt. Die Nachricht seiner Verhaftung entsetzte die Menschen, zu einigen Gewalttaten kam es in Bombay, Ahmadabad und anderen Städten. Gandhi war bitter enttäuscht, als er erfuhr, daß Menschen im Namen des Satyagrahas »Gebäude niederbrannten, Waffen in ihre Gewalt brachten, Geld erpreßten, Züge aufhielten, Telegrafenleitungen durchschnitten, unschuldige Menschen umbrachten« (Tendulkar I, 308). Auf einer Kundgebung in Ahmadabad, wo wegen der Unruhen das Kriegsrecht verhängt wurde, erklärte er, daß er das Satyagraha einschränken wolle und drei Tage lang als Buße fasten würde. Er forderte sie auf, auf Gewalt zu verzichten und ihre Arbeit wiederaufzunehmen. Nach seiner Ansprache kehrte in Ahmadabad wieder Ruhe ein, und das Kriegsrecht wurde aufgehoben.

Das undisziplinierte Verhalten der Satyagrahis muß Gandhi wie ein Verrat vorgekommen sein. Es muß ihm auch offenbart haben, wie unzuverlässig, aus welchem Grund auch immer, seine Mitarbeiter waren. Er muß mit Sehnsucht an seine Zeit in Südafrika gedacht haben, wo er Tausende von analphabetischen Kontraktarbeitern gegen die Regierung zum Gesetzesverstoß geführt hatte. In einem Brief an Sonja Schlesin, seine damalige Sekretärin in Südafrika, schrieb er: »Ich werde oft traurig, wenn ich an alle meine Mitarbeiter in Südafrika denke. Merkwürdig mag es erscheinen, ich fühle mich hier einsamer als in Südafrika. Das heißt nicht, daß ich keine Mitarbeiter habe. Zwischen den meisten von ihnen und mir existiert aber nicht die vollständige Resonanz, die in Südafrika existierte« (XV, 341).

Gandhi betrachtete im nachhinein seine Entscheidung, den Satyagraha-Kampf mit Massenbeteiligung gegen die Regierung zu führen, als einen großen Fehler – groß wie der Himalaya. In dieser kurzen Zeit hatten Gandhi und seine Freunde den Massen die Gewaltlosigkeit und die Disziplin der Satyagraha-Technik nicht beibringen können. Die Massen unterschieden sie nicht von einem gewöhnlichen Aufstand. Trotzdem führte dieser »Fehler« zu einer Wende in der Beziehung der Inder – und Gandhis selbst – zu ihren kolonialen Herren. Sie sollten den Briten gegenüber nie wieder dieselbe Loyalität zeigen.

Panjab war eine der Provinzen, die mit Begeisterung auf Gandhis Aufruf zu Satyagraha reagierten. Eine halbe Million Menschen von dort waren in den Ersten Weltkrieg geschickt worden, und die Erwartung der Gegenleistung war entsprechend groß. Die Nationalisten und Panislamisten schlossen sich zusammen. Die religiösen Gruppierungen – Hindus, Muslime, Sikhs – vergaßen alte Affronts. Sikhs übergaben in Amritsar den Schlüssel des Goldenen Tempels einem muslimischen Anführer, Dr. Kichlu. In Amritsar hielten sie das Hartal sogar zweimal ein – am 30. März und am 6. April. Die Nachricht von Gandhis Verhaftung empörte sie sehr. General Dyer, der die Stadtverwaltung übernommen hatte, wollte durch Terror und Repressalien die Lage in Panjab unter Kontrolle bringen. Er ließ viele Menschen verhaften und verbot Kundgebungen und Versammlungen in Amritsar.

Doch das auf englisch verfaßte Verbot wurde in vielen Vierteln der Stadt gar nicht bekanntgemacht. Am 13. April 1919, an einem Festtag, trafen sich unbewaffnete Männer und Frauen mit ihren Kindern, 10 000 insgesamt, an einem Ort, Jalliyanwala Bagh, in Amritsar, um über ihre inhaftierten Anführer zu diskutieren. Der Ort war an drei Seiten von Gebäuden ummauert und hatte nur einen Eingang. General Dyer, der keinen Versuch unternahm, die Versammlung zu verhindern, fuhr mit 50 Soldaten zu diesem Ort und ließ den Eingang blockieren. Er befahl seiner Truppe, gezielt auf die Menschenmenge zu schießen, ohne vorherige Aufforderung, den Ort zu verlassen. Sie schossen, bis die Munition ausging, 1600 Schüsse insgesamt. Tausend Menschen kamen ums Leben, einige tausend wurden verletzt (Bipan Chandra, Amales Tripathi, Barun De, 130). Zwei Tage danach wurde über den Panjab das Kriegsrecht verhängt, und dem Massenmord von Jalliyanwala Bagh folgten unmenschliche Repressalien der Regierung unter Dyer: Tausende von Studenten wurden genötigt, 16 Meilen jeden Tag in der Hitze zu Fuß zu gehen, Kinder von fünf oder sieben Jahren mußten vor der britischen Flagge salutieren, Menschen wurden öffentlich ausgepeitscht, andere gezwungen, auf allen vieren zu kriechen, Muslime und Hindus wurden zusammengekettet, um ihre Freundschaft zu verspotten, und ohne Grund wurden Dörfer beschossen oder aus Flugzeugen bombardiert. General Dyer und die Regierung wollten den Menschen Angst einjagen. Monatelang blieb Panjab wegen des Kriegsrechts vom Rest Indiens abgeschnitten.

Am 18. April brach Gandhi die Satyagraha-Aktionen ab und beschloß, nach Panjab zu fahren. Doch fünf Monate, so lange herrschte Kriegsrecht in Panjab, durfte er nicht in die Provinz einreisen. Noch dazu wurde er vom Gouverneur und der Kolonialregierung gewarnt, daß eine Fortsetzung der Agitation weitere Repressalien heraufbeschwören würde. Daraufhin beendete Gandhi sämtliche

Satyagraha-Aktionen. Bestimmt hatte er keine Angst vor den Repressalien. Er hatte aber festgestellt, daß die Menschen die Prinzipien seiner Bewegung nicht verstanden hatten, weswegen es nur zu Eskalationen der Gewalt kommen konnte. Vor dem Abbrechen des Satyagrahas bat er den Vizekönig um die Bildung eines Komitees für die Untersuchung der Greueltaten im Panjab und die Aufhebung des Rowlatt-Gesetzes. Der Vizekönig schien damit einverstanden zu sein.

Bald rief die Regierung ein Komitee unter Vorsitz Hunters zusammen, um die Jalliyanwala-Bagh-Massaker zu untersuchen. Im zentralen Parlament machten die Inder auf den Fehler aufmerksam, der darin bestand, daß die Regierung als Angeklagte dieses Komitee einberufen hatte. Das Komitee bestand aus acht Mitgliedern und einem Richter als Vorsitzendem. Drei der Mitglieder waren Inder. Über die Ergebnisse der Ermittlung gab es keine Einigkeit zwischen den Briten und den Indern des Komitees. Nach einer Auseinandersetzung mit Hunter sprachen die beiden Parteien nicht mehr miteinander (Nanda, 179).

Der Kongreß boykottierte die Kommission und entsandte ein eigenes Komitee nach Panjab. Als Mitglied dieses Komitees reiste Gandhi in den Panjab, und die barbarischen Seiten der britischen Regierung zeigten sich ihm in aller Deutlichkeit. Als seine Forderung, den General O'Dwyer, Gouverneur von Panjab und Chelmsford, den Vizekönig, nach England abzuberufen, auf taube Ohren stieß, und als er erfuhr, daß das britische Parlament diese Täter in Schutz nahm, wurde sein Vertrauen in das Imperium tief erschüttert.

Gandhi nahm den Satyagraha-Kampf gegen die Regierung bald wieder auf. Diesmal bewegten ihn die Khilafat-Frage der indischen Muslime und das Panjab-Massaker. Nicht nur in Indien, sondern weltweit waren die Muslime während des Weltkriegs wegen ihres Oberhaupts (Kalifas), des Sultans der Türkei, sehr beunruhigt. Der Sultan war Verbündeter des deutschen Kaisers und als solcher ein Gegner der Briten. Um die Ängste der indischen Muslime, die in der britisch-indischen Armee stark vertreten waren, zu beschwichtigen, beteuerten die Briten, der Sultan der Türkei würde weiterhin Kalif bleiben, und sie hätten keine Absicht, die Türkei von ihren reichen Provinzen abzuspalten. Doch genau das taten sie nach Kriegsende. Das verletzte die Gefühle der Muslime. Die Khilafat-Bewegung verlangte von den Briten, der Türkei ihre Provinzen zurückzugeben und den Sultan als Kalifen nicht zu stürzen.

Die führenden Politiker der Muslime waren immer mit Gandhi in Kontakt und baten ihn um Rat in der Türkeifrage. Er wurde zum Mitglied eines Subkomitees mit Abul Kalam Azad und Hakim Ajmal Khan ernannt. Gandhi schlug Satyagraha in Verbindung mit der Verweigerung einer Zusammenarbeit mit der Regierung vor. Der Vorschlag wurde auf der Khilafat-Versammlung angenommen, und Gandhi wurde gebeten, den Kampf zu planen und zu führen. Gandhi forderte den Vizekönig in einem Brief auf, das Versprechen einzulösen, das die Briten den Muslimen gegeben hatten. Andernfalls würde er den Muslimen vorschlagen, die Zusammenarbeit mit der Regierung zu verweigern, und er würde auch die Hindus auffordern, sich den Muslimen anzuschließen. Der Kongreßversammlung vom 10. September 1920 legte Gandhi seinen Plan vor. Er stieß jedoch auf geteilte Meinungen.

Während Gandhi sich in der Khilafat-Frage engagierte, zeigte die Mehrheit der führenden Hindus kein besonderes Interesse daran. Sie befürchteten einen islamischen Überfall seitens Afghanistans auf Indien, welcher die nationale Sicherheit gefährden könnte. Annie Besant und Sapru rieten den Muslimen von der »non-cooperation« ab. Lokamanya Tilak kündigte seine wohlwollende Neutralität an. Angesichts dieser Haltung der Hindus war

Gandhis Entscheidung, das suspendierte Satyagraha wiederaufzunehmen, ein Wagnis. Er muß von der Richtigkeit seiner Entscheidung absolut überzeugt gewesen sein. Die Rowlatt-Gesetze hatten sein Vertrauen in den Edelmut des britischen Imperiums erschüttert. Jetzt, nach dem Panjab-Massaker und dem Wortbruch in der Khilafat-Frage, war er der festen Überzeugung, daß die britische Regierung ein Übel war. Die britische Regierung verurteilte die Verantwortlichen für das Jalliyanwala-Bagh-Massaker und die Greueltaten der Militärregierung in Panjab nicht, sondern nahm die Täter auch noch in Schutz. Die britisch-indische Regierung versprach den Muslimen in Indien die Gewährleistung der Sicherheit ihres Kalifen, unternahm aber nichts gegen den Wortbruch des britischen Parlaments. Erst in diesem Zusammenhang erkannte Gandhi deutlich – merkwürdig mag es heute erscheinen –, daß die britische Regierung in Indien und in England nur die zwei Seiten einer Medaille waren. Früher hatte Gandhi gedacht, für die Mißstände in der indischen Regierung und ihre Herzlosigkeit seien ein paar unwürdige Beamte oder Polizisten verantwortlich. Die Zustände seien lediglich auf die schlechte Informiertheit der britischen Regierung in London zurückzuführen. Die Regierung in London selbst sei wohlwollend und bestünde durchaus zum Wohle der Menschheit. Dank der Rowlatt-Gesetze, der Militärregierung und der Khilafat-Frage wurde Gandhi von dieser Ansicht abgebracht, und er erklärte die englische Herrschaft in Indien für einen Fluch (CWMG XIX, 171). Es sei die Pflicht jedes Inders, das britische Imperium zu zerstören, wenn die Briten ihre Verbrechen nicht wiedergutmachten (a. a. O. 160).

Der heutigen Jugend kann Gandhi mit seiner Philosophie der Gewaltlosigkeit und Liebe als viel zu sanft und als zu wenig wirksam erscheinen. Betrachtet man den historischen Kontext, so war Gandhi viel radikaler und kompromißloser als seine indischen Zeitgenossen.

Die Weisheit Gandhis, eine religiöse Frage der Muslime zu politisieren, wurde von einigen Intellektuellen in Frage gestellt. Gandhi sah keinen Fehler in seinem Engagement in der Khilafat-Frage. Jeder Teil der indischen Gesellschaft komme über seine speziellen Interessen und Probleme in den Unabhängigkeitskampf – die Bauern wegen hoher Steuern, Arbeiter wegen niedriger Löhne usw. –, doch letztlich würden alle erkennen, daß eine eigene Regierung im gemeinsamen Interesse wäre. Wenn jetzt die Muslime wegen des Streites um den Kalifen in den Kampf eingetreten seien, entspreche dies eben ihrem eigenen Weg, politisch wach zu werden. Darin läge keine Gefahr. Ganz im Gegenteil sah Gandhi eine gute Gelegenheit, Hindus und Muslime zusammenzubringen, »welche nur einmal in hundert Jahren vorkommt«. Er ging einen Schritt weiter und erklärte, die Khilafat-Frage sei wichtiger als die Rowlatt-Gesetze (CWG XV, 296). Gandhi erkannte hier eine gute Gelegenheit für die Hindus, ihre Solidarität mit den muslimischen Brüdern zu demonstrieren, eine Solidarität, die bedingungslos wie die eines Bruders sein könnte. Daher lehnte er den Gedanken einiger Hindus ab, daß die Muslime den »Kuhschutz« als Gegenleistung versprechen sollten. Auf einer Versammlung der Muslime erklärte Gandhi, die Solidarität der Hindus sei an keine Gegenleistungen gebunden, sondern die Pflicht der Hindus. Er erklärte den Hindus, nur durch die Erfüllung dieser Pflicht könnten die Kühe geschützt werden (CWG XVI, 305, 308), nicht durch Streit darüber. Bald verzichteten die Muslime freiwillig darauf, die Kühe, die heiligsten Tiere der Hindus, zu schlachten und ihr Fleisch zu verzehren. Die Hindu-Muslim-Einigkeit wurde zu einem Eckpfeiler der Bewegung.

Trotz der Abneigung der führenden Politiker des Kongresses beharrte Gandhi auf seinen Ansichten über den Kampf gegen die Regierung. Bei der Sitzung in Kalkutta im September 1920 blieb die Sache unentschieden. Gandhi stellte hier sein schrittweise durchzuführendes Programm der »non-cooperation« mit der Regierung vor. Es bestand aus folgenden Punkten: 1. Niederlegung aller Ehrentitel und -ämter, die die Briten verliehen hatten; 2. Verweigerung der Teilnahme an staatlichen Festlichkeiten; 3. Appell an die Eltern, ihre Kinder nicht auf staatliche Schulen oder Universitäten zu schicken; 4. Boykott der Gerichte und Errichtung außergerichtlicher Institutionen für Schlichtungen; 5. Verweigerung des Kriegsdienstes und Boykott der Wahlen. Bei der nächsten Sitzung des Kongresses im Dezember 1920 wurde Gandhis Programm angenommen, und die Kongreßpartei erklärte, das Ziel der Partei sei die Unabhängigkeit Indiens – wenn es ginge als gleichgestellter Partner, ein Dominion im britischen Imperium. Auch die Einigkeit zwischen Hindus und Muslimen und die Bekämpfung der Vorstellung von der Unberührbarkeit wurden dank Gandhi zum Programm gemacht. Obwohl Gandhi seit Jahren Mitglied des Kongresses war, hatte er jetzt zum ersten Mal das Gefühl, er sei der Kongreßpartei beigetreten.

Gandhi reiste viel mit Mahomed Ali und Shaukat Ali, den sogenannten Ali-Brüdern, in Panjab, Südindien und Sind, um die Inder unterschiedlichster Herkunft zum Kampf zu bewegen. In dieser Kampagne schmiedete Gandhi die indische Gesellschaft zu einer Nation. Infolge der Aufforderung Gandhis verließen viele Schüler und Studenten die Bildungsstätten der Regierung. Viele einheimische Schulen und Hochschulen wurden gegründet. Gandhi selbst gründete die »National University of Gujarat«. Bald entstanden viele Hochschulen in Patna, Aligarh, Ahmadabad, Bombay, Benares, Delhi usw. Hunderte von Anwälten gaben ihren Beruf auf, überall kam es zu Verbrennungen ausländischer Kleider. Die Massen gerieten in Bewegung. Indien war aus seinem jahrhundertelangen Schlaf erwacht. Neuer Wind wehte durch das Land.

Zum Symbol der Unabhängigkeit wurde der handgesponnene und gewobene Stoff, Khadi. Vor der Zeit der Kolonialisierung hatte es in Indien eine rege Heimindustrie gegeben, die von den Dorfbewohnern getragen wurde. Sie woben Stoffe und trugen dadurch erheblich zum Familieneinkommen bei. Die Ausrottung dieser Heimindustrie war eine der schlimmen Folgen des Kolonialismus. Gandhi schrieb bereits 1909 in seinem »Hind Swaraj«, Khadi sei die Lösung für die wirtschaftliche Misere Indiens. Es ist seinen persönlichen Bemühungen zu verdanken, daß diese Kunst wiederentdeckt und -belebt wurde (AB, 409–412). Gandhi legte jetzt ein Gelübde ab, täglich eine halbe Stunde Garn zu spinnen und jeweils erst nach der Verrichtung dieser Arbeit Nahrung zu sich zu nehmen.

Die Khadi-Herstellung erhielt einen gewaltigen Anstoß auf der Bezwada-Kongreßsitzung, wo Gandhi die Einführung und Inbetriebnahme von zwei Millionen Spinnrädern zum Ziel der Partei machte. Der Boykott der ausländischen Waren wäre buchstäblich unproduktiv, wenn diese nicht durch Stoffe aus eigener Erzeugung ersetzt würden. Khadi würde auch zur Milderung der Armut Indiens beitragen. Auf derselben Sitzung wurde beschlossen, die Mitgliederzahl der Partei auf zehn Millionen zu erhöhen und Spenden für den Tilak-Fonds, der nach dem Tod dieses Gelehrten-Politikers im Jahre 1920 ins Leben gerufen wurde, in der Höhe von zehn Millionen Rupien zu sammeln. Auf der Nagpur-Sitzung wurde ein »Indian-National-Service« als Gegenpol zum »Indian-Civil-Service« (ICS) der Briten gegründet. Nationale Arbeit zu leisten war seine Aufgabe. Seine Mitarbeiter und ehemalige Rechtsanwälte sollten durch den Tilak-Fonds unterstützt werden. Denn viele prominente Rechtsanwälte mit außerordentlich hohen Einkommen verließen auf Gandhis Aufforderung hin ihre Praxis. Zu solchen zählten unter anderem Das, Vallabhbhai Patel, Rajendra Prassad, Rajagopala Chari und Motilal Nehru. Motilal Nehru, der Vater Jawaharlal Nehrus, war durch seinen Beruf so reich geworden, daß er seine Wäsche zur Reinigung nach Paris schickte. Gandhi tadelte diesen Berufsstand in seinen Reden und Schriften und meinte, es müsse etwas Sündhaftes in einem solchen System geben, in dem ihr Einkommen so hoch sei (Tendulkar II, 23). Viele Angestellte verließen die Regierung, etwa Subhach Chandra Bose, der mit 25 Jahren aus dem ICS austrat und die Leitung eines National College übernahm. Später sollte Bose versuchen, mit Hitlers Hilfe Indien zu befreien. In dieser Zeit dachte Gandhi ernsthaft an eine nationale Flagge für Indien, und mit Hilfe eines Herrn Venkayya aus Andhra Pradesh und Lala Hansraj aus Jallandhar wurden ihre Farben und Form festgelegt und 1921 offiziell eingeführt.

Gandhis Kampagne rief viele Kritiker auf den Plan. Ihrer Meinung nach bestand die britische Herrschaft in Indien nur zum Wohl der Inder. Viele verstanden die Bedeutung von Gandhis Programm nicht. Die Kritik zeigte eines in aller Deutlichkeit: Den Briten war es gelungen, die Inder nicht nur auf der politischen, sondern auch auf der kulturellen und spirituellen Ebene zu unterwerfen. Merkwürdigerweise zählte der Nobelpreisträger Tagore zu diesen Gegnern von Gandhis gewaltlosem zivilen Ungehorsam.

In einer Zeitschrift äußerte der Dichter Tagore seine Unzufriedenheit über Gandhis Aufruf zum Ungehorsam. Er wünsche sich vielmehr eine Zusammenarbeit mit den Briten und mit allen Ländern. Er behauptete, die Trennung vom Westen käme einem Selbstmord gleich. *Der Westen habe eine Mission zu erfüllen, und daher dominiere er die Welt. Der Orient solle vom Abendland lernen.* (Tendulkar II, 60) Der Dichter Rudyard Kipling vertrat ähnliche Ansichten und meinte, es sei die Bürde der Weißen, den Osten zu »zivilisieren«. Diese *Bürde* war eine günstige Rechtfertigung Englands, andere Länder zu kolonialisieren und auszubeuten. Es ist höchst bedauerlich, daß Tagore, dem Gandhi den Titel »Gurudev«, Meister, verlieh, ihm solche Ansichten entgegenhielt. Es war eine der großartigsten Leistungen der Unabhängigkeitskämpfer, angefangen bei Dada Bhai Navroji, in ihren Analysen zu zeigen, daß wirtschaftliche Ausbeutung die Hauptkomponente der britischen Herrschaft in Indien sei. Gandhi führte diese Analysen auch auf anderen Ebenen der Gesellschaft durch und verdeutlichte, daß die britische Herrschaft nicht nur die Wirtschaft Indiens ruiniert, sondern darüber hinaus zum Verlust der kulturellen, moralischen und spirituellen Werte Indiens geführt hatte. Den gewaltlosen zivilen Ungehorsam gegen die britische Regierung sah Gandhi als allumfassende Bewegung für das Erwachen Indiens in wirtschaftlicher, kultureller, moralischer und spiritueller Hinsicht. Das spirituell erwachte Indien hat nach Gandhi eine Mission in der Welt. Auffallend ist, daß auch Romain Rolland in Europa dieselbe Ansicht wie der Dichter Tagore vertrat.

Die Regierung versuchte, mit Taktik und Einschüchterung die Nation zu teilen. Sie belohnte die sogenannten Liberalen, die mit dem Satyagraha nicht einverstanden waren und sich daher vom Kongreß getrennt hatten, mit Titeln und Ämtern, um sie für sich zu gewinnen. Diese wiederum tadelten die Kongreßpartei und warnten die Inder vor den Gefahren und Folgen des Satyagrahas. Die britische Regierung schickte den Duke von Connaught, den Onkel des Königs, mit der Botschaft der Versöhnung nach Indien. Er eröffnete die neugegründeten Parlamente in den Provinzen, an deren Wahlen sich überwiegend die Liberalen beteiligt hatten. Gandhi machte den Duke darauf aufmerksam, daß trotz seines Besuchs die Khilafat-Frage unbeantwortet blieb, die Verantwortlichen für das Panjab-Massaker nicht angeprangert wurden. Er bat den Duke, Satyagraha und sein Potential für England und die Welt zu studieren.

Ungeachtet dieser Maßnahmen der Regierung verbreitete sich Satyagraha wie ein Lauffeuer im ganzen Land.

Menschen überall zeigten sich kämpferisch, mitunter kam es auch zu Gewalttaten. In der Annahme, die britische Herrschaft sei beendet, rebellierten im Süden die Moplahs gegen die Geldgier der Großgrundbesitzer und Kreditgeber und gründeten Khilafat-Reiche (R. C. Majumdar, 360). Im Jahre 1921 gab es insgesamt vierhundert Arbeitsniederlegungen. Die Besonderheit des Freiheitskampfes bestand darin, daß Gandhi auch die Frauen in den Kampf mit einbezog. Sie sollten nicht nur ihre Juwelen für den Kampf spenden, sondern auch durch das Garnspinnen und Weben die positive Seite des Swadeshi erfüllen. Mit größtem Lob beschrieb Gandhi in seiner Autobiographie die wichtige Rolle einer Dame, Gangabehn aus Gujarat, bei der Wiederentdeckung und Belebung des Charakha (Spinnrads) und Khadi (AB, 409–412). Während der Kampagne des Swadeshi rief Gandhi alle Inder auf, die ausländischen Kleider restlos zu verbrennen. In Großstädten organisierten die Anhänger der Kongreßpartei unter seiner Leitung riesige Verbrennungen, und darauf folgten viele in kleinen Städten. Durch die ausländischen Kleider und Stoffe verlören nach Gandhis Berechnungen die armen Inder jährlich 600 Millionen Rupien an die Briten (CWG XX, 367). Da aber noch keine ausreichenden Mengen von Khadi vorhanden waren, ergaben sich Engpässe in der Versorgung mit Bekleidung. Um den Indern beispielhaft einen Weg zu zeigen, entschloß sich Gandhi, nur ein Lendentuch zu tragen. Deshalb sollte einige Jahre später Churchill Gandhi spöttisch als halbnackten Fakir bezeichnen. Gandhi konterte, er fasse es als Kompliment auf und sei bestrebt, im wörtlichen und metaphorischen Sinn ganz nackt zu sein, wobei das letztere schwieriger sei (Pyarelal, 578).

Auf einer Versammlung in Karachi führten die Ali-Brüder das Satyagraha auf die nächsthöhere Ebene: Sie forderten die Soldaten zur Fahnenflucht auf. Darauf wurden sie von der Regierung verhaftet. Die Mitarbeiter des Khilafat-Komitees und des Kongresses wiederholten diese Aufforderung auf vielen Versammlungen.

Der Kongreß autorisierte seine Organisationen in den Provinzen, Massen-Satyagrahas einzuleiten, sollten sie sich dazu fähig fühlen. Gandhi sah, daß das Massen-Satyagraha einen schwerwiegenden Schritt bedeuten würde. Er appellierte an die Parteimitarbeiter, zu warten und sein bevorstehendes Massen-Satyagraha zu beobachten, wie er es in Bardoli, Gujarat, leiten würde. Bevor es jedoch dazu kam, wiederholten sich die Ereignisse aus dem Jahre 1919.

Am 21. November 1921 kam der Prince of Wales nach Indien, um die Loyalität der Inder für die Krone zu gewinnen. Die Mehrheit der Inder reagierte auf den Besuch mit Boykotts, Hartals und Demonstrationen. In Bombay aber nahmen Parsis, Angloinder, Juden, Europäer und ein paar Inder an einem Empfang teil. Als sie vom Empfang heimkehrten, wurden sie von einigen Rowdies überfallen. Sie nahmen ihnen ihre ausländischen Hüte, Kleider usw. weg und verbrannten sie. Danach wurden in der Stadt Häuser von Parsis, Spirituosenläden, Straßenbahnen und Polizeistationen beschädigt oder niedergebrannt. Als Gandhi von diesen und anderen Gewalttaten erfuhr, wurde er sehr traurig. Er vermutete, daß einige Unbekannte absichtlich die Gewalt schürten, um die Bewegung zu sabotieren. Er begann zu fasten, um für die Gewalttaten gegen Menschen und Einrichtungen zu büßen, da er sich für die Gewalt verantwortlich fühlte. Nach drei Tagen, als die Ruhe wiedereinkehrte und die Menschen aller Religionen Reue zeigten, brach Gandhi das Fasten ab.

Die Regierung griff hart duch. Viele Arbeiter des Khilafat-Komitees und Kongresses wurden von der Polizei verhaftet und auf jede erdenkliche Weise mißhandelt. Die Polizei schoß mit Gewehren auf friedliche Demonstranten und schlug mit Knüppeln auf sie ein. Ohne Grund verhörte sie die Lehrer der nationalen Schulen und beschädigte ihre Gebäude, steckte sie zum Teil sogar in Brand.

Auch die Büroräume des Kongresses und des Khilafats wurden zerstört. Die Polizei überfiel Dörfer und plünderte sie aus, beschlagnahmte das Vieh der Bauern, verbrannte die Ernten oder Wohnhäuser. Die Versammlungs-, Meinungs- und Pressefreiheit – Grundlagen der Demokratie – wurden mißachtet. Als Zeitungsredaktionen von der Regierung geschlossen wurden, forderte Gandhi die Redakteure auf, ihre Arbeit nicht aufzugeben. Sie sollten die Zeitungen mit der Hand schreiben und vertreiben. Unter diesem Terrorregime erlitten die politischen Gefangenen das Schlimmste. Sie wurden mißhandelt, zu harter Arbeit genötigt und ausgepeitscht. Gandhi meinte in seiner Zeitschrift »Young India«, das Massaker von Jalliyanwala Bagh und die Militärregierung in Panjab seien besser gewesen als das, was die Regierung jetzt innerhalb der vier Wände der Gefängnisse und in kleinen Dörfern tue. Wöchentlich veröffentlichte er mit Stolz die Namen der inhaftierten Satyagrahis. Bis Ende 1921 waren es etwa 30 000 – bei jeder Inhaftierung von Satyagrahis traten jedoch neue an ihre Stelle.

Die Liberalen waren über die Situation sehr beunruhigt. Sie konnten weder den Repressalien der Regierung tatenlos zuschauen, noch konnten sie sich mit den Satyagrahis solidarisieren – das eine entfremdete sie der Bevölkerung und das andere der Regierung. Daher versuchten Malaviya und Jinnah, zwischen dem Kongreß und der Regierung zu vermitteln. Gandhi erklärte sich bereit, das bevorstehende Massen-Satyagraha in Bardoli und ähnliche Aktionen zurückzustellen, wenn die Regierung die politischen Gefangenen des Khilafat-Komitees freilassen und dann an einem runden Tisch die Probleme von Khilafat, Panjab und Swaraj lösen würde. Die Regierung lehnte die Vermittlung und die Bedingungen Gandhis schlichtweg ab.

Daraufhin erklärten sich 4000 Menschen in Bardoli, einer kleinen Stadt in Gujarat, darunter 500 Frauen, bereit, das Massen-Satyagraha einzuleiten. Gandhi überzeugte sich davon, daß diese sich zu seinen Grundsätzen der Gewaltlosigkeit, der Khadi-Wirtschaft und des Kampfs gegen die Unberührbarkeit bekannten. Daher war er mit ihrem Wunsch einverstanden. Er schickte ein Ultimatum an den Vizekönig, mit der Forderung, in sieben Tagen alle politischen Gefangenen freizulassen, Presse-, Versammlungs- und Meinungsfreiheit wiederherzustellen und den beschlagnahmten Besitz der Bevölkerung zurückzugeben. Andernfalls würde er ein Massen-Satyagraha initiieren, das sich über das ganze Land ausbreiten würde. Als die Regierung Gandhis Forderung zurückwies, wartete das Land gespannt auf seinen nächsten Schritt.

Bevor Gandhi den nächsten Schritt unternahm, geschah die Untat in Chauri-Chaura, in einem Dorf in Uttarpradesh: Provozierte Demonstranten zündeten eine Polizeistation an, metzelten die Beamten nieder und warfen die verstümmelten Polizisten ins Feuer. So kamen 22 Polizisten ums Leben. Gandhi war von der Gewalt der Demonstranten erschreckt. Immer wieder hatte er den Satyagrahis gepredigt, selbst angesichts der Provokation gewaltlos zu bleiben. Chauri-Chaura überzeugte ihn davon, die Massen hätten die Lehre der Gewaltlosigkeit und Wahrheit nicht verstanden – er habe sich getäuscht. Sofort sagte er das Massen-Satyagraha in Bardoli ab. Damit bestürzte Gandhi die ganze Nation und stieß auf das Unverständnis und den Zorn seiner Mitstreiter. Hatte er nicht dem Vizekönig die Frist gesetzt, mit dem Massen-Satyagraha gedroht und die Nation aufgeheizt? War dieser Rückzieher nicht eine bittere Niederlage? Motilal Nehru und viele andere schrieben aus dem Gefängnis böse Briefe an Gandhi und fragten ihn: Was hat das Ereignis in Chauri-Chaura mit dem Rest des Landes zu tun? S. C. Bose nannte die Entscheidung »ein nationales Unglück« (Bipan Chandra, Amales Tripathi, Barun De, 139). Andere beschuldigten Gandhi der Schwächung der Massenbeteiligung an dem Freiheitskampf und unterstellten ihm, daß er die Kontrolle des Kampfes den oberen Klassen vorbehalten wolle (a. a. O.). Auf dem folgenden Kongreßtreffen in Delhi fragten ihn die Delegierten sogar, warum ein Satyagrahi Khadi tragen solle.

Diese Empörung unter den Mitarbeitern der Kongreßpartei zeigt deutlich eines: Weder die Elite noch die gewalttätig gewordene Masse verstanden Gandhis Gewaltlosigkeit und Wahrheit. In einer ähnlichen Situation in Südafrika hatte Mir Alam versucht, Gandhi umzubringen, jetzt empörten sich Hunderte von Indern. 25 Jahre danach wurde er aufgrund ähnlicher Mißverständnisse erschossen.

Gandhi sah keinen Grund, aus falschem Stolz, den er den Satan nannte, die Kampagne fortzusetzen. Er sei bereit, die bittere Demütigung hinunterzuschlucken, um nicht Gefahr zu laufen, statt einen gewaltlosen einen gewalttätigen Ungehorsam zu fördern. Politisch gesehen sei seine Entscheidung vielleicht nicht einwandfrei, religiös gesehen aber makellos. Durch seine Entscheidung und sein Bekenntnis zu dem Fehler habe Indien viel gewonnen (Tendulkar II, 113).

Als Buße für die Gewalt der Massen unternahm Gandhi ein fünftägiges Fasten und wartete auf seine Verhaftung. Er wünschte sich, daß durch seine Inhaftierung der Mythos, er sei eine Inkarnation Gottes, gesprengt werden könne. Viele Inder hielten ihn für eine Inkarnation und glaubten, er habe übersinnliche Kräfte. Sein engster Mitarbeiter, Mahadev Desai, erklärte einem Journalisten, durch die absolute Überwindung der sexuellen Triebe übe Gandhi Anziehungskraft auf die Massen aus. Die blinde Verehrung und die Rufe »Mahatma Gandhi ki jai« (Sieg dem Mahatma) der Massen ekelten ihn an, immer wieder beteuerte er, daß man seine Lehre befolgen sollte. Gandhi wünschte sich, seine Fehleinschätzung der Massen und seine Verurteilung durch sie mögen seine menschlichen

Irrtümer offenlegen. Außerdem brauche er Ruhe, die er verdient habe.

Gandhi meinte einmal, der Satyagrahi sei der perfekte Gentleman. Gandhi selbst war ein perfekter Gentleman mit Humor. Als er endlich verhaftet und dem Richter Broomfield vorgeführt wurde, war der Gerichtssaal voll von seinen Schülern, Verehrern und Bekannten. Gandhi sah sich um und bemerkte mit einem Lächeln, das das ungeschwächte Licht der Kindheit einer ganzen Welt in sich barg, wie Sarojini Naidu meinte: »Es sieht hier nach einem Familientreffen, nicht nach einem Gerichtssaal aus« (Tendulkar II, 153). Er bekannte sich schuldig und erzählte dem Richter in seiner Aussage die Geschichte seines Werdegangs von einem loyalen Bürger des britischen Imperiums zu einem Anstifter zur Fahnenflucht und zum Ungehorsam. Gandhi erzählte, er habe nach den höheren Gesetzen des Gewissens gehandelt, der Richter habe ihn aber nach den Gesetzen des Staates zu verurteilen. Er solle ihn zur höchstmöglichen Strafe verurteilen. Der Richter dankte Gandhi, daß er ihm durch sein »Schuldbekenntnis« die Aufgabe des Urteilens erleichtert habe. Er verurteilte Gandhi zu einer einfachen Freiheitsstrafe von sechs Jahren und erinnerte ihn daran, daß unter denselben Umständen auch Lokamanya Tilak sechs Jahre bekommen hatte. Gandhi sei in dieselbe Kategorie wie Tilak einzuordnen. Der Richter fügte hinzu, sollte die indische Regierung die Strafe mildern oder Gandhi freilassen, so wäre niemand glücklicher als er selbst.

Der perfekte Gentleman Gandhi aktivierte auch bei seinem Gegner die Seiten des Gentlemans.

Gandhi wurde ins Yaravda-Gefängnis Punes gebracht. Hier wurde ihm klar, daß Swaraj (»Selbstregierung«) einer fleißigen, stillen Organisation von mindestens fünf Jahren bedürfe. Im Alter von 53 Jahren widmete sich Gandhi nun dem Studium von Religion, Geschichte und Literatur, eifrig wie ein Jugendlicher.

Damit ging der erste Kampf um Swaraj zu Ende.

Mit der Inhaftierung Gandhis und führender Politiker der Kongreßpartei wurden die gemäßigten Kräfte geschwächt, und damit begannen die Fundamentalisten – unter den Hindus und Muslimen – Einfluß zu gewinnen (Bipan Chandra, Amales Tripathi, Barun De, 145). Sie schürten Angst vor den Angehörigen der anderen Religionen und griffen dabei die Vorstellung der britischen Regierung auf, daß Hindus und Muslime zwei verschiedene Nationen seien und daher auch ihre Interessen verschieden. Die Regierung trat als Beschützerin der Minoritäten auf, tatsächlich spielte sie aber eine Religion gegen die andere, eine Kaste oder Klasse gegen die andere aus.

Vielerorts kam es zu religiösen Krawallen mit Gewalttaten und Toten. Frauen wurden entführt, Hindus sowie Muslime von der jeweiligen anderen Seite »bekehrt«. Unruhe herrschte in Amethi, Sambhal, Gulbarga, Delhi, Lucknow, Allahabad, Jabbalpur, Nagpur usw. In Kohat (im heutigen Pakistan) wurden 155 Hindus umgebracht. Darauf flohen alle Hindus aus der Stadt. Immer hatte es Versuche gegeben, die Freundschaft zwischen Gandhi und den Ali-Brüdern zu spalten. Jetzt war es soweit. Mahomed Ali erklärte auf einer Versammlung, es sei die Pflicht jedes Muslims, die Andersgläubigen zum Islam zu bekehren, und er selber bete zu Gott um den Tag, an dem er Gandhi zum Islam bekehren würde (Tendulkar II, 307). Die Hindufanatiker warfen Gandhi vor, die politisch gleichgültigen Muslime durch sein Engagement geweckt zu haben. Ab jetzt arbeiteten die politischen Organisationen wie die Muslim-Liga oder die Hindu-Mahasabha mit der Regierung zusammen und gegen die nationale Politik des Kongresses.

Selbst die Kongreßpartei war gespalten. Die einen wollten an der Wahl zum Parlament im Zentrum und in den Provinzen teilnehmen mit dem erklärten Ziel, diese Institutionen von innen zu sprengen. Sie bildeten innerhalb des

Kongresses die Swarajpartei. Die anderen sahen die Teilnahme an der Wahl als Zusammenarbeit mit der Regierung und lehnten sie daher ab. Gandhi beharrte wie immer auf der Ablehnung jeder Art von Zusammenarbeit mit der Regierung. Aber er unternahm nichts gegen das Vorhaben der Swarajisten. Er war der Meinung, auch diese seien Patrioten. In der folgenden Wahl waren die Swarajisten erfolgreich und zogen mit anderen Splitterparteien in das Parlament ein. Sie erreichten aber ihr Ziel nicht. Die Regierung setzte sich immer wieder über ihre Vorschläge hinweg. Im März 1925 verließen im Protest die Swarajisten en block das Parlament im Zentrum. Aber die Tatsache, daß viele von ihnen kurze Zeit später Ämter in der Regierung annahmen, und der spätere Verlauf der Geschichte verstärken die Vermutung, daß sie auf Macht aus waren. Das schwächte die Sache des Freiheitskampfes erheblich.

Nach einer Blinddarmoperation wurde Gandhi im März 1924 frühzeitig aus der Haft entlassen. Sechs Monate später, am 28. 9. 1924, unternahm er in dem Haus von Mahomed Ali in Delhi ein Fasten von 21 Tagen für die Einigkeit zwischen Hindus und Muslimen. Vertreter aller Religionen und Organisationen reagierten prompt. 300 Delegierte hielten eine Einigkeitskonferenz ab und schworen, auf Gewalt zu verzichten. Die Muslime versprachen, den Verzehr von Kuhfleisch zu verringern – ein Störfaktor zwischen den beiden Religionen. Doch die Unity-Konferenz erreichte nicht viel außer einer geringen Lockerung der angespannten Atmosphäre. Die Feindseligkeiten zwischen den beiden Gruppen wuchsen, bis sie sich in der Trennung des Landes zuspitzten. Gandhi scheint in dieser Zeit die Tragweite der Feindseligkeiten unterschätzt und vor ihnen resigniert zu haben. Er sagte: »Eines Tages müssen wir, Hindus und Muslime, zusammenfinden, wenn wir die Befreiung des Landes wollen« (Tendulkar II, 240) und gestand seine Hiflosigkeit diesbezüglich ein.

Diese Hilflosigkeit ist zum Teil dadurch zu erklären, daß die Khilafat-Frage bereits ihre Bedeutung verloren hatte. 1922 ergriff Kemal Pasha in der Türkei die Macht. Er trennte den Staat von der Religion und schaffte die Institution des Kalifen ab. Damit fiel der Hauptgrund für die Khilafat-Agitation in Indien weg. Infolgedessen wurde die Aufmerksamkeit der »geweckten« Muslime von der Türkei auf ihre eigene Umgebung gelenkt. Ihre Führung geriet zunehmend in die Hand der Fanatiker. Trotz dieses Unglücks gab es zahlreiche führende Muslime, die in der Kongreßpartei blieben.

In dieser Zeit der politischen Flaute konzentrierte sich Gandhi auf eine neue Aufgabe, die er »konstruktive Arbeit« nannte: die wirtschaftliche und gesellschaftliche Reform Indiens. Wäre der politische Kampf (1922) gegen die Briten erfolgreich gewesen, so hätten die Inder nach Gandhi »parlamentarische Unabhängigkeit« (Tendulkar II, 21) gewonnen. Sie war nicht schwierig zu erreichen – in einem Jahr wäre sie zu verwirklichen gewesen. Doch diese Art von Unabhängigkeit war nicht die Art von Unabhängigkeit, die Gandhi vorschwebte. Er formulierte sie in seiner Schrift »Hind Swaraj«, in der er die Ansicht vertritt, die Inder seien selber für ihre Versklavung verantwortlich. Reformierten sie ihre Gesellschaft und stellten sie ihre innere Autonomie her, so würden die Briten Indien freiwillig verlassen. Man brauche sie nicht zu vertreiben. Zu dieser Reform gehörten der Kampf gegen alte Vorstellungen von der Unberührbarkeit, für die Emanzipation der Frauen, die Herstellung der Harmonie zwischen den Angehörigen der verschiedenen Religionen, gesunde Lebensführung, Wiederbelebung der Dorfindustrien usw. Gandhi verstand diese Reform als »konstruktive Arbeit«, die zur moralischen Vervollkommnung der Inder führen würde. Nun wandte sich Gandhi dieser Arbeit zu.

In seinen gesamten Anstrengungen gewann das Spinnrad – das Garnspinnen und Weben von Stoffen auf Handwebstühlen – eine große Bedeutung. Wegen des Verbrauchs von ausländischen Stoffen wurden jedes Jahr 600 Millionen Rupien aus Indien ausgeführt, während die uralte Technik des Webens als Handarbeit in Vergessenheit geriet. Mit ihr verloren die Dorfbewohner ihre zusätzlichen Einnahmen. Zwar kamen Haupteinnahmen früher aus der Landwirtschaft. Als zusätzliche Verdienstmöglichkeit stellte das Spinnrad jedoch oft die Lösung für Probleme wie allgemeine Armut und Arbeitslosigkeit dar. In der Neubelebung der alten Technik sah Gandhi nicht nur eine Möglichkeit zum Widerstand gegen die Ausbeutung der Inder. Sie sollte auch als Brücke zwischen den Dörfern und den Städten dienen, zwischen den Armen der Dörfer und den relativ Wohlhabenden der Städte. Das Spinnen sollte die Verbundenheit mit den verarmten Indern stets in Erinnerung rufen (Tendulkar II, 244) und deshalb den Schülern als Pflichtfach nahegebracht werden. Gandhi geht so weit, eine wirtschaftliche Tätigkeit über die moralische Ebene zur Religion und Metaphysik zu erheben, und behauptete in einem Brief: »Das Spinnen wird für mich zunehmend zu einem inneren Bedürfnis. Jeden Tag nähere ich mich den Ärmsten der Armen und in ihnen Gott. Die vier Stunden, die ich dieser Arbeit widme, sind für mich wichtiger als all die anderen. [...] Wenn ich Gita, Koran oder Ramayana lese, wandern meine Gedanken weit weg. Aber wenn ich mich mit dem Spinnrad beschäftige [...], ist meine Aufmerksamkeit auf einen einzigen Punkt gerichtet« (a.a.O. 144). Das unabhängige Indien ehrte ihn später mit der Aufnahme des Spinnrads in die nationale Flagge.

Gandhi versuchte vergeblich, die Kongreßarbeiter von der Bedeutung des Khadis zu überzeugen. Zeitweilig konnte er die ganze Partei dazu bewegen, daß die Mitglieder ihren Beitrag monatlich mit 2000 Yards (0,91 Meter) handgesponnenen Garns anstatt mit 25 Paisa (einem Viertel einer Rupie) entrichteten und sie alle nur Kleidung aus

Khadi anzogen. Später wurde diese Forderung gelockert, und die Mitglieder konnten entweder 25 Paisa oder 2000 Yards handgesponnenen Garns abgeben (a.a.O. 222). Mitglieder der Kongreßpartei tragen noch heute nur Khadi. Da die volle Zustimmung des Kongresses fehlte, gründete Gandhi die »All India Spinners' Association«, reiste viel und sammelte Spenden, um Khadi unter das Volk zu bringen. In seinen Reden forderte er die Frauen auf, ihren Schmuck für die Sache zu spenden. Die Resonanz war enorm. Selbst die indischen Textilfabrikanten unterstützten zum Teil sein Vorhaben. Manchmal erschienen alle Zuhörer in Khadi gekleidet. Die reichen Damen, die sonst nur teure ausländische Stoffe trugen, fanden Khadi nun schick. Auf seinen Vortragsreisen ging Gandhi manchmal so weit, selber Khadi-Stoffe zu verkaufen und die Quittungen eigenhändig auszustellen, um den Verkauf zu steigern. Die Einnahmen gingen in einen Fonds zur Förderung des Khadis.

Seine unermüdliche Arbeit trug Früchte, ganze Dörfer fingen wieder an, diese uralte Kunst des Spinnens zu üben und ihre Einnahmen damit aufzubessern. Einmal begegnete er in einem Dorf einem siebenjährigen muslimischen Mädchen, das geschwind Garn am Spinnrad erzeugte. Gandhi stand vor ihr. Aber sie sah nicht zu ihm auf. Ungeduldig geworden, fragte er sie, ob sie den Namen Mahatma kenne. Aber niemand in diesem Dorf kannte ihn, obwohl sie die konstruktive Arbeit leisteten. Eine Frau erzählte ihm stolz, daß sie mit dem Spinnrad acht Rupien im Monat verdiene (a.a.O. 245). Es gab Dörfer, in denen die Wäscher sich weigerten, Kleider zu waschen, die nicht aus Khadi hergestellt waren.

In Gandhis Augen muß die Bedeutung des Garnspinnens mit jedem Tag gewachsen sein, bis er es als so wertvoll betrachtete wie seine Ansprachen. Selbst während er sie hielt, spann er Garn auf dem Rednerpodest – und auch seine Zuhörer hatten ihr Spinnrad mit und spannen dabei.

Ein weiteres wichtiges Thema auf seinen Vortragsreisen war die Bekämpfung der Unberührbarkeit. Die Unberührbaren übten niedere Berufe wie Toilettenreinigung, Schustern und Straßenkehren aus. Sie durften nicht berührt werden, da sie nach der Vorstellung der Orthodoxie verunreinigten. Sie lebten außerhalb des Dorfes in ihrem Viertel unter sich. Ihnen war es verboten, aus demselben Brunnen Wasser zu schöpfen, den die oberen Kasten benutzten. Sie durften die Tempel nicht betreten. In Südindien, wo die Orthodoxen stärker vertreten waren, durften sie sogar die Straßen nicht benutzen, die zu Tempeln führten. Bei seinen Vorträgen in den Provinzen und Dörfern protestierte Gandhi, wenn er sah, daß die Organisatoren die Zuhörer in zwei Gruppen teilten und die Unberührbaren in eine isolierte Ecke setzten. In den meisten Fällen gaben die Organisatoren Gandhis Wünschen nach, weil sie ihn verehrten, obwohl sie in diesem Punkt von seinen Ansichten nicht überzeugt waren. Einige betrachteten Gandhi wegen seines Verkehrs mit den Unberührbaren selbst sogar als verunreinigt und vermieden, ihn zu berühren. Sie ließen die Spenden in seine Hände fallen, statt sie zu überreichen.

Gandhi versuchte, die Gesellschaft aus verschiedenen Richtungen zur Selbstkritik zu bewegen. Vehement vertrat er die Ansicht, daß die religiösen Schriften des Hinduismus die Vorstellung von der Unberührbarkeit nie guthießen. Die Unberührbarkeit sei eine Fehlentwicklung der Gesellschaft. Er forderte die Gelehrten der Orthodoxie heraus: Sie sollten die Unberührbarkeit mit Aussagen aus den Schriften belegen. Gleichzeitig forderte er die Studenten der Shastras (traditionellen Wissenschaften Indiens) dazu auf, mit ihrer Quellenforschung die Unberührbarkeit als mit dem Hinduismus unvereinbar zu beweisen. Gandhis Kampf gegen die Unberührbarkeit wurde mit der Zeit intensiver und radikaler als sein Engagement für das Spinnrad.

Gandhis Kampf gegen die Unberührbarkeit bezeugt nicht nur, daß er einer der größten Humanisten aller Zeiten war. Er bezeugt seine Weisheit auch auf der politischen Ebene. Früher als alle anderen Inder erkannte Gandhi, daß ohne die Teilnahme der Unberührbaren der Freiheitskampf nie Erfolg haben würde. Die Einsicht fehlte den Kongreßarbeitern, die sich verwirrt fragten, was Unberührbarkeit mit dem Freiheitskampf zu tun habe.

Meistens griff er in seinen Reden noch ein anderes großes Übel an: das Schicksal der jungen Mädchen, die als Kinder mit alten Männern verheiratet worden waren und nach deren Tod Witwen wurden. Die früheren Reformer Indiens hatten dafür gekämpft, daß sie wieder heiraten durften. Gandhi radikalisierte diesen Kampf, indem er solche Kinderehen für ungültig erklärte. Die Mädchen seien bei der Eheschließung so jung und die Männer so alt gewesen, daß die Ehe bis zu deren Tod nie vollzogen worden sei. Es sei also nie eine Ehe gewesen. Die Kindwitwen müßten folglich nun verheiratet, nicht wiederverheiratet werden. Auch die Prostituierten, die »gefallenen« Schwestern, wie er sie nannte, gewannen seine Aufmerksamkeit. Unter seinem Einfluß ließen viele von ihnen von diesem Beruf ab und fingen an, Garn zu spinnen. Gandhis Leistung in allen diesen Bereichen war eine Gratwanderung. Einerseits wollte er die Unterdrückten und Verarmten der Gesellschaft befreien und ihre Kräfte im Freiheitskampf bündeln, andererseits die Orthodoxie nicht so weit herausfordern, daß sie sich gegen ihn stellen würde. Das Ziel blieb für ihn die Unabhängigkeit Indiens.

Gandhis ausschließliche Beschäftigung mit der konstruktiven Arbeit hatte noch einen Grund. Er war aus gesundheitlichen Gründen frühzeitig freigelassen worden. Andernfalls hätte die Haft sechs Jahre gedauert, und er hätte solange politisch schweigen müssen. Gandhi schwieg sechs Jahre lang, um die Geste der Regierung zu würdigen. Nun lief sein Schweigen mit der allgemeinen politischen Bewegungslosigkeit im Land parallel. Den Anlaß für Gandhi sowie für das Land, aus der politischen Untätigkeit herauszutreten, lieferte wieder die Regierung.

4. Unterwegs zur Freiheit

§ 10. *Wie sollte Indien als eine Nation überleben und der langsame Hungertod des Volks vermieden werden?*

Das Gesetz von 1919 (Montague-Chelmsford-Reform) sah vor, daß im Zeitraum von zehn Jahren bis 1929 eine Kommission die Frage weiterer Verfassungsreformen untersuchen und Vorschläge machen sollte. Diese Kommission, die aus Englands innenpolitischen Erwägungen heraus ein Jahr zuvor ernannt worden war, hatte John Simon zum Vorsitzenden. Daher ging sie in die Geschichte als Simonskommission ein. Die politische Unklugheit der Briten zeigte sich darin, daß sich die Kommission ausschließlich aus Briten zusammensetzte. Diese Briten sollten über das Schicksal Indiens entscheiden. Politiker aller Couleur, sogar die Muslim-Liga, sahen darin die Verachtung der indischen Meinung und entschlossen sich, die Kommission zu boykottieren.

Als die Simonskommission das Land bereiste, wurde sie in jeder Stadt von Demonstranten mit schwarzen Flaggen und »Simon go back«-Plakaten begrüßt. Die Polizei reagierte mit Brutalität. Bei einer Demonstration schlug ein Polizist mit seinem Knüppel den Freiheitskämpfer Lala Lajpat Rai, den die Inder mit dem Titel »Der Löwe des Panjab« ehrten, so brutal, daß er nach einigen Tagen starb. Der Revolutionär Bhagat Sing erschoß den Polizisten einige Tage später und wurde damit zum nationalen Helden. Das Attentat war ein Ausdruck der allgemeinen Atmosphäre im Land. Seit dem Satyagraha von 1922 war das Land erwacht, Ideologien verschiedener Richtungen faßten Fuß. Sozialismus und Kommunismus waren unter den Jugendlichen sehr beliebt, vor allem jüngere Politiker wie Nehru und Bose waren überzeugte Sozialisten. Es waren nicht dieselben Inder wie vor zehn Jahren. Sie hatten die Angst vor der Fremdherrschaft verloren.

In dieser Situation traf sich die Kongreßpartei, um ihre politische Richtung zu bestimmen. Alle waren sich einig, daß die nächste Reform der Verfassung Indien den Dominionsstatus gewähren sollte. Weniger als dieses wollten sie nicht hinnehmen. Daher reagierte der Kongreß auf die Simonskommission mit einer eigenen »Kommission«, die Motilal Nehru leitete. Sie schlug in ihrem Bericht ein parlamentarisches Regierungssystem vor, Wahlkreise, in denen Angehörige verschiedener Religionen »zusammengeführt« werden sollten, und den Dominionsstatus für Indien. Als der Bericht vorgelegt wurde, gab es einen Streit mit der jüngeren Generation über den Dominionsstatus. Die jüngeren Politiker verlangten volle Freiheit für das Land und drohten der Partei andernfalls mit dem Austritt aus der Partei. Gandhi schlichtete den Streit, indem er der Regierung eine Frist von einem Jahr setzte. Sollte sie bis zum 31. 12. 1929 den Dominionsstatus nicht gewähren, würde die volle Freiheit für Indien das unmittelbare Ziel werden.

Der neue Vizekönig, Irvin, erkannte den Ernst der Lage. Er schlug der britischen Regierung den Dominionsstatus für Indien vor und versprach auch den Indern, sich dafür einzusetzen. Das britische Parlament, gespalten in verschiedene Meinungen, verhielt sich jedoch widersprüchlich, und bis zum Jahresende war Indien kein Dominion geworden.

Unter ihrem neuen Präsidenten Jawaharlal Nehru erklärte die Kongreßpartei am 31. 12. 1929 die volle Freiheit für Indien zum Ziel und kündigte zivilen Ungehorsam gegen die Regierung auf breiter Ebene an. Als einmal mehr auf Gandhi als moralische Führungsfigur geblickt wurde, schlug er als erstes vor, den 26. Januar als Unabhängigkeitstag zu feiern. Überall in Indien, in Dörfern und Städten feierten die Inder diesen Tag mit Begeisterung – von nun an jedes Jahr. Über den nächsten Schritt meditierte Gandhi lange Zeit. Ein Satyagrahi reduziert seine Forderung auf das Minimum, damit sich der Gegner ehrsam aus dem Konflikt zurückziehen kann. Daher machte er dem Vizekönig einen Kompromißvorschlag von elf Punkten – elf Forderungen: Einführung des Alkoholverbots, Halbierung der Agrarsteuer, Abschaffung der Salzsteuer, Verringerung des Wehretats und der Gehälter von Beamten, Einfuhrsteuer auf ausländische Stoffe usw. Stimmte die Regierung diesen Punkten zu, würde der Kongreß auf den Dominionsstatus verzichten. Erfüllte der Vizekönig diese Wünsche, so wollte Gandhi den zivilen Ungehorsam aufkündigen. Mit diesem Vorschlag sorgte er für Aufruhr in den Reihen des Kongresses. Auf die Frage, ob der Kompromißvorschlag mit dem vorher erklärten Ziel der Unabhängigkeit in Einklang zu bringen sei, antwortete er mit Emerson, Stimmigkeit sei der Kobold des Kleingeistes. Letztlich wollte er die Bereitschaft der Briten, sich von der Macht zu verabschieden, prüfen. Aufgrund der Absage der Regierung entschloß er sich, Aktionen des zivilen Ungehorsams einzuleiten. Daß er dazu das Salz zum Anlaß machte, spricht für sein Genie, das für seine Zeitgenossen wieder unergründbar blieb. Das Salz schien ihnen viel zu unbedeutend.

Das Salz war und ist die wichtigste Zutat und der einzige »Geschmacksverstärker« im Essen armer Inder. Wegen des warmen Klimas brauchen sie es viel mehr als die Europäer. Daher sei es genauso wichtig wie Wasser und Luft, meinte Gandhi. Nach seiner Berechnung zahlte jeder Inder jährlich neun Anas, das heißt 56 Paisa (Polak, 175) als Steuer, was heute lächerlich geringfügig erscheint. Wenn man es aber mit dem Durchschnittseinkommen der Inder von damals vergleicht, zwölf Paisa am Tag, so war es viel Geld. Die Briten verdienten dagegen 200 Paisa am Tag (zwei Rupien). (Der Vizekönig in Indien verdiente 700

Rupien am Tag.) Die Salzsteuer war die schlimmste Form der Ausbeutung armer Inder. Die Regierung nahm jährlich 25 Millionen Pfund an Salzsteuer ein (Erikson, 529). Salz war ein Thema, welches Millionen von Indern direkt betraf. Das Salz-Satyagraha sollte die Aufmerksamkeit der von den Dörfern entfremdeten, gebildeten Inder und der Welt auf die Armut der Inder und ihre Ausbeutung lenken.

Am Unabhängigkeitstag schworen Tausende von Indern, es sei ein Verbrechen gegen Mensch und Gott, der britischen Regierung zu gehorchen. An diesem Tag zeigte sich deutlich, daß die Bevölkerung programmatisch mit ihrer »eigenen Führung« vernetzt und zum Ungehorsam gegen die Regierung bereit war. Gandhi entschloß sich, zusammen mit seinen in Gewaltlosigkeit »ausgebildeten« Mitstreitern aus seinem Ashram das Salzgesetz zu brechen. Das 240 Meilen entfernte Dorf Dandi an der Gujarat-Küste sollte der Ort dieses Ereignisses sein, das später als Salzmarsch bekannt wurde. Als Gandhi sein Vorhaben bekanntmachte, meldeten Inder verschiedener Religionen ihr Interesse an, mit Gandhi nach Dandi zu marschieren. Frauen, besonders die seines Ashrams, waren sehr erpicht darauf, mitzumarschieren. Aus Rücksicht auf den Gegner, die Regierung, mußte Gandhi sie zurückhalten – er wollte sie nicht als die ersten an die Front schicken, da sich andernfalls die Polizei, dachte Gandhi, bei ihrem Einsatz gehemmt fühlen könnte.

Eine Woche vor dem Marsch besuchte Tagore den Ashram, um sich über Gandhis Pläne zu informieren. Zu Gandhis bevorstehender Gefängnisstrafe bemerkte er witzig: »Sie machen sich bereit für eine weitere Gefängniskur. Ich wünschte mir, daß sie auch mir eine gäben.« »Aber Sie benehmen sich nicht, mein Herr«, antwortete Gandhi (Tendulkar III, 5).

Am 12. 3. 1930 morgens nach dem Gebet trat Gandhi mit 79 Satyagrahis den Dandi-Salzmarsch an. Der Marsch war für Gandhi eine heilige Sache, so heilig wie eine Pilgerfahrt nach Badrinath oder Kailash im Himalaya. Die 240 Meilen Entfernung sollten in 24 Tagen zu Fuß zurückgelegt werden. In der Gruppe war der jüngste Satyagrahi 16 Jahre alt, und mit 61 Jahren war Gandhi der älteste. Und er war der Schnellste unter ihnen. Unterwegs wurde er von Dorfbewohnern mit Begeisterung begrüßt, und mit jedem Tag wurde die Menschenmenge, die ihm folgte, größer und größer.

Die Regierung betrachtete Gandhis Marsch als viel zu unrealistisch, als daß er die Massenbeteiligung erwecken würde. Der britische König könne nicht durch Aufkochen von Meereswasser in einer Teekanne gestürzt werden. Diese Haltung änderte sich, als der Marsch sich fortsetzte und die Satyagrahis am Ende der 24 langen Tage Dandi erreichten.

Am 5. 4. 1930 traf Gandhi in dem Dorf Dandi ein. Am nächsten Tag morgens nach dem Gebet hob Gandhi Salz vom Meeresstrand auf und schickte damit die Botschaft an die Nation, das Salzgesetz zu brechen. Tausende Inder und Inderinnen gewannen illegal Salz und verkauften es. Die Regierung reagierte mit unzähligen Verhaftungen. 60 000 Inder, darunter Nehru, Rajagopala Chari, Malaviya, Devdas Gandhi und Mahadev Desai wurden inhaftiert.

Gandhi wohnte in Karadi, einem Dorf nahe Dandi, in einer Hütte. Er ging jeden Tag von einem Dorf zum anderen, um den Menschen den zivilen Ungehorsam zu predigen. Er plante, den Kampf bald zu intensivieren. Daher teilte er dem Vizekönig mit, daß er das Salzdepot in Dharsana plündern werde. Daraufhin wurde Gandhi am 4. 5. 1930 verhaftet. Seine Mitarbeiterin, die berühmte Dichterin Sarojini Naidu, führte mit 2000 Satyagrahis den Überfall auf das Salzdepot aus, das von 400 Polizisten, die schwere Knüppel mit Stahlspitzen trugen, bewacht wurde. Vor dem Depot blieben die Satyagrahis stehen und gingen in kleinen Gruppen, eine nach der anderen, mit langsamen Schritten auf die Polizei zu. Nach einer Warnung, den Ort zu verlassen, griffen die Polizisten die Satyagrahis an und schlugen mit ihren Knüppeln auf sie ein, bis sie zu Boden gingen. Ein amerikanischer Journalist, Miller, der dabei zugegen war, berichtete, wie eine Gruppe nach der anderen sich der Polizei näherte und sich von ihr wehrlos brutal niederprügeln ließ. Später am Tag besuchte er die Satyagrahis in einem Krankenhaus, wo sie mit schweren Kopf- und Hodenverletzungen lagen. Jegliche ärztliche Fürsorge fehlte dort. Zwei Menschen starben an ihren Verletzungen.

Millers Bericht erschien in 1350 verschiedenen Zeitungen in aller Welt. In seiner achtzehnjährigen Karriere in 20 Ländern hatte er einige Grausamkeiten erlebt. Die Brutalität der Polizei gegen die Satyagrahis bei der »Plünderung« übertraf jedoch alles Bisherige.

Der Kongreß intensivierte sein Programm und rief die Inder zur Steuerverweigerung und zum Boykott der ausländischen Banken, Schulen, Stoffe, Schiffe usw. auf. Er appellierte an die Polizei und Armee, den Freiheitskampf zu unterstützen. Darauf erließ die Regierung drakonische Gesetze zur Unterdrückung der Bewegung. Diese Gesetze aber boten den Freiheitskämpfern neue Möglichkeiten zu Verstoß und provozierten Verhaftungen. Die Gefängnisse waren derartig überfüllt von Satyagrahis, daß die Regierung Kriminelle vorzeitig entließ, um für die Satyagrahis Platz zu schaffen. Trotzdem war der Platz nicht ausreichend.

Der Erfolg des Freiheitskampfes läßt sich daran ablesen, daß 1930 der Import von ausländischen Kleidern auf ein Drittel von dem des Vorjahres sank. 16 britische Textilfabriken in Bombay wurden geschlossen, während sich Khadi zunehmender Popularität erfreute. Seine Produktion stieg in einem Jahr von 5,7 Millionen Meter auf 10,3 Millionen Meter. 6494 Dörfer wurden in die All India

Spinners Association aufgenommen. Viele Frauen demonstrierten vor Spirituosenläden oder Geschäften, die ausländische Waren verkauften.

Es war offensichtlich, daß die Briten in Indien die Sympathie sogar der Loyalisten und der Moderaten verloren hatten. Um diese zurückzugewinnen, kündigten sie einen runden Tisch an. Dazu wurden Vertreter vieler Organisationen und Parteien außer dem Kongreß eingeladen. Die Zusammensetzung der Konferenz und die Schlußerklärung bei ihrer Vertagung zeigten deutlich, welche Linie die britische Regierung in der Frage über die Zukunft Indiens einschlagen würde. Hinsichtlich der Zusammensetzung fiel nicht nur auf, daß der Kongreß nicht vertreten war, sondern auch, daß Jinnah, Malaviya (die Vertreter der Muslim-Liga und des Hindu-Mahasabha) und Dr. Ambedkar, Vertreter der Unberührbaren, teilnahmen. Mit der Einladung Ambedkars fügten die Briten dem Freiheitskampf einen weiteren Anlaß für Zwietracht hinzu. Die Abschlußerklärung bei der Vertagung besagte, *die Briten hätten in Indien eine besondere Verpflichtung den Minoritäten gegenüber.* Damit schwangen sich die Briten zu Behütern der Schwachen in Indien auf.

Bei dem runden Tisch wurde deutlich, daß es ohne Teilnahme des Kongresses keinen befriedigenden Abschluß geben würde. Diese neugewonnene Erkenntnis der Regierung war in den Äußerungen des Vizekönigs Irwin zu hören, der in seiner Rede im Parlament dem edlen Geist Gandhis huldigte. Kurz darauf ließ er Gandhi und wichtige Kongreßmitglieder frei und eröffnete Verhandlungen mit Gandhi. So kam der sogenannte Gandhi-Irwin-Pakt zustande. Danach erklärte Gandhi, der Kongreß würde den zivilen Ungehorsam unterbrechen, und die Regierung versprach, politische Gefangene auf freien Fuß zu setzen und die drakonischen Anordnungen aufzuheben. In diesem Pakt war nichts über den Dominionsstatus Indiens zu hören, von den elf Punkten Gandhis ganz zu schweigen.

Für viele politische Gefangene, die ohne Prozeß inhaftiert worden waren, für die inhaftierten Garhwali-Soldaten, die sich weigerten, in die Menschenmenge zu schießen, und für Bhagat Singh und seine Genossen, die Bomben warfen, brachte der Pakt nichts. Mit diesem Pakt enttäuschte Gandhi wiederum die Politiker aller Couleur. Sie fragten sich: Wozu hatten in einem Jahr 110 Menschen ihr Leben verloren, wozu waren 300 mehr in der Schießerei der Polizei verwundet worden und 90 000 ins Gefängnis gegangen? Diesen Kompromiß hätte man auch ohne Satyagraha erreicht. Sie warfen Gandhi Naivität oder Dummheit vor.

Gandhi war aber weder naiv noch dumm. Die Gründe für seine Einstellung sind in der Philosophie des Satyagrahas zu finden. Ein Satyagrahi darf nie die Motive des Gegners für suspekt halten. Der Satyagrahi läßt sich lieber hundert Mal betrügen, als den Gegner zu verdächtigen. Daher geht er immer auf Verhandlungsvorschläge ein. Sollte das Ziel nicht erreicht werden, so kann er erneut den Satyagrahakampf ausfechten. Einige, die Irwin kannten, hielten ihn für einen Opportunisten, der mit dem Pakt bloß den Kampfgeist des Kongresses dämpfen wollte. Die Regierung hatte auf jeden Fall einen Vorteil errungen: Der Kongreß erklärte sich bereit, am zweiten runden Tisch in England teilzunehmen.

Als Gandhi im August 1931 nach England fuhr, wurde er enttäuscht von der Umsetzung des Pakts. Irwins Nachfolger Willingdon war nicht gewillt, den Pakt in Wort und Geist einzuhalten. Entgegen der Vereinbarung verfolgte die Regierung die Freiheitskämpfer weiterhin mit ihren Repressalien, sie versuchte auch nicht, ihre alten, ungerechten Strafmaßnahmen wie beispielsweise die Beschlagnahme von Rindern rückgängig zu machen. Verärgert verlangte Gandhi von dem neuen Vizekönig die Einsetzung einer Untersuchungskommission. Der Vizekönig ernannte sie offenbar, um Gandhis Teilnahme an dem runden Tisch zu sichern. Vor der Abreise wünschte sich

Gandhi, daß die Kongreßpartei über die Minoritätenfrage zu einer eindeutigen Lösung komme. Er durchschaute die Absichten der Briten. Er konnte jedoch nicht erahnen, mit welcher Hinterlist sie und ihre Presse die Stellung der Kongreßpartei in Indien in den Augen der Weltöffentlichkeit hintertreiben würden.

An dem zweiten runden Tisch war Gandhi der einzige Vertreter der Kongreßpartei. Vertreter der religiösen, konservativen Gruppierungen wie Hindus, Muslime, Christen, Sikhs und Angloinder, Unberührbare und Fürsten waren die anderen Teilnehmer aus Indien. Sie waren von der britischen Regierung mit dem Argument der angeblichen Sorge um die Minoritäten auserwählt und eingeladen worden. Diese interessierten sich für Ämter und Vorteile, die die Briten ihnen im unabhängigen Indien in Aussicht gestellt hatten, und kämpften einig mit den Briten gegen Gandhi bzw. den Kongreß. So ergab sich das Bild, der Kongreß sei eine von vielen Gruppierungen in Indien. Mit seinem feinen Intellekt, seiner Weisheit und Beredsamkeit konnte Gandhi hier nicht viel erreichen. Als er, um den Ängsten der Muslime entgegenzuwirken, ihnen einen Blankoscheck ausstellen wollte, wendete sich der Vertreter der Hindu-Mahasabha dagegen. Gandhi war am Ende erleichtert, als die Konferenz des runden Tisches, wie ein tagelang gespieltes Kricketspiel, ergebnislos zu Ende ging. In der Tat fragte ihn Bernard Shaw, der in Gandhi einen Gleichgesinnten sah, ob der runde Tisch seine Geduld nicht auf die Probe stelle (Raghavan Iyer I, 412).

Das eigentliche Ergebnis lag in Gandhis persönlichen Gesprächen, in Reden, die Gandhi hier hielt, und in Kontakten, die er hier anknüpfte, um die Meinung der Briten den Indern gegenüber positiv zu beeinflussen. Den größten Erfolg verbuchte er bei den Textilarbeitern in Lancashire, die wegen des Boykottprogramms in Indien arbeitslos geworden waren. Diese Arbeitslosen zeigten volles

136

Verständnis für Gandhi, was selbst den Intellektuellen wie Tagore oder Romain Rolland nicht möglich war. Mahadev Desai, Gandhis Sekretär, sah das positivste Ergebnis in Gandhis Freundschaft mit den Kindern der Armen in Londons East End. Vielleicht müssen die Inder eines Tages mit dieser Generation ins reine kommen, meinte Mahadev Desai.

Unterwegs nach Indien besuchte Gandhi Romain Rolland in der Schweiz und Mussolini in Italien. Bei seinen Ansprachen in der Schweiz gab Gandhi deutlich zu erkennen, daß er sich mit den Arbeitern solidarisiere, sie seien dem Kapital überlegen. Diese Äußerung interpretierte die Presse dahingehend, daß Gandhi ein Bolschewik sei, und eine Hetzkampagne wurde gegen ihn geführt. Die schweizerische Regierung war kurz davor, ihn des Landes zu verweisen, als Gandhi ihr zuvorkam und nach Italien fuhr, wo er Mussolini besuchte. Auch hier versuchte die Presse, Gandhi in ein falsches Licht zu rücken. Eine italienische Zeitung zitierte ihn falsch und setzte das Gerücht in die Welt, er würde nach der Rückkehr den zivilen Ungehorsam fortsetzen. Das war einer der Gründe, warum Gandhi immer behauptete, der Unterschied zwischen Demokratie und Faschismus im Westen sei sehr gering.

Während Gandhis Abwesenheit traf Willingdons Regierung alle Maßnahmen, den zivilen Ungehorsam niederzuschlagen, falls er wiederaufgenommen werden sollte, und erließ solch undemokratische Anordnungen, daß die Grausamkeit der Regierung als »Ziviles Kriegsrecht« bezeichnet wurde. Eine Woche nach der Rückkehr wurde Gandhi verhaftet (4.1.1932), kurz davor Nehru. Unter den drakonischen Gesetzen wurden viele Freiheitskämpfer verhaftet und brutal mißhandelt. Die ganze Nation nahm die Herausforderung an. Millionen Inder demonstrierten vor Läden, die Alkohol oder ausländische Stoffe verkauften, und feierten, behördliche Anordnungen mißachtend, die nationalen Feiertage. Der Kongreß und seine verbrüderten Organisationen wurden verboten, gewaltlose Demonstranten mit Knüppeln geschlagen, mit harter Gefängnisstrafe oder Geldbußen bestraft. Sie wurden in Gefängnissen oft grausam mißhandelt. In den Dörfern war der Polizeiterror besonders schlimm. In einem Dorf in Gujarat wurden den Steuerverweigerern die Kleider ausgezogen, sie wurden in der Öffentlichkeit ausgepeitscht und von der Polizei mit Elektro-Schocks gequält. In vier Monaten wurden 80 000 Satyagrahis interniert (Bipan Chandra 1991, 287).

Auch diesmal wurde Gandhi im Yarawda-Gefängnis eingesperrt. Diesen Aufenthalt durfte er nicht als Ruhepause verbringen, denn die Kolonialregierung machte einen neuen gefährlichen Zug. Sie kündigte jetzt getrennte Wahlkreise auch für die Unberührbaren an. Mit getrennten Wahlkreisen für die Muslime, Christen und Sikhs hatte die Regierung die Freiheitsbewegung zum Teil bereits geschädigt. Die neue Maßnahme sollte der Außenwelt zusätzlich suggerieren, die Interessen der Unberührbaren seien nicht konform mit denen der Freiheitsbewegung. Gandhi trat ein 21tägiges Fasten gegen diesen neuen Zug an. Er hatte einen erheblichen Teil seines konstruktiven Programms der Bekämpfung der Unberührbarkeit gewidmet. Auf seinen Farmen in Südafrika oder in seinem Ashram in Indien waren die Unberührbaren willkommen. 1915 war er mit seinen Mitbewohnern bereits wegen einer Familie von Unberührbaren in Konflikt geraten. Dieses Fasten trat er also nicht an, weil er den Unberührbaren keine Repräsentationsform gegönnt hätte, sondern weil getrennte Wahlkreise das Ziel der hundert Jahre langen Reformbewegung hin zu einer auf dem Grundsatz der Gleichheit basierenden indischen Gesellschaft zum Scheitern bringen könnten. Gandhis Ziel war, die Hindugesellschaft von diesem unmenschlichen Makel zu bereinigen. Getrennte Wahlkreise würden diese Menschen bis in

Ewigkeit als Unberührbare brandmarken. Die Frage war: Wie kann man die Stellung der Unberührbaren in Politik und Gesellschaft verbessern, ohne sie von der Gemeinschaft auszuschließen?

Sein Fasten lenkt die Freiheitsbewegung von wichtigen Zielen ab, dachten prominente Politiker. Einige erkannten darin eine Nötigung der Regierung. Gandhi sah es als Appell an die Herzen der Gleichgesinnten. Tatsächlich brachte das Fasten viel Bewegung in die Nation. Binnen kurzer Zeit wurden Tempel, Brunnen, Straßen usw. für die Unberührbaren überall in Indien freigegeben. Führende Politiker der Kongreßpartei verhandelten mit Vertretern der Unberührbaren, deren wichtigster Dr. Ambedkar war. Nach hartem Tauziehen schlossen die Parteien den Poona-Pakt, der beinhaltete, daß die Unberührbaren die getrennten Wahlkreise aufgaben. Im Gegenzug durften 147 Sitze in den Parlamenten der Provinzen und 18 Prozent der Sitze im zentralen Parlament nur von den Unberührbaren besetzt werden. Gandhi bot den Hurijans (Kinder Gottes), wie er sie ab jetzt nannte, sein Leben als »Pfand« an, damit die Hindus in der Praxis den Pakt einhalten würden.

In demselben Jahr unternahm Gandhi zwei Mal ein demonstratives Fasten, um seine Anhänger von der Sache zu überzeugen. Nach seiner Entlassung aus dem Gefängnis reiste er unermüdlich durch das Land.

Wegen des Poona-Pakts wurde Gandhi sowohl von den Hindus als auch von den Hurijans angegriffen. Den Hurijans waren seine Motive suspekt. Für die Hindus war er parteiisch. Sie griffen ihn und seine Anhänger vor der Öffentlichkeit an. In Poona verübten sie auf ihn ein Bombenattentat, verfehlten ihn jedoch. Sie erklärten ihre Unterstützung für die Regierung in ihrem Kampf gegen den Kongreß und gegen den zivilen Ungehorsam. Die Regierung nahm das Angebot an (Bipan Chandra 1991, 292).

Bemerkenswert ist, daß Gandhi, obwohl er die Unberührbarkeit für einen Makel an der Hindugesellschaft hielt, das Kastensystem als Ganzes nicht bekämpfte. Er betrachtete das Kastensystem in seiner ursprünglichen Gestalt als eine Art Organisationsform zur Arbeitsteilung, in die das Übel der Unberührbarkeit eingebrochen war und das es nun an seinen »Wurzeln und Ästen« auszurotten galt. Ein Grundrecht in der Verfassung des unabhängigen Indiens lautet: »[Die Idee von der] Unberührbarkeit ist ein Verbrechen.« Das heißt, die Verfassung verbietet die Diskriminierung der Unberührbaren. Die in ihr ebenfalls verankerten Richtlinien des Staates sehen massive Unterstützung für die Unberührbaren in dem Bereich der Politik, Bildung und Wirtschaft mit Quotensystemen vor. Bei all diesen Erfolgen ist Gandhis Handschrift unverkennbar. Ihm ist es auch zu verdanken, daß eine solche Verfassung in Indien einstimmig angenommen wurde.

Gandhis Verhaftung am 4. 1. 1932 ging eine durchorganisierte Vorbereitung durch die Regierung voran. Alle wichtigen Kongreßpolitiker und unzählige Satyagrahis wurden in »blitzartigen« Aktionen verhaftet und interniert. Die Polizei, eine der vier eisernen Säulen der Kolonialherrschaft, schwamm mit ihren Repressalien und ihrem Terror auf einer Erfolgswelle. Die Regierung stationierte sie in rebellischen Dörfern, und die Dorfbewohner sollten ihre Unterhaltskosten bestreiten. Geldstrafen, körperliche Strafen und Beschlagnahmungen waren an der Tagesordnung. Auch Gandhi hatte enorme Schwierigkeiten mit den Behörden. Sie behinderten seine Arbeit im Gefängnis. Niemand durfte ihn besuchen, die Zeitungen durften ihn nicht interviewen oder gar sein Bild veröffentlichen. Wenn er gegen die Einschränkungen protestierte und aus Ausweglosigkeit ein neuerliches Fasten ankündigte, wurde er kurzfristig freigelassen, um dann sofort wieder verhaftet zu werden, sobald er seine Arbeit in (vermeintlicher) Freiheit aufnahm. So spielte die Regierung Katz und Maus mit ihm, bis Gandhi auf die politische Arbeit ganz verzichtete. In dieser Situation schrieb Dr. Ansari, der Präsident des Kongresses, einen Brief an Gandhi, in dem er die Ermüdung der Nation schilderte. Zwar seien die Freiheitskämpfer in ihrer Sache nicht geschlagen worden, sie seien aber ermüdet und brauchten daher eine Ruhepause.

Gandhi suspendierte den zivilen Ungehorsam im Mai 1934. Diese Entscheidung und sein kompromißbereiter Umgang mit der Regierung enttäuschten in den Reihen der Kongreßpartei. Die jüngeren Politiker wie Subhash Bose verlangten eine radikale Umbildung der Führung und ihrer Strategie, Jawaharlal Nehru meinte, seine innere Bindung zu Gandhi sei gerissen. Aber weder die Militanten der Kongreßpartei noch die Sozialisten unter ihnen, die Gandhi als »Menschen in Eile« bezeichnete, verstanden die Psyche der Nation. Gandhi dagegen erkannte, daß den über drei Jahre andauernden Krieg gegen eine mächtige Regierung keine Gesellschaft aushalten könnte. Mit der Zeit würde der Kongreß mit ein paar Mitarbeitern allein dastehen und sich lächerlich machen. Es war also geboten, freiwillig den Ungehorsam zu suspendieren.

Gandhi konnte dies ohne große Schwierigkeiten tun, wenn es erforderlich war, und sich der zweiten Seite des Freiheitskampfes, der konstruktiven Arbeit, zuwenden. Die Kongreßarbeiter aber fühlten sich ohne den politischen Kampf desorientiert, da die meisten von ihnen kein Vertrauen zur konstruktiven Arbeit Gandhis hatten. Sie wollten, wie es scheint, die fremde Regierung absetzen, um selber das Land zu regieren. Für Gandhi dagegen war die Selbstregierung eine individuelle und gesellschaftliche Angelegenheit. Befähigten sich die Inder durch Reform dazu, so würden die Engländer Indien freiwillig verlassen. So war es für Gandhi kein Wunder, daß ein Teil der Kongreßpolitiker die Swarajpartei wiederbeleben und in ihrem Namen ins Parlament einziehen wollte. Obwohl er damit nach wie vor nicht einverstanden war, unterstützte er den entsprechenden Beschluß auf der Kongreßtagung, um eine neue Spaltung in der Partei zu verhindern. Er stellte fest, daß viele ihrer Mitarbeiter von seinen Prinzipien des Satyagraha nicht überzeugt waren und ihm nur aus Höflichkeit folgten. So beschränkten Gandhi und der Kongreß sich gegenseitig in ihrer Freiheit. Gandhi kündigte im Jahr 1934 seine Mitgliedschaft im Kongreß auf.

Ab jetzt galt Gandhis Aufmerksamkeit, zur Enttäuschung der Freiheitskämpfer und Verwirrung der Regierung, zwei Themen: der Wiederbelebung der Dorfindustrien und der Erziehung. Dank seiner enormen Anstrengung waren das Spinnrad und das Weben populär geworden, und Tausende von Menschen auf dem Land profitierten davon. Der Garnspinnerverein Indiens war in 5300 Dörfern aktiv. Gandhi wußte, daß seine Anstrengung angesichts der Armut in den Dörfern nur eine bescheidene Auswirkung haben konnte. Um die Armut intensiver zu bekämpfen, gründete er den »Verein der Dorfindustrien Indiens«. Dabei formulierte Gandhi seine Philosophie des Swadeshi (Verbrauch einheimischer Güter), in der seine tiefe Einsicht in die Dorfgesellschaft und -wirtschaft und sein Humanismus beispielhaft zum Ausdruck kommen, radikaler als früher.

Er forderte die Inder auf, nur die Güter zu verbrauchen, die in Heimindustrien der Dörfer hergestellt worden seien – es genüge nicht, wenn sie bloß in Indien produziert wären. Seiner Meinung nach hätten die Städte die Dörfer zu lange ausgebeutet, genau wie die europäischen Mächte die schwächeren Länder Asiens oder Afrikas ausgebeutet haben. Dorfindustrien mit der Dezentralisierung der Wirtschaft sind das einzige Bollwerk gegen die Übermacht des ausbeuterischen Kapitalismus und der Großindustrie. Dorfindustrien gewährleisten die Gleichheit der Menschen und die Gewaltlosigkeit. Zugleich sind sie auch sehr widerstandsfähig. Selbst wenn Hitler sie vernichten wollte, würde er dabei zur Gewaltlosigkeit bekehrt (siehe § 37).

Ein Teil dieses Programms ist die Erziehung im ländlichen Indien. In seiner Vorstellung über die Erziehung zeigt Gandhi sich als einer der größten Intellektuellen des modernen Indien. Den Sinn der Erziehung sah Gandhi mehr in der Bildung des Charakters als im Speichern von Informationen. Es geht um die Entfaltung des Individuums in Beziehung zu seiner Umgebung und Kultur. Zu diesem Zweck soll jedes Kind eine Handarbeit erlernen, zusätzlich können die Schulen damit finanziert werden. Unterrichtssprache muß eine einheimische Sprache sein. Angeregt durch Diskussionen mit berühmten Erziehern des Landes, entwarf Gandhi Lehrpläne für Schulen.

Zum Teil in der Erwartung, daß die neuen Ministerien der Parlamente seine konstruktive Arbeit unterstützen würden, befürwortete Gandhi die Teilnahme der Kongreßpolitiker an der Wahl von 1937. Diese Wahl fand dank des Gesetzes von 1935 statt, mit dem eine Verfassung für Indien erlassen worden war. Sie war ein Kompromiß im jahrelangen Tauziehen zwischen dem Kongreß und der Kolonialregierung. So wurden etwa die Machtbereiche der gewählten Ministerien in den Provinzen vergrößert, obwohl die Gouverneure immer noch in Sachen Finanzen, Polizei und in jeder wichtigen Frage das letzte Wort hatten. In der zentralen Regierung sollte es ein Parlament mit den Vertretern Britisch-Indiens und der Fürstentümer geben. Die Gouverneure und der Vizekönig waren dem Parlament gegenüber immer noch nicht verantwortlich. Das Undemokratische dieser Verfassung zeigte sich darin, daß nur 14 Prozent der Inder stimmberechtigt waren (Bipan Chandra 1990, 291).

Die Wahl von 1937 demonstrierte die Popularität der Kongreßpartei. Sie gewann die Wahl in sieben Provinzen mit großer Mehrheit und bildete dort die Regierung. In zwei anderen Provinzen ging sie eine Koalition ein. Nur in Bengalen und Panjab kam sie nicht an die Macht. Das Verhältnis zwischen den Kongreßministern und den britischen Gouverneuren war immer sehr gespannt. Doch trotz einiger Reibungen funktionierte das Arrangement bis zum Ausbruch des Zweiten Weltkriegs befriedigend.

§ 11. *Ich möchte Ihnen ein Mantra geben: Handeln oder sterben – wir sollen Indien befreien oder dabei sterben*

Persönliche Interessen hemmen den klaren Durchblick. Nicht umsonst verlangte Gandhi, wie Sokrates von den Wächtern des idealen Staats in Platons »Staat« (Buch VIII, 1), von Politikern die Entsagung von persönlichen Interessen. Daß den Kongreßpolitikern Klarheit in der Abschätzung der Verfassung von 1935 gefehlt hatte, zeigte sich bald. Die an der Macht beteiligten Kongreßminister in den Provinzen und ihre Partei glaubten, für das Land bereits die Freiheit gewonnen zu haben. Doch die Briten hatten die wichtigsten Bereiche wie Finanzen, Streitkräfte, innere Sicherheit für sich behalten und blieben damit die eigentlichen Herrscher. Im Jahre 1939 erschütterte der Vizekönig Linlithgow diese Illusion des Kongresses völlig, indem er mit seiner Proklamation Indien in den Zweiten Weltkrieg zog. Er hielt es nicht für nötig, vorher die Kongreßpartei oder die Minister zu befragen. Da die Kongreßpolitiker eindeutig Befürworter der Demokratie und Gegner des Faschismus waren, hätten die Briten ohnehin mit der Unterstützung der Inder rechnen können. Als der Vizekönig also darauf verzichtete, mit den Kongreßministern darüber zu beratschlagen, traten sie entsetzt in allen Provinzen zurück. Die Muslimliga feierte es als den Tag der Befreiung – Befreiung vom Kongreß! Das war immer die Ansicht der religiösen Fanatiker der Hindu-Mahasabha oder der Muslimliga gewesen. Die Zeit nach 1935, dem

Inkrafttreten der neuen Verfassung und den neuen Wahlen, ist insofern beachtenswert, als sich hier besonders wichtige Entwicklungen in Indien vollzogen: In dieser Zeit verbreiteten sich die Ideen des Sozialismus und Kommunismus, Menschen in den Fürstentümern schlossen sich zunehmend dem Freiheitskampf an, Inder und der Kongreß orientierten sich hinsichtlich internationaler Politik – die Grundprinzipien der Außenpolitik zeichneten sich in dieser Zeit ab, und der Konfessionalismus trat in eine radikale Phase ein.

Die Wahl von 1937 zeigte, daß die religiösen Fanatiker nicht populär waren. Die Muslimliga gewann zum Beispiel nur 109 von 482 Sitzen, die für die Muslime reserviert waren, und sie gewann nur 4,6 Prozent der gesamten Stimmen der Muslime. Mohammad Ali Jinnah, der Anführer der Muslimliga, und seine Kollegen hetzten die Muslime auf, indem sie die Gefährdung des Islams durch die Hindumehrheit, das hieß in ihren Augen durch den Kongreß, übertrieben. Ab 1940 verlangte die Liga die Bildung eines neuen Landes, Pakistans, wo die Muslime Indiens in Sicherheit und Frieden leben könnten. Jinnah verglich die Lage der Muslime in Indien mit der der unterdrückten Sudetendeutschen in der Tschechoslowakei und hieß Hitlers »Befreiungskrieg« gut. Die Hindufanatiker des Hindu-Mahasabhas betrachteten die liberale Politik der Kongreßpartei mit ihren Zugeständnissen gegenüber den Muslimen als unangebracht. Sie betrachteten Gandhi und andere Kongreßpolitiker als »Freunde« der Muslime. Sie malten das Schreckensbild der Muslimdominanz in ihrem eigenen Land an die Wand. Die beiden betrachteten die Kongreßpartei als ihren Feind und arbeiteten sogar manchmal zusammen gegen diese Partei, so etwa, als die Hindufanatiker in einigen Fällen die Muslimliga bei der Bildung von Ministerien gegen den Kongreß unterstützten. Mit der Verbreitung des sozialistischen Gedankengutes fand die Muslimliga starke Unterstützung der mus-

limischen Großgrundbesitzer, die vor den Landarbeitern
Angst hatten.

Mit dem Rücktritt der Kongreßminister, die die Freiheit Indiens zur Bedingung der Kriegshilfe machten, verließ sich die Kolonialregierung ganz auf die Muslimliga
und behandelte sie als den alleinigen Vertreter der indischen Muslime. Die Loyalität der Muslimliga belohnten
die Briten mit einem Vetorecht: Die Unabhängigkeitsfra-
ge würde nicht ohne die Zustimmung der Muslimliga entschieden.

Mit der erfolgreichen Kriegsführung Hitlers und seinem Marsch gegen Rußland änderte sich die Situation radikal. Die Briten brauchten jetzt die Hilfe der Inder. Der
Kongreß bestand aber darauf, daß die Briten die Kriegs-
ziele und ihre Haltung zu Demokratie und Imperialismus
deutlich definierten und Indien Freiheit gewährten. Die
Inder waren bereit, den Briten zu helfen, wenn sie ver-
sprächen, Indien nach Kriegsende Freiheit zu gewähren.

Mit seiner eindeutig ablehnenden Haltung zum Krieg
unterschied sich Gandhi grundlegend von der Kongreßpartei, die die Briten gerne mit Männern und Material unterstützt hätte. Daher trennte sich die Partei wieder von
Gandhi. Es wäre aber unklug gewesen, wenn sie ihren
Protest gegen die britische Herrschaft in Indien vor der
Weltöffentlichkeit nicht kundgegeben hätte. Daher lud sie
Gandhi dann doch wieder ein, den Protest gegen die Briten zu führen. Gandhi wollte, wie immer, den Gegner in
seiner Krise nicht noch weiter belasten. Daher organisierte er nur individuelle Aktionen des Ungehorsams mit
ausgewählten Freunden. Das ganze Programm bestand
aus der Formel, wonach es ein Fehler sei, die Briten in
ihren Kriegsbemühungen zu unterstützen, und die einzige
wertvolle Bemühung jene sei, jedem Krieg gewaltlos zu
widerstehen. Von einem solchen Ungehorsam war die
Regierung angenehm überrascht, da sie sich auf einen
schwierigeren vorbereitet hatte.

Mit Japans Kriegseintritt Ende 1941 wurde die Lage für Indien bedrohlicher, denn mit schnellen Erfolgen eroberten die Japaner die Philippinen, Indochina, Indonesien, Malaysia und Burma. Im März 1942 besetzten sie Rangoon. Die Briten brauchten jetzt dringend indische Hilfe. Churchill warnte die Königin, die ganze Ostküste Indiens vom Norden bis nach Süden sei von den Japanern bedroht. Die Kolonialregierung ließ alle Satyagrahis frei. London schickte jetzt eine Delegation nach Indien mit Cripps, einem Kabinettminister, an ihrer Spitze. Er sollte mit den Indern über ihre politische Zukunft beratschlagen. Cripps vermochte aber dem Kongreß nichts zu unterbreiten, was die Verfassung von 1935 nicht bereits enthalten hatte. Die Inder verlangten volle Freiheit als Bedingung für ihre Teilnahme am Krieg, die jetzt wegen der Japaner dringend notwendig geworden war. Wegen der Weigerung Englands sahen sich der Kongreß und Gandhi gezwungen, den zivilen Ungehorsam durch Massenbeteiligungen zu intensivieren. In der Nacht vom 8. August 1942 gab Gandhi den Indern das Mantra »Do or die«, tun oder sterben: Das Land befreien oder sterben. Bevor der Kampf losging, wurden Gandhi und Kongreßpolitiker zum Entsetzen der Masse verhaftet. Überall kam es zu Protesten, Hartals, Arbeitsniederlegungen und Boykotts. Überall im Land wurden Polizeistationen, Postämter, Bahnhöfe, Gerichtsgebäude usw. zerstört, alles Symbole der britischen Herrschaft. Telegraphen- und Telefonleitungen wurden gekappt und Bahnschienen zerlegt. Vielerorts, zum Beispiel in Teilen von Uttar Pradesh, Bihar, Westbengalen, Orissa, Andhra Pradesh, Tamil Nadu und Maharashtra wurde die britische Herrschaft weggefegt. An einigen Orten stellten die Rebellen ihre eigene Regierung auf. Die Briten reagierten mit drakonischen Maßnahmen und mit ihrer Kriegsmaschinerie auf die Revolten. Sie schossen mit Maschinengewehren auf die Demonstranten und bombten oder schossen aus Flugzeugen. Häftlinge wurden ausgepeitscht und gequält, ganze Städte von der Armee besetzt. Aufständischen Dörfern erlegten sie riesige Geldsummen als Strafen auf, und die Dorfbewohner mußten sich dem Auspeitschen kollektiv aussetzen. Manchmal wurden sogar ganze Dörfer abgebrannt. Die Pressefreiheit wurde außer Kraft gesetzt. Seit 1857 hatte man in Indien solche Repressalien nicht mehr gekannt. Der Regierung gelang es, die Revolte in sechs bis sieben Wochen zu unterdrücken. Es gab 60 000 Verhaftungen, und mehr als 10 000 Menschen fielen den Schüssen der Polizei zum Opfer.

Während Gandhi im Gefängnis saß, nötigte ihn die Regierung, die Gewalttaten der Inder zu verurteilen. Gandhi tat es nicht. Er war der Ansicht, die Regierung sei daran schuld. Außerdem war es sein Prinzip, sich über nichts zu äußern, ohne Kenntnisse aus erster Hand zu haben. Um sich gegen die Nötigungen der Regierung zu wehren, trat er ein 21tägiges Fasten an, das in der ganzen Nation und weltweit Aufsehen erregte und politisches Engagement auf breiter Ebene förderte. Die Regierung wurde mit Briefen und Telegrammen aus ganz Indien und der Welt überflutet – Studenten, Jugendliche, Kaufleute, Rechtsanwälte, einfache Bürger, Arbeiter aus Indien und dem Ausland und Organisationen wie die britische kommunistische Partei, die Bürger von London und Manchester, die Internationale Frauenliga und Zeitungen wie »Manchester Guardian«, »New Statesman«, »Nation«, »New Chronicle« – alle verlangten Gandhis Freilassung.

Die Regierung aber blieb unnachgiebig und rechnete mit Gandhis Tod. Churchill erklärte seinem Kabinett, daß man vor einem miserablen alten Mann nicht kriechen würde, »der immer unser Feind gewesen ist« (Bipan Chandra, 1991, 465). Der Vizekönig Linlithgow hielt Gandhis möglichen Tod für eine günstige Entwicklung für die Briten: »Indien würde ein weitaus zuverlässigerer Stützpunkt der Einsätze sein« (a.a.O.). Er traf die Vorbereitungen für Gandhis öffentliche Bestattung und versprach, den Angestellten der Regierung einen halben Tag freizugeben. Diese Praxis ist heute noch üblich in Indien: Wenn eine Person von nationaler Bedeutung stirbt, werden die Behörden, Universitäten und Schulen für einen Tag geschlossen. Wenn bekannt wird, daß eine hohe Persönlichkeit auf dem Sterbebett liegt, beten einige freche Schüler insgeheim, sie möge nicht am Wochenende sterben. Gandhi überlistete die Briten, indem er das Fasten überlebte. Das Resultat: Der Barbarismus der Briten wurde vor der ganzen Welt offengelegt.

Mit der Unterdrückung der Revolte bildeten sich zahlreiche terroristische Untergrundorganisationen überall im Land. Bis zum Kriegsende gab es keine anderen nennenswerten politischen Aktivitäten. Die eigentliche Aktivität verlagerte sich ins Ausland, dank Subhash Chandra Bose, einem jungen Kongreßpolitiker.

Bose war immer wieder unzufrieden mit Gandhis gewaltlosen Kampfmethoden. Er hielt Gandhis Führung für fehlerhaft und ungeeignet für die Befreiung des Landes. Er betrachtete Gandhis zweimaligen Abbruch des Satyagraha zu einem Zeitpunkt, als das Land äußerst aufgeheizt war und beinah das Ziel erreicht hatte, 1922 und 1934, als einen ungeheuren Fehler. Gandhis Philosophie ließ ihn unbefriedigt, wie sie auch viele andere Freiheitskämpfer enttäuschte. Mit 41 Jahren war Bose bereits ein bedeutender Politiker Indiens. Neben Nehru vertrat er die sozialistische Strömung im Kongreß. Er war so berühmt, daß er zwei Mal, 1938 und 1939, zum Präsidenten der Kongreßpartei gewählt worden war und das zweite Mal sogar angesichts des Widerstands von Gandhi und Gandhis Freunden.

Als ein muslimischer Mönch verkleidet, flüchtete Bose im Jahre 1941 aus seinem Hausarrest und verließ Indien über Afghanistan. Er suchte zunächst bei den Russen Hilfe, um Indien von den Briten zu befreien. Als Rußland sich im Juni 1941 den Alliierten anschloß, fuhr er nach Deutschland, um die Deutschen und Italiener um Hilfe zu bitten. Er schlug den Deutschen und Italienern vor, mit indischen Kriegsgefangenen eine Armee aufzustellen und die Unabhängigkeit Indiens zu erkämpfen. Deutsche und Italiener sollten zusagen, daß sie nach Kriegsende Indien als ein souveränes Land anerkennen würden. Er mußte sehr lange auf eine positive Antwort warten, durfte aber in Berlin wohnen, sein Büro errichten und durch einen geheimen Rundfunk antibritische Propaganda senden. In dieser Zeit gewann er den Titel »Netaji«, der Führer (G. D. Khosla, 11).

Mit dem Überfall der Japaner auf Singapur ging diese Wartezeit zu Ende. Die Japaner sahen in Bose ein Alibi, das ihnen ihre Eroberungszüge gegen das britische Indien erleichtern sollte. Ein Angriff gegen Indien im Schulterschluß mit Bose konnte zu einer Rebellion der Inder gegen die Briten und zur schnellen Eroberung Indiens führen, dachten die Japaner. Die Erklärung des japanischen Premierministers Tojo vor dem Parlament im Juni 1943, daß sie die Feinde der Inder eliminieren wollten, um ihnen die Unabhängigkeit zu ermöglichen, veranlaßte Bose zu dem Entschluß, die Japaner zu unterstützen. Doch bald stellte Bose enttäuscht fest, daß die Japaner die Inder nicht als gleichgestellte Partner, sondern als eine Art fünfte Kolonne betrachteten. Gandhi hatte die Inder längst gewarnt, daß die Japaner als Eroberer kein bißchen besser sein würden als die Briten.

Trotz zahlreicher Schwierigkeiten bildete Bose im Oktober 1943 eine provisorische Regierung des Freien Indiens. Viele Länder, darunter Deutschland und Italien, erkannten sie an. Er sammelte von Indern in Asien Spenden und reorganisierte die INA (Indische Nationale Armee). Mohan Singh, ein indischer Offizier der britisch-indischen Armee, hatte bereits in Malaysia mit Kriegsgefangenen dieser Armee die INA aufgestellt. Bose rief zusätzlich ein

150

Regiment von Soldatinnen ins Leben. Ein Regiment der INA nahm an dem Feldzug an der Grenze zwischen Burma und Indien teil. Danach zogen sich die Japaner wegen starker Verluste langsam zurück und kapitulierten schließlich im August 1945. Damit scheiterte das »heroische« Unternehmen von Bose. Es heißt, Bose sei am 23. 8. 1945 bei einem Flugzeugabsturz ums Leben gekommen. Eine kleine Minderheit in Indien glaubt, daß er noch lebe und irgendwann nach Indien zurückkommen werde.

Während der Gefangenschaft erlitt Gandhi zwei persönliche Verluste. Sein Sekretär Mahadev Desai starb und kurz danach seine Frau Kasturba. Mahadev Desai bedeutete für Gandhi viel mehr als seine eigenen Söhne. Nachdem Desai seine Mutter schon als Kind verloren hatte, war Gandhi sehr väterlich zu ihm gewesen. Nach 62jährigem Eheleben starb Kasturba. Vor ihrem Tod wünschte sie sich, in einem Khadi-Sari verbrannt zu werden, dessen Garn Gandhi eigenhändig gesponnen haben sollte. Man fragt sich, ob Kasturba diesen Wunsch als die letzte Prüfung oder als die größte Anerkennung für Gandhis Lebensarbeit sah. Doch für beides war sie viel zu bescheiden. Der Wunsch drückt ihre Verbundenheit mit Gandhi und ihr Vertrauen zu ihm aus.

Am Anfang seiner Ehe hatte Gandhi zugleich ihren Herrn, Lehrer, Erzieher und Liebhaber spielen wollen. Bald stellte er fest, daß sie ihm in einigen Bereichen weit überlegen war. Bereits als Kind habe sie ihm eine Lektion in Satyagraha erteilt. Seine Anstrengungen, sie in ihrer Freiheit zu beschränken, scheiterten. Er wollte sie erziehen. Auch hier hatte Gandhi keinen Erfolg, da er, wenn er mit ihr allein war, seinen sexuellen Trieben verfiel. In einer emanzipierten Gesellschaft hätten ihr gleiche Bildungschancen zugestanden. Doch war Indien damals von solchen Vorstellungen weit entfernt. So trennten sie auf der intellektuellen Ebene Welten von Gandhi. Wir wissen nicht genau, ob sich Gandhi mit ihr über seine politischen, religiösen und gesellschaftlichen Ansichten zu unterhalten pflegte, dafür war sie vielleicht nicht der geeignete Partner: So dachte sie etwa, alle Briten seien so nett wie Gandhis britische Freunde, und verstand nicht, warum er gegen sie kämpfte. Auf jeden Fall waren einige ihrer Ansichten mit Gandhis nicht vereinbar. Darüber hinaus mischte sich Gandhi in jede Angelegenheit des Haushalts ein und machte es Kasturba nicht gerade leicht. Eine damalige Inderin war ihrem Ehemann schonungslos ausgeliefert. Ihr stand weder der Rückweg zu ihrem Elternhaus offen noch irgendein anderer Ausweg aus ihrem Eheleben. So mußte sich Kasturba oft nach Gandhis Ansichten richten, etwa, als Gandhi Unberührbare in sein Haus oder Ashram brachte und von ihr erwartete, daß sie wie auch er den Nachttopf dieser Gäste reinigte – eine Aufgabe, zu der in Indien eben die Unberührbaren verurteilt waren. Ein anderes Mal mußte sie Schmuckstücke, die sie nicht einmal für sich selbst, sondern für ihre zukünftigen Schwiegertöchter aufbewahren wollte, unter Gandhis moralischem Zwang aus der Hand geben. Da Gandhi ein strenger Vater war, strenger zu den eigenen Söhnen als zu den Fremden, war auch ihre Beziehung zu ihren Söhnen schwierig.

In Anbetracht solcher Beispiele wollen manche einen Tyrannen in Gandhi erkennen und fragen sich, ob seine Tyrannei mit der Gewaltlosigkeit vereinbar sei. In diesem Punkt regen sich vor allem Frauen sehr auf und möchten Gandhi Gewalt nachweisen. Indessen darf man nicht vergessen, daß Gandhi seinem privaten Leben Schritt für Schritt zugunsten der Menschheit entsagte. Er mußte, wie er einmal formulierte, sich von den Eigenen trennen, um die Gesamtheit zu umarmen. Daher legte er das Keuschheitsgelübde, das Gelübde der Besitzlosigkeit, der Armut und der Bekämpfung der Unberührbarkeit ab. Anders als bei vielen Politikern gab es für Gandhi nicht zwei Grundsätze der Moral: einen für das öffentliche und einen anderen für das private Leben. Öffentlichkeitsarbeit ist voller Tücke und Gefahren. Gandhi lehrte die Massen durch sein eigenes Beispiel. Nicht zuletzt durch völlige Identifikation mit den armen Indern in Südafrika und Indien vermochte er die Analphabeten zu einem Kampf gegen die Rassisten und Imperialisten zu bewegen. So mußte er wohl auf die Möglichkeit des leisesten Verdachts achten, der aufkommen könnte, etwa der, daß seine Frau Reichtümer horte, während er den Massen Armut predige; er konnte nicht in der Öffentlichkeit die Idee der Unberührbarkeit bekämpfen, während seine Frau zu Hause doch danach lebte. Gandhis Leben war ein Leben für die Menschheit, in der er Wahrheit, Gott und Liebe sah. Die Menschheit hatte den Vorrang, Kasturba mußte sich nach ihr richten oder sich von Gandhi trennen. Doch auf die Idee der Trennung wäre sie niemals gekommen. Sie liebte ihn viel zu sehr. Ihr Leben ist insofern eine Tragödie – die Tragödie vieler Inderinnen, als sie nicht wußte, wen sie heiratete, schlimmer noch, sie hätte sich dagegen nicht wehren können, selbst wenn sie es gewußt hätte.

Gandhis Engagement war mit seinem Satyagraha ein bedeutender Faktor der Frauenemanzipation im modernen Indien geworden. In Gandhis Ashrams herrschte Gleichberechtigung. Er lud Sonja Schlesin in einem Brief ein, dies selbst zu überprüfen. In seiner Satyagraha-Kampagne spielten Frauen eine bedeutende Rolle und waren Gandhis wichtige Mitarbeiterinnen. Sie kämpften neben den Männern und gingen wie sie ins Gefängnis. Das befreite sie aus der traditionellen, konservativen Rolle. Gandhi sah die Frauen als die Verkörperung der Gewaltlosigkeit schlechthin. Auf einer Reise zu den Pathanen, den Angehörigen eines aggressiven Stammes im Nordwesten Indiens, erzählte Gandhi diesen, sie sollten die Gewaltlosigkeit von ihren Müttern, Frauen und Schwestern erlernen, wie er sie von Kasturba gelernt habe (MPWMG II, 365).

Im Mai 1944 ließen die Briten Gandhi frei, da er ernsthaft erkrankt war – und da sie aufgrund der Rückschläge ihrer Gegner im Krieg siegessicher waren und in Gandhi keine große Gefahr mehr sahen. Zwar gingen sie als Sieger aus dem Zweiten Weltkrieg hervor, durch den Krieg waren sie jedoch auch wirtschaftlich und politisch angeschlagen und hatten eigene Probleme des Wiederaufbaus. Diese Stimmung der Briten spiegelte sich in der neuen Wahl zum Parlament wider, in der die Wähler der Labourparty ihr Mandat gaben. Die Labourregierung wollte sobald wie möglich die Freiheitsfrage Indiens lösen.

Als die Regierung im Juni 1945 Freiheitskämpfer freiließ, wurden sie von ungeduldig wartenden Menschenmengen empfangen und gefeiert. Dreijährige brutale Repression hatte der Bewegung nicht das Rückgrat brechen können. Ganz im Gegenteil: In der Abwesenheit ihrer Anführer waren die Menschen in ihren Handlungen auf sich gestellt. Es sind die Erfahrungen der Menschen aus dieser Zeit, die R. K. Narayan in seinem Roman »Waiting for the Mahatma« beschreibt.

Angesichts der Brutalität der Regierung hatten die Massen ihre Disziplin verloren. Traurig bemerkte Gandhi, daß sie unbändigem Zorn verfallen waren. Der Krieg hatte ihre Existenz verschlechtert. Neben der großen Inflation gab es Knappheit an Lebensmitteln. Da die Aufmerksamkeit der Regierung nur dem Krieg galt, unternahm sie nichts gegen die Hungersnöte, die überall im Land herrschten: 1943 wurde Bengalen von einer der schlimmsten Hungersnöte heimgesucht, bei der ungefähr drei Millionen Menschen starben. Viele Intellektuelle, Journalisten und erfahrene britische Beamte spürten in der Luft die Furchtlosigkeit der Inder.

Nach dem Kriegsende kam es im Rahmen des Freiheitskampfes zu spontanen Massendemonstrationen gegen die Verhörung der INA-Soldaten, die im Krieg gefangengenommen worden waren. Nehru, Sapru, Katju usw.

erschienen in Gerichtshöfen als ihre Verteidiger. Am Anfang setzten sich Zeitungen in ihren Leitartikeln und prominente Politiker dafür ein, daß die Regierung Milde walten lassen sollte. Mit der zunehmenden Massenbeteiligung wurden die Mauern in Städten mit Slogans wie »Jai Hind« (»Sieg Indien!«, Kampfruf der INA), »Verlaßt Indien« oder »Patrioten, keine Verräter« beschrieben. Sie drohten den Tod jedes INA-Gefangenen mit dem Tod von 20 Hunden der Engländer oder dem eines europäischen Kindes zu rächen. Überall im Land gab es Kundgebungen, und mit Besorgnis bemerkten die britischen Beamten den Unmut der Bevölkerung und ihre Sympathie für die INA-Gefangenen.

Eine dramatische Wende wurde eingeleitet, als der Ungehorsam auch einen der wichtigsten Faktoren des britischen Machterhalts, die Streitkräfte, erfaßte: Im Februar 1946 traten 1100 Matrosen der britischen Marine in Bombay in den Streik. Tausende Bürger von Bombay und Kalkutta schlossen sich an, und am nächsten Tag streikten die Matrosen auch in Karachi. Es folgten Solidaritätsstreiks in den Militäreinrichtungen in Madras, Vishakhapatnam, Kalkutta, Delhi, Cochin, Jamnagar, Andamans, Bawani und Aden. Der Streik umfaßte die Belegschaften von 78 Schiffen und 20 Einrichtungen an der Küste, mit der Beteiligung von 20000 Matrosen, und hatte einen befreienden Effekt auf die Inder (Bipan Chandra 1991, 481).

Nach 1942, der »Quit India«-Revolte (»Verlaßt Indien!«), die als die Augustrevolution in die Geschichte einging, und während des ganzen Zweiten Weltkriegs blieb die Muslimliga ein Freund der Regierung, wofür sie belohnt wurde. Immer wenn es um die Frage der Unabhängigkeit Indiens ging, beriefen sich die Briten auf die Schwierigkeit, einen für alle Inder akzeptablen Entwurf der Unabhängigkeit zu finden. In der Abwesenheit der inhaftierten Kongreßpolitiker avancierten die Muslimliga und Jinnah zum alleinigen Fürsprecher der Muslime Indiens. Daher versuchte Gandhi nach seiner Freilassung im Jahre 1944 mit Jinnah Verhandlungen aufzunehmen. Gandhi nannte Jinnah immer »Bruder Jinnah«; Jinnah diesen aber »Mister Gandhi«.

Bei diesen und späteren Gesprächen ging es um die Erhaltung der Einigkeit Indiens, die durch die Zwei-Nationen-Theorie der Briten und jetzt durch das Beharren der Muslimliga auf ihr gefährdet war. Gandhi sowie die aufgeklärten Kongreßpolitiker stimmten dieser Theorie nicht zu. Sie waren der Ansicht, durch großzügige Kompromisse und Zugeständnisse die Ängste der Muslime vor der Hindu-Mehrheit beschwichtigen zu können und glaubten, daß diese Ängste endgültig nur nach der Befreiung des Landes von einer unabhängigen Regierung zu lösen wären. Die Geschichte belegt diese Ansicht. Nach Nehrus Meinung war die britische Regierung schuld an der Eskalation und Fortdauer einiger Krawalle zwischen Hindus und Muslimen, da sie in diese Krawalle nur halbherzig oder gar nicht eingriff. Ein harter Eingriff hätte die Krawalle beendet, aber auch die Muslime entfremdet. Das aber wollte die Regierung nicht.

Aus diesem Optimismus, das unabhängige Indien könne die Probleme der Minoritäten endgültig lösen, heraus legte Rajagopalachari einen Kompromißplan vor, der die Grundlage für Gandhis Gespräche mit Jinnah bildete. Danach bat der Kongreß die Muslimliga darum, der Forderung nach Unabhängigkeit und Bildung einer provisorischen Regierung bis zum Ende des Krieges zuzustimmen. Als Gegenleistung versprach der Kongreß, im Nordwesten und Nordosten Indiens, wo die Muslime in der Mehrheit waren, einen Volksentscheid über die Frage, ob sie der Indischen Union zugehören möchten, zu organisieren. Jinnah lehnte diesen Plan jedoch ab. Er und seine Kollegen hatten Angst vor solchen Ideen und Plänen und wollten erst die Teilung, das heißt Pakistan, und dann die Unabhängigkeit. Daher lautete ihr Zusatz zu dem Ruf

»Quit India« im Jahr 1942 »Divide and quit«, »Teilt und verlaßt«.

Die Briten waren nach Kriegsende ungeduldig, Indien so bald wie möglich zu verlassen. Solange sie in Indien die Herrschaft beansprucht hatten, hatten sie die indische Gesellschaft teilen wollen. Jetzt, da sie Indien verlassen wollten, wünschten sie sich Indien als starken Partner in ihrer globalen Verteidigungsstrategie und hielten Pakistan aus verschiedenen Gründen nicht für lebensfähig. Sie schickten eine Delegation der Regierung, die sogenannte Kabinettsmission, nach Indien, damit diese mit wichtigen Parteien diskutiere und einen Kompromiß ausarbeite.

Ihrem Vorschlag nach sollte eine dreistufige rechtliche Struktur gebildet werden, an deren Spitze die Indische Union mit einer Bundesverfassung und der ausschließlichen Zuständigkeit für Verteidigung, Außenpolitik und Kommunikation stehen sollte. Die Restbereiche sollten unter die Zuständigkeit der Provinzen und Staaten (Fürstentümer usw.) fallen, welche die unterste Stufe der Struktur bilden. Die mittlere Stufe sollten die Provinzen freiwillig bilden, um sich mit gemeinsamen Aufgaben zu befassen. Eine Übergangsregierung sollte eine verfassunggebende Versammlung einberufen, die in drei Gruppen geteilt werden sollte: a) Madras, Bombay, Uttar Pradesh, Bihar, Zentrale Provinz und Orissa; b) Panjab, Nordwestprovinz und Sindh; c) Bengalen und Assam. Der Plan ließ Interpretationsmöglichkeiten offen. Der Kongreß war zufrieden, weil der Plan der Muslimliga kein Vetorecht einräumte. Die Muslimliga sah dagegen in der Gruppierung die Anerkennung ihrer Forderung nach Pakistan. Doch wollte sie mit Verfassungsänderungen nicht erst zehn Jahre warten, sondern stellte die Unionsverfassung bereits zu Beginn in Frage. Die Kabinettsmission schien den Plan absichtlich nicht deutlich formuliert zu haben.

Der Kabinettsplan überzeugte Gandhi lediglich davon, daß die Briten Indien endlich wirklich verlassen wollten.

Seiner Meinung nach enthielt der Plan zwei Nachteile für das unabhängige Indien. Nach dem Rückzug der Briten erhalten 562 Staaten (Fürstentümer) ihre Souveränität zurück. Der Bund wird mit diesen umzugehen haben. Die Macht des Bundes beschränkt sich auf nur drei Bereiche, daher kann die Einigkeit Indiens nicht gewährleistet werden. Nehru fand den Ausweg aus dieser schwierigen Lage. Er erklärte der Kongreßpartei, daß er in der Zustimmung zu dem Kabinettsplan nichts Bindendes sehe, außer daß sie an der verfassunggebenden Versammlung teilnehmen möchten. Wieder eine andere Interpretation des Plans: Sie bedeute, die verfassunggebende Versammlung und ihre Verfassung allein seien souverän und allein sie würden alles andere bestimmen (Bipan Chandra 1991, 493). Diese Interpretation ärgerte die Muslimliga. Sie zog ihre Zustimmung zum Plan zurück und weigerte sich, an der Übergangsregierung teilzunehmen.

Mit der heranrückenden Freiheit Indiens wurden die Briten ungeduldiger. Der Vizekönig Wavell bat Nehru, die Übergangsregierung zu bilden. Nehru bat Jinnah, an der Regierung teilzunehmen, und bot ihm das Amt des Premierministers oder des Verteidigungsministers an. Jinnah lehnte beides ab. Daraufhin bildete Nehru im September 1946 die Übergangsregierung, an deren Spitze er selber stand. Das war wider den Willen der Muslimliga bzw. Jinnahs. Bis September 1946 hatten die Briten die Muslimliga als gleichgestellten Partner zum Kongreß aufgebaut. Gandhis Verhandlungen mit Jinnah hatten zur Festigung dieser Situation beigetragen, die jetzt nicht mehr zu ändern war. Jinnah warnte den britischen Premier Attlee vor dem »Blutbad« der Muslime, die auf jeden Fall Pakistan erkämpfen wollten, und kündigte dafür seine »direct action« an. Danach erlebte das Land monatelang religiöse Unruhen grausamer Art zwischen Hindus und Muslimen, die selbst nach der Unabhängigkeit nicht abrissen.

§ 12. *Ich habe Indien nicht überzeugt – Gewalt herrscht überall*

Der »Tag der direkten Aktion« vom 16. August 1946 war Jinnahs Antwort auf Nehrus Übergangsregierung. Vier Tage lang machten die Muslime Krawalle in Kalkutta, bei denen 5000 Menschen starben und 18 000 verletzt wurden. Als Nehru im September als Premierminister vereidigt wurde, erklärte Jinnah diesen Tag zum Tag der Trauer und rief die Muslime auf, schwarze Flaggen zu zeigen. Das schürte wiederum die Gewalt, und sie breitete sich in Panjab, Bihar und Bengalen aus.

Nach den ersten Krawallen in Kalkutta organisierten sich die Hindus und schlugen zurück. Zwei Monate danach kam die Antwort der Muslime in den Dörfern des Noakhali-Distrikts in Ostbengalen, im heutigen Bangladesh. Die Muslime hier verwüsteten Tempel und Eigentum der Hindus, plünderten ihre Ernten. Sie bekehrten unter Nötigung Hindus zum Islam und entführten ihre Frauen.

Gandhi war in Delhi, als er die Nachricht von Ostbengalen hörte. Bis zu der Zeit waren die Hindu-Muslim-Konflikte auf Städte beschränkt. Jetzt schienen sie auch die Dörfer heimzusuchen, was Gandhi sehr beunruhigte. Man brauchte seinen Rat bei den schwierigen Regierungsverhandlungen in Delhi. Trotzdem fuhr er im November 1946 mit ein paar Anhängern – Pyarelal, Sushila Nayar, Abha, Kanu Gandhi und Sucheta Kriplani – nach Noakhali und blieb dort vier Monate. Er ließ sich in dem Dorf Srirampur nieder. Sein Ziel war, den terrorisierten Hindus Mut zu machen und ihre Beziehung zu Muslimen gesunden zu lassen. Er war gerade 77 Jahre alt geworden. Es war eine schwierige Aufgabe, da die Presse der Muslime Gandhi jahrelang als ihren Feind dargestellt hatte. Durch sein Leben mitten unter den Muslimen wollte er dieses Bild berichtigen. Seine Anwesenheit in den Dörfern verminderte langsam den Haß und das Mißtrauen zwischen den Verfeindeten. Die Zeit in Noakhali und danach enthält Geschichten aus Gandhis Leben, die uns an die Wunder aus den Lebensgeschichten der Heiligen erinnern.

Maulvi Fazlul Haq war ein ehemaliger Premier von Bengalen und wichtiger Politiker der Muslimliga. Hand in Hand mit seiner Partei leitete er die Kampagne gegen Gandhis Anwesenheit und Arbeit in Noakhali und forderte Gandhi auf, Bengalen zu verlassen. Bei seiner Aufwiegelung des Hasses der Muslime gegen Gandhi behauptete er, Gandhi als Nichtmuslim dürfe die Lehren des Islams nicht predigen. Um der Kampagne Nachdruck zu verleihen, wollte er mit Gandhi ein offenes Gespräch führen. Daher suchte er Gandhi mit ein paar Anhängern in dem Dorf Haimchar auf. Nach dem Gespräch war der Maulvi ein anderer Mensch geworden. Er lobte Gandhi und seine Friedensarbeit vor der Öffentlichkeit und sagte, auch er wolle den Rest seines Lebens wie Gandhi für die guten Beziehungen zwischen Hindus und Muslimen verbringen (vgl. Pyarelal I, 611–614).

Suhrawardy, der Premier von Bengalen, und die Presse der Muslimliga waren mißtrauisch und fürchteten ein verstecktes Komplott im Zusammenhang mit dem Aufenthalt Gandhis. Sie forderten Gandhi auf, die Provinz zu verlassen. So war Gandhis Mission in Bengalen kein Erfolg, doch sein Versuch, in feindselige Atmosphäre mittels eigenem körperlichen Einsatz Frieden zu bringen, bezeugt unabhängig von Erfolg oder Mißerfolg sein Vertrauen zur Güte, zum Göttlichen in jedem Menschen. Seine Arbeit in Bengalen und später in Bihar zeigt, daß sein früheres Engagement für die Harmonie zwischen Hindus und Muslimen nicht nur eine politische Strategie war, sondern seiner tiefen Menschlichkeit entsprungen war.

Von Noakhali fuhr Gandhi nach Bihar, wo die Hindus

sich an den Muslimen rächten. Begleitet von einem Muslim, Shan Nawaz Khan, dem General der INA, und Khan Abdul Gaffar Khan, besuchte Gandhi die Orte. Das Ausmaß der Gewalttaten übertraf die von Noakhali. Erst mit der Hilfe der Armee und des Besuchs von Nehru und Gandhi kehrte hier wieder Ruhe ein. Gandhi ließ die Biharis versprechen, daß sie nie wieder gegen die Muslime Gewalttaten verüben würden. Andernfalls würde er ein Fasten bis zum Tod antreten. Er sammelte Spenden von Hindus für die Rehabilitation der entwurzelten Familien der Muslime und riet der Regierung von Bihar, ähnliche Programme zu entwerfen und umzusetzen. Doch war nicht nur eine Provinz oder ein Distrikt in religiösen Kampf verwickelt, sondern das ganze Land.

Als weder eine verfassunggebende Versammlung noch Bundesregierung zustande kam und sich auch die Chancen dazu mit jedem Tag verringerten, setzte Attlees Regierung den spätesten Termin für die Machtübergabe auf Juni 1948 fest und hoffte, daß sich mit dieser Erklärung alle Parteien auf einen Kompromiß einigen würden. Andernfalls würde die Macht den Regierungen der Provinzen anvertraut. Diese Erklärung setzte wieder den religiösen Wahn der Muslimliga frei, die in Bengal und Sindh an der Macht war. Baluchistan stand unter der direkten Verwaltung Delhis. Der Kongreß regierte in Assam und in der Nordwestgrenzprovinz (NWFP); in Panjab gab es eine Koalitionsregierung zwischen Akalis (Sikhs) und dem Kongreß. Ziel der Muslimliga war es, die Regierungen in Assam, NWFP und Panjab mit Hilfe einer Intensivierung der »direkten Aktion«, der Krawalle, abzusetzen und selber Regierungen zu bilden, damit sie in diesen Regionen die Nachfolge der Briten antreten könnten. Die Folgen dieser Krawalle für die Sikh- und Hindu-Minderheiten in diesen Regionen waren brutal.

Im März 1947 kam Mountbatten als letzter Vizekönig nach Indien mit dem Auftrag, die Macht an die Inder zu übergeben. Gandhi besuchte Mountbatten und bat ihn, die Übergangsregierung zu entlassen und Jinnah mit der Bildung einer neuen Regierung im Alleingang zu beauftragen. Mit dieser Geste hoffte er, den Ängsten von Jinnah, d. h. den Minderheiten, entgegenzuwirken. Der Kongreß hatte die Arbeit der Muslimliga-Regierungen bereits genauer beobachtet und war damit unglücklich. Daher war er mit diesem Vorschlag von Gandhi nicht einverstanden. Gandhi war dagegen mit der Teilung des Landes nicht einverstanden. Es fiel ihm schwer, die Gewalt der Massen als Grund für die Teilung anzuerkennen. Die Gewalt würde sich, so dachte Gandhi, nach dem Rückzug der Briten verringern lassen. Der Kongreß akzeptierte dagegen die Forderung nach einem Pakistan als den Preis für Unabhängigkeit und Frieden. Am 15. August 1947 wurden so Indien und Pakistan als zwei Nachfolgerstaaten der Kolonie gegründet.

Die Teilung des Landes unter Mountbatten vollzog sich jedoch zu schnell. Hätte sie in Frieden stattfinden sollen, hätte sie einige Monate mehr in Anspruch nehmen müssen. Einer merkwürdigen Diplomatie zufolge wollte Mountbatten weder den Kongreß noch die Muslimliga verletzen und sich seiner Verantwortung entziehen. Es war keine einfache Aufgabe, das gesamte Vermögen des Staates in sieben Wochen, dem selbstgesetzten Zeitraum, zu teilen und die politischen Grenzen zwischen beiden Ländern zu ziehen. Der Beschluß der Grenzkommission lag Mountbatten bereits am 12. 8. 1947 vor. Aber er machte ihn erst nach dem 15. 8. 1947 bekannt. Davor wußten die Menschen in Panjab und Bengal nicht, auf welcher Seite der Grenze sie sich befanden. Am 15. 8. waren dort die Flaggen Indiens und Pakistans gleichzeitig in denselben Dörfern gehißt, da jeder glaubte, er sei in »seinem« Land (Bipan Chandra 1991, 499).

Gandhi wollte wieder nach Noakhali fahren, da die Hindus dort eine neue Gewaltwelle fürchteten. Unter-

wegs traf ihn der ehemalige Premier von Bengal, Suhrawardy, und bat ihn, der Hindugewalt in Kalkutta entge-
genzuwirken. Gandhi stieg in dem Haus eines armen
Muslims ab, das sich in einem Viertel der Hindus befand
und daher für die Muslime gefährlich war. Durch Gandhis
Anwesenheit und Worte kehrten in der Stadt wieder
Vernunft und Frieden ein. Hindus und Muslime feierten
den Unabhängigkeitstag gemeinsam und hißten die
Flaggen der beiden Länder. Die Nachrichten aus Panjab
über die Massaker an den Hindus und ihr Exodus nach
Indien schürten jedoch erneut den Haß der Hindus in
Kalkutta. Sie beschimpften Gandhi und bedrohten ihn mit
Stöcken und Steinen. Religiöser Wahn brach wieder aus.
Gandhi trat nochmals ein Fasten an, das er nur bei
Wiedereinkehr des Friedens brechen wollte. Sein Fasten
wirkte wie ein Wunder. Vertreter aller Religionen kamen
zusammen und versprachen ihm, auf Gewalt zu verzichten. Gandhi warnte sie, daß er sein nächstes Fasten nur mit
seinem Tod beenden würde, sollten sie ihr Versprechen
nicht einhalten. Seitdem blieben Kalkutta und Bengal gewaltfrei. In London kommentierte die »Times«: Gandhi
hat das erreicht, was die Armee-Einheiten nicht erreichen
konnten.

Mit der Teilung des Landes brach über die Menschen
auf beiden Seiten der Grenze unerhörtes Leid herein. Ungefähr fünf Millionen Hindus und Sikhs mußten vor der
religiösen Gewalt der Muslime von Panjab fliehen, und
eine gleiche Zahl von Muslimen mußten aus Ost-Panjab
nach Westen fliehen. Die entwurzelten Hindus und Sikhs
strömten jeden Tag in Scharen nach Delhi und erzählten
Geschichten über ihre traurigen Schicksale, wodurch erneut religiöser Haß entfacht wurde. Ihre Unterkunft war
ein Problem für die Regierung in Delhi. Die Flüchtlinge
besetzten die Häuser der geflohenen Muslime oder plünderten ihre Läden. Trotz des strengen Eingriffs der Regierung mit Militäreinheiten war die Lage schwierig. Gandhi

wollte eigentlich von Kalkutta nach Panjab fahren. Als er aber auf dem Weg dorthin nach Delhi kam, entschloß er sich, in Delhi zu bleiben, um dort der Regierung beizustehen.

Üblicherweise wohnte Gandhi in Delhi im Viertel der Unberührbaren. Diesmal war es voller Flüchtlinge. Daher stieg er in dem Haus der Familie Birla ab. Er traf sich mit den Flüchtlingen, versuchte sie zu trösten und machte ihnen Hoffnung, daß sie alle eines Tages in ihre Städte oder Dörfer zurückkehren würden. Er appellierte an sie, ihre Mißhandlungen durch die Hände der Muslime zu vergessen und Haß nicht mit Haß zu beantworten. Mit der wachsenden Gewalt klangen Gandhis Worte immer merkwürdiger. Er schien den Hindus als Freund der Muslime, das heißt der Feinde, die das Land teilten und die Menschen verjagten. Gandhi hatte in seinem Leben immer behauptet, er sei ein Freund der Muslime; da nach der Teilung die Muslime in Indien die Schwächeren waren, galt ihnen jetzt seine besondere Aufmerksamkeit. Das verstärkte wiederum das Bild, er sei der Freund der Muslime.

Am 13. Januar 1948 begann Gandhi sein letztes Fasten. Es sollte erst dann abgebrochen werden, wenn die Ruhe in der Stadt wiederhergestellt sein würde und die Muslime in Delhi ohne Angst leben könnten. Delhi solle dem Beispiel Kalkuttas folgen, wo seit seinem letzten Fasten Frieden herrschte. Die Bevölkerung reagierte und viele Menschen bekundeten Gandhi gegenüber, daß sie auf Gewalt verzichten wollten. Die indische Regierung jedoch scheint in dieser Zeit nicht mehr auf Gandhis Worte gehört zu haben. Er beklagte sich: »Sogar Sardar [Vallabhbhai Patel] und Jawaharlal [Nehru] denken, daß ich die Situation falsch interpretiere« (MPWMG III, 272).

Infolge der Teilung sollte Pakistan von der indischen Regierung einen Zahlungsausgleich von 44 Millionen Pfund erhalten. Auf Anraten Vallabhbhai Patels, des Verteidigungsministers, hielt die Regierung die Zahlung dieser Summe zurück (Gopal Godse, 24–25), als Gegenmaßnahme zur militärischen Invasion Pakistans in Kashmir. Gandhi war mit dieser Maßnahme nicht einverstanden und ermahnte die indische Regierung mehrmals, die Zahlungen fortzusetzen. Es geschah jedoch nichts. Erst in Anbetracht seines Fastens sah sich die Regierung gezwungen, Pakistan die Ausgleichssumme auszuzahlen. Die Handlungen Gandhis in der letzten Phase seines Lebens, seit August 1946 bis Januar 1948 beweisen, daß er sich auf einer »geistigen« Ebene befand, wo Liebe und Güte das gewöhnliche Machtkalkül, den sogenannten gesunden Menschenverstand des Mannes auf der Straße oder in der Politik, überstiegen.

Grenzenlose Liebe und Güte – weswegen Gandhi auf dasselbe Podest wie Buddha und Jesus gestellt werden könnte – waren der Grund dafür, daß ihn der fanatische Hindu Nathuram Godse am 30. 1. 1948 aus nächster Nähe mit einer Pistole erschoß. Gandhi war zu Fuß auf dem Weg zum Abendgebet. Als die Schüsse ihn trafen und er zu Boden fiel, sagte er: »He Ram« (»O Rama!«) und verließ seinen Körper.

In seiner Aussage über seine Motive für die Tat nannte Nathuram Godse einige Gründe, die uns eine Vorstellung über die Denkweise der fanatischen Hindus aus dieser Zeit geben. Godse war ein gelehrter Brahmane aus Maharashtra und Redakteur einer nationalistischen Zeitung. Er sagte, er sei nicht so sehr gegen Gandhis *ahimsa* (Gewaltlosigkeit) gewesen wie gegen seine Vorliebe für die Muslime. Gandhi habe den Muslimen viele einseitige Zugeständnisse gemacht und die Hindus ihrer Männlichkeit beraubt. Er habe das Land im Namen der Wahrheit und Gewaltlosigkeit in eine unerhörte Katastrophe gestürzt. Er habe das bewirkt, was die Briten immer hätten tun wollen: die Teilung Indiens. Insofern sei Gandhi ein Verräter; alle seine Fasten-Aktionen seien zur Nötigung der Hindus unternommen worden. Doch gab es keine Instanz in Indien, um gegen Gandhi ein »Impeachment« zu erheben. Das sei der Grund für die Ermordung (vgl. Nathuram Godse, »May it please Your Honour«).

Soll man Gandhis Leben als Tragödie bezeichnen? Vieles spricht dafür. Gandhi war jemand, den man leicht betrügen konnte. Nicht weil er nicht intelligent gewesen wäre, er war viel intelligenter als viele der zeitgenössischen Politiker, Wirtschaftler oder Pädagogen, sondern weil er allen, auch den Gegnern, Vertrauen schenkte. In Afrika hatte ihn die weiße Regierung betrogen. Auch am Ende langjähriger Satyagrahas war das Herz der Weißen nicht zur Güte bekehrt worden. Gandhi stellte später in Indien immer wieder fest, daß die Inder in Südafrika noch mißhandelt wurden. Auch in Indien war er Opfer der britischen Regierung. Sie spielten den Muslimfanatiker Jinnah und später Dr. Ambedkar, den Vertreter der Unberührbaren, gegen ihn aus. Aber die größte Enttäuschung kam eigentlich aus den Reihen der Kongreßpartei. Betrogen und ausgenützt fühlte er sich von diesen, die seiner Lehre der Wahrheit und Gewaltlosigkeit gegenüber nur Lippenbekenntnisse ablegten und sie eigentlich als eine politische Strategie gebrauchten. Mit der Zeit verlor Gandhi seinen Einfluß auf die Kongreßpolitiker, und vor der Unabhängigkeit distanzierten sie sich deutlich von seinen Ansichten: Sie stimmten der Teilung Indiens gegen Gandhis Willen zu. Die Teilung nannte Gandhi »eine spirituelle Tragödie«. Als Nehru und Patel den Strom der Flüchtlinge sahen, bereuten sie zutiefst, daß sie der Teilung zugestimmt hatten. Nach der Unabhängigkeit betrachtete Gandhi die eigentliche Aufgabe des Kongresses als erfüllt. Er war daher der festen Überzeugung, daß man ihn auflösen sollte. Keiner der Kongreßpolitiker teilte seine Meinung. Sie hatten lange genug gewartet, jetzt wollten sie sich an der Macht beteiligen und in den Genuß der damit verbundenen persönlichen Vorteile kommen. Damit waren die Schleusen der Korruption geöffnet. Traurig mußte Gandhi den moralischen Verfall der Politiker wahrnehmen und fragte: »Zeigt es nicht, daß wir nur fähig sind, Sklaven zu sein?« (Pyarelal II, 675–76).

Wie wenig sie von Gandhis Lehre überzeugt waren, zeigt Nehrus Eifer bei der Einrichtung einer Planwirtschaft, durch die die Dorfindustrien nur noch oberflächlich unterstützt wurden, während die Schwerindustrie zunehmend den Vorzug erhielt. Das Land ist auch in vielen anderen Bereichen wie Kultur und Wissenschaft oder Bildung zunehmend unter den Einfluß des Westens gekommen und konnte kaum seine von Gandhi erträumte Mission für die Welt erfüllen.

So erscheint Gandhis Leben im indischen Kontext als eine Tragödie. Doch darf der Bürgerkrieg zwischen Hindus und Muslimen unseren Blick auf seine Leistungen nicht trüben. Ihm ist es zu verdanken, daß Indien den Briten ohne ein Blutbad die Freiheit abgewann. Seine Rolle in den letzten Jahren des Freiheitskampfes bei der Entschärfung der religiösen Feindseligkeiten ist nicht geringzuschätzen. Ereignisse gerade aus dieser Zeit lassen Gandhis absolutes Vertrauen in die Gewaltlosigkeit erkennen: Seine Gewaltlosigkeit war keine »Strategie der Schwachen« den Briten gegenüber. Außerdem sollte dieselbe Gewaltlosigkeit den religiösen Wahn der Hindus und Muslime »heilen«. Gewaltlosigkeit predigte Gandhi auch gegenüber Vergewaltigern und Mördern. Daß seine Lehre keine leere Theorie ist, sondern der einzige Weg, erfolgreich mit Menschen umzugehen, dafür lieferte er mit seiner Friedensarbeit in Noakhali, Kalkutta und Bihar zahlreiche Beispiele. Hindus, Muslime und sogar die Muslimliga erkannten seine Leistung an. Die Tragödie liegt darin, daß seine Mitmenschen ihm nicht folgen wollten. »Es gab einen einzigen Christen, und er starb am Kreuz«, sagte einmal Bernard Shaw. Widerfuhr Gandhi dasselbe Schicksal?

Im Kontext weltgeschichtlicher Entwicklungen erhält Gandhis Leben eine ganz andere Bedeutung.

Romain Rolland, der Gandhis Aktivitäten in Indien aufmerksam beobachtete, schrieb im Jahre 1932 in einem Brief an Gandhi: »Die ganze Menschheit ist an dem Ergebnis des *großen Experiments*, welches Sie leiten, interessiert, und niemand, auch nicht Sie, können das Ergebnis im voraus wissen. ... Aber das Schicksal der Welt und die Gestalt der künftigen Handlungen in ihr hängen von diesem Ergebnis ab, und nur der Erfolg des *Satyagraha*-Experiments kann die Menschheit vor der drohenden Flut der Gewalt schützen« (»Romain Rolland and Gandhi: Correspondence«, New Delhi 1990, 266). Zehn Monate davor schrieb er in seinem Tagebuch, nur zwei Personen kämen für ihn in die engere Auswahl von Menschen, die diese Welt unerträglich finden und sie daher unbedingt ändern wollten: entweder Gandhi oder Lenin! (a.a.O. 250) Es waren diese westlichen Intellektuellen, die Gandhis Größe erkannten. In dieser bipolaren Welt war Gandhi für sie eben der Pol der Gewaltlosigkeit. Es ist kein Wunder, daß sie Gandhi in seiner traurigsten Zeit Briefe schrieben, ihm im Namen der Menschheit dankten und ihm die Bedeutung seiner Leistungen erklärten. Ein Europäer sah im Sieg der Gewaltlosigkeit gegen die Briten eine Hoffnung für die Menschheit und schrieb Gandhi: »In den dicken Wall der Gewalt scheint die erste Bresche geschlagen. Die Aussichten der Menschheit scheinen deutlicher geworden zu sein« und drückt in diesem Brief seine »tiefste Dankbarkeit dafür« aus, daß Gandhi sein ganzes Leben der »Errettung der Menschheit« gewidmet habe (NVPW II, 327). Ein europäischer Geistlicher gratulierte Gandhi dazu, daß er nie in seinem Leben so großartig gewesen sei wie in jenen dunkelsten Stunden nach der Teilung des Landes (a.a.O.). Madam Edmond Privat schrieb ihm: »*Bitte* denken Sie daran, was das für uns im Westen bedeuten kann. Daß Indien seine Revolution ohne das Blut seiner Gegner zu vergießen vollbrachte und befreit wurde, ist ein riesiger Fortschritt der Vergangenheit gegenüber. In der Geschichte ist ein Punkt erreicht worden, den man bisher nicht gekannt hat« (a. a. O. 323).

II.
WERK

Gandhis Spruch aus dem Jahre 1945, »Mein Leben ist meine Botschaft«, weist darauf hin, welche Bedeutung Gandhis Leben im Zusammenhang mit seiner Philosophie hat. Sein Leben glich einem Labor, in dem er seine Experimente durchführte. Diese Experimente beweisen und verstärken zugleich die Grundlagen seiner Philosophie. Im Licht dieser Grundlagen, Ansichten und Überzeugungen kann man wiederum sein Leben und die Vielfalt seiner Aktivitäten, die uns zum Teil bizarr vorkommen (man denke etwa an seine Predigten über Erdnüsse oder grünes Gemüse!), besser verstehen. Ohne diese Philosophie wäre sein Leben orientierungsloser Aktivismus und sentimentales Gebaren gewesen. Philosophie und spirituelle Grundsätze betrachtete Gandhi als eine konkrete Anleitung für das alltägliche Leben.

Wahrheit (*satya*) und Gewaltlosigkeit (*ahimsa*) bilden das Fundament der theoretischen Seite von Gandhis Philosophie. Angewandt auf verschiedene Bereiche des Lebens – Politik, Wirtschaft, Gesellschaft, Kunst, Gesundheit usw. –, erlangen sie praktische Relevanz. So kann man Gandhis Lehre unter den zwei Gesichtspunkten *Theorie* und *Praxis* kennenlernen.

5. Die Wahrheit und ihre Farben

Wahrheit – das Wort hat einen unvergleichlichen Zauber.

Karl Jaspers

Bereits als Kind beschäftigte sich Gandhi mit dem Thema
Wahrheit. Nach eigenen Worten war er seit seiner Kindheit der festen Überzeugung gewesen, daß Moral die Basis aller Dinge sei und daß die Wahrheit der Kern der Moral sei (AB, 29). An derselben Stelle schreibt er weiter,
Wahrheit sei sein einziges Lebensziel geworden; sie fing
an, in seinem Leben zu wachsen und mit ihr auch ihre Definition (a. a. O.). Er nannte sich einen bescheidenen, aber
ernsthaften Sucher nach Wahrheit (MPWMG II, 188) und
behauptete, es gäbe keine größere Suche, als die Suche
nach der Wahrheit (a. a. O. 195). An anderer Stelle meinte
er, er sei von Wahrheit zu Wahrheit gewachsen. Bei seiner
unentwegten Bezugnahme auf Wahrheit in seinen Schriften und Reden setzte er Wahrheit gleich mit Gott und behauptete, Gewaltlosigkeit sei der einzige Weg zu ihm.
Diese religiös, mystisch und philosophisch klingenden
Aussagen spitzt er noch durch die Aussage zu, Sprache sei
nicht geeignet, Wahrheit auszudrücken (EWMG, 274). Er
meinte sogar, die Wahrheit bedürfe keiner Kommunikation (a. a. O. 154), »still strahlt sie ihren Einfluß aus, wie eine Rose ihren Duft«, ohne die Einmischung eines Me-
diums (Sprache). Ferner schrieb er: »Wahrheit erfordert
die Stille« (MPWMG III, 475). In Anbetracht dieser Aussagen fragt man sich: *Was meint Gandhi eigentlich mit
Wahrheit? Läßt sich seine Auffassung der Wahrheit verständlich beschreiben?*

173

§ 13. Der Wahrheitsbegriff in den philosophischen Strömungen Europas

Gandhis verschiedene Aussagen und Auffassungen von Wahrheit werfen die Frage auf, ob Gandhi in Philosophie bewandert war. Wenn er philosophisch ausgebildet gewesen wäre, hätte er sich vielleicht auf etwas andere Weise ausgedrückt. Besser als mit der abendländischen Philosophie war er mit der indischen Philosophie vertraut, obwohl er keine akademische philosophische Ausbildung genossen hatte. Er distanzierte sich deutlich von akademischen Disputationen und meinte, sie seien nicht seine Sache. Eine philosophische Abhandlung über Wahrheit wäre bestimmt wünschenswert gewesen. Doch seinen Freunden, die ihn baten, wissenschaftliche Abhandlungen zu schreiben, antwortete er, er habe keine Zeit dafür. Er war vom frühen Morgen bis spät in die Nacht mit vielen Aktivitäten beschäftigt. Höchstwahrscheinlich hätte er in einer Abhandlung, hätte er Zeit gefunden, sie zu schreiben, all das wiederholt, was er in seinen unzähligen Aufsätzen und Reden gesagt hatte. Man darf nicht vergessen, daß der Begriff Wahrheit selbst in der akademischen Tradition des Abendlandes sehr umstritten ist. Jeder Versuch, ihn präziser zu definieren, läuft Gefahr, sich in Vagheit oder Trivialität zu verlieren (vgl. H. Krings, H. M. Baumgartner und C. Wild [Hrsg.] 1974, 1649–50).

Im Alltag wird das Wort »wahr« und »Wahrheit« mehrdeutig verwendet. So ist die Rede vom »wahren« Menschen, wenn an ihm die Eigenschaften des Menschseins unverkennbar sind, vom »wahren« Unglück, wenn es in jeder Hinsicht ein Unglück ist. Mit »wahrem« Grund meint man den nicht erdachten oder den tatsächlichen Grund (vgl. H. J. Sandkühler [Hrsg.] 1990, 746–7). Mit Wahrheit wird meistens Echtheit, Wirklichkeit und Tatsächlichkeit gemeint.

174

Im philosophischen Sinn bezieht sich Wahrheit auf eine Übereinstimmung zwischen einer Wahrnehmung, Vorstellung oder einem Gedanken und dem Gegenstand, der diesen entspricht. Eine Aussage, die auf einer Wahrnehmung, Vorstellung oder einem Gedanken beruht, deutet auf einen Gegenstand hin. Sollte es eine Übereinstimmung zwischen der Aussage und dem Gegenstand geben, so ist diese Übereinstimmung die Wahrheit. Wenn wir auf einen gewundenen, länglichen Gegenstand am Boden zeigen und behaupten: »Das ist ein Seil«, und wenn es auch ein Seil ist, so ist die Behauptung wahr, und die Übereinstimmung zwischen der Behauptung und dem Gegenstand ist Wahrheit. Sollte der Gegenstand kein Seil, sondern eine Schlange sein, dann ist die Behauptung falsch und keine Wahrheit. Diese ist die Theorie der *Korrespondenz*, d. h. der Übereinstimmung. Spannender als das Seil aus der indischen Philosophie sind die Beispiele aus den zwischenmenschlichen Beziehungen. Wenn jemand behauptet, er liebe uns, wie sollen wir wissen, ob er die Wahrheit sagt? Wie können wir wissen, ob jemand aufrichtig, treu, unschuldig ist oder nicht? Anders als die Gegenstände der Naturwissenschaften sind die aus dem menschlichen Bereich schwer nachzuprüfen. Gerade hier werden wir auch herausgefordert.

Nach einer anderen Auffassung, der der *Kohärenztheorie*, wird eine Aussage dann für wahr gehalten, wenn sie mit anderen Aussagen in einem Kontext oder in einem System im Einklang steht. Zum Beispiel: Alle Menschen sind sterblich, Sokrates ist ein Mensch, also ist Sokrates sterblich. Daß Sokrates sterblich ist, ist stimmig, kohärent, mit den anderen Aussagen. So ist sie wahr. Nach dieser Auffassung ist Wahrheit ein Teil der Gesamtheit von akzeptierten Aussagen oder Theorien. Die Frage, ob die Aussagen und Theorien eines Kontexts oder Systems wahr sind, bleibt unbeantwortet.

Der Frage nach Wahrheit oder Wahrheitsphänomenen nachgehend, gelangt Heidegger zu den frühgriechischen

Philosophen, welche Wahrheit auf das Sein zurückführten. Wahrsein, Bewährung und schließlich Wahrheit sind für Heidegger das Sich-Zeigen oder Erschließen des Seienden (vgl. Heidegger 1979, §. 44).

Der Pragmatismus vertritt die Auffassung, daß Wahrheit einer Aussage durch die Handlungen oder in ihren praktischen Konsequenzen zu erschließen ist. Die Wahrheit der Aussage »Apfelessig ist gesund« ist nur dadurch zu erfahren, daß wir Apfelessig zu uns nehmen. Werden wir gesund, so ist die Aussage wahr, sonst unwahr. So ist die Wahrheit für einen Pragmatiker eine *nützliche* Anleitung zum Denken oder zur Handlung (vgl. Thilly, 639). Wenn sie sich als unnütz erweist, ist sie unwahr. Nach dem Pragmatiker kann die Nützlichkeit nicht nur kurzfristig, sondern auch langfristig festgestellt werden.

Wahrheit kann auch etwas sein, das unmittelbar erfaßt, erblickt oder gehört wird, wobei das Denkorgan, der Intellekt, passiv bleibt. Solche Wahrheiten, im religiösen Sinn Offenbarungen, werden intuitiv erfaßt. Einige von ihnen bedürfen keiner weiteren Beweise – sie sind selbstevident. Die Axiome der Mathematik oder die Wesenswahrheiten bei Husserl sind Beispiele dafür. Obwohl wir im Alltag intuitiv Wahrheiten erfassen können, kann diese Fähigkeit systematisch zu wissenschaftlichen Zwecken erweckt werden. Dafür entwickelte Husserl zwei methodische Schritte, Epoché und Reduktion, und nannte sie die transzendentale Reinigung des Bewußtseins (Ideen I, 128, 129). Im Alltag wäre die Liebe einer Mutter zu ihrem Kind eine selbstevidente Wahrheit, die durch Logik oder Spekulation nicht bewiesen werden muß. Spirituelle Lehrmeister erfassen Wahrheiten intuitiv, nicht empirisch durch die Untersuchung der Tatsachen. Die Laien dagegen können ihre Aussagen nur nach einer empirischen Untersuchung oder Erfahrung als Wahrheiten akzeptieren.

Bei der Intuition spielt der Geist, das Bewußtsein oder das Subjekt eine wichtige Rolle. Die subjektive Seite wird von den Existenzphilosophen betont, welche die Objektivität und die Universalität der Wahrheit zurückweisen und sie für subjektiv und partikulär, d. h. an eine bestimmte Situation gebunden erklären. Subjektive »Innerlichkeit ist die Wahrheit« oder »Wahrheit ist in [...] *valore intrinseco* der Innerlichkeit«, sagte Kierkegaard (H. Diem [Hrsg.] 1956, 117).

Bei diesem Aufriß wurde die Auffassung der logischen Positivisten und Sprachphilosophen nicht berücksichtigt. Gandhi war der Meinung, Sprache sei nicht das richtige Medium, Wahrheit auszudrücken. Man kann trotzdem den Geist der logischen Positivisten im folgenden Zitat von Gandhi spüren: »Ich werde die Behauptung, daß es auf dem Planeten Mars Leben gibt, weder akzeptieren noch zurückweisen« (MPWMG II, 200). Gandhi enthält sich eines Urteils, da die Behauptung weder bewiesen noch widerlegt werden kann – sie ist nicht verifizierbar.

§ 14. *Mögliche Entsprechungen bei Gandhi*

Die Frage stellt sich jetzt, ob man irgendeine dieser Auffassungen bei Gandhi nachweisen und damit seiner Auffassung der Wahrheit näher kommen kann. Dabei könnte man sich schon zufriedengeben, wenn sich diese Auffassungen bei Gandhi der Sache nach aufzeigen ließen. Denn es ist kaum zu erwarten, daß er auch dieselben Bezeichnungen für sie verwendet hat. Seine Zielgruppe waren die einfachen Bauern und Landarbeiter des damaligen Indiens.

Daß eine Aussage oder Behauptung den Tatsachen oder dem Sachverhalt entsprechen muß und daß darin die Wahrheit steckt, ist allgemein bekannt und wird bewußt oder unbewußt von integren Menschen vorausgesetzt. Gandhi hat immer nach Tatsachen und zuverlässigen Informationen gesucht, *sich selbständig von der Wahrheit überzeugt.* Erst dann hat er eine politische Aktion in Angriff genommen. Er schrieb zum Beispiel: »Wenn jemand mit voller Überzeugung behaupten würde, daß es am Himmel Blumen gäbe, so könnte die Behauptung nicht für gültig gehalten werden, weil die Erfahrung der großen Massen von Menschen ihr widerspricht« (CWMG XLI, 435). Erfahrung ist für die Feststellung der Korrespondenz unentbehrlich. Diese Einstellung könnte seinem Jurastudium zu verdanken sein. Man denke an das Satyagraha in Südafrika. Bevor er die Partei der dortigen Inder ergriff, hatte er fast alle dortigen Inder, ihre juristische, politische, gesellschaftliche und wirtschaftliche Stellung kennengelernt. Diese Fakten mußten der Behauptung, *Inder werden ausgebeutet oder mißhandelt*, entsprechen, mit ihr korrespondieren. Erst dann hat man die Wahrheit in der Behauptung erkannt. Eine Agitation, der die Wahrheit zugrunde liegt, ist gerecht.

Gandhis erstes Satyagraha in Indien für die Landarbeiter in Champaran bestand aus der Arbeit der Untersuchung und Sammlung von Fakten. Als der Bauer Rajkumar Shukla sich über die Ausbeutung der Großgrundbesitzer beklagte und Gandhi um Hilfe bat, antwortete Gandhi, daß er dazu nichts äußern könne, bevor er die Lage nicht mit eigenen Augen gesehen habe (AB, 337). Die Wahrheit der Klage des Bauern Shukla und seiner Kollegen konnte erst durch die Aussagen der Bauern und Landarbeiter in Champaran bestätigt werden. Gandhi und seine Kollegen trafen sich mit den Bauern einige Monate lang und nahmen ihre Aussagen auf. Gandhi schreibt darüber: »Es ist keine Übertreibung, sondern buchstäbliche Wahrheit zu sagen, daß ich bei diesem Treffen mit den Bauern […] der Wahrheit von Angesicht zu Angesicht gegenüberstand« (AB, 344).

Ausbeutung und Mißhandlung sind komplizierte Sachverhalte. Zu ihnen gibt es keine einfachen »Entsprechungen« oder »Korrespondenz« in den Aussagen wie im Fall des Seils. Hier ist Vorsicht geboten. Sollten die Aussagen der Bauern nicht stimmig korrespondieren, leidet die Gerechtigkeit unter der Halbwahrheit oder Falschheit. Eine ungerechte Agitation könnte gegen die Großgrundbesitzer geleitet werden. Um diese Gefahr auszuschließen, suchte Gandhi ein Gespräch mit den Großgrundbesitzern und auch mit den Regierungsbeamten. Sollten alle diese Gespräche und die Aussagen der Landarbeiter der Behauptung von Shukla entsprechen, so wäre sie wahr. In so einem Fall versteht man auch Gandhis Aussage deutlich, daß *Wahrheit der Kern der ganzen Moral ist.* Eine politische Agitation, die nicht von Wahrheit getragen wird, ist ungerecht, d. h. nicht moralisch. Dostojewskis Frage, was bildet das Fundament der Moral, wenn Gott nicht existieren würde, bringt Gandhi in keine Verlegenheit. Wahrheit bildet das Fundament der Moral.

Seine Mitarbeiter wurden gebeten, immer die Tatsachen getreu zu beschreiben. Sie durften sie weder übertreiben noch untertreiben.

Die Vorstellung, daß das Denken – die Schlußfolgerung – die Wahrheit bestätigt oder erschließt und daß Widerspruch mit Wahrheit nicht vereinbar ist, liegt der Kohärenztheorie zugrunde. Viele Beispiele gibt es dafür bei Gandhi. Bei seiner neuen Interpretation der heiligen Schrift »Bhagavadgita« wird Gandhi vom Geist der Kohärenztheorie geleitet. Die traditionellen Gelehrten und Philosophen Indiens verstanden die Botschaft dieser heiligen Schrift der Hindus als die Befürwortung der Gewalt den Bösen gegenüber – also letzten Endes als Befürwortung der Gewalt. Das war auch der Streitpunkt zwischen Gandhi und dem gelehrten Freiheitskämpfer Bal Gangadhar Tilak. Gandhi hebt in seinem Kommentar zur Bhagavadgita verschiedene Grundsätze hervor, die für diese Schrift maßgebend sind, und leitet von ihnen ab, daß diese heilige Schrift nur die Gewaltlosigkeit predige – Gewalt wäre ein Widerspruch zu den Grundsätzen, die in ihr vertreten sind.

Gandhi setzte viele Mittel in seinem Kampf gegen die Unberührbarkeit ein. Der Geist der Kohärenztheorie war eines davon. Diesen Geist bringt Gandhi auch mit Sankaracarya, dem großen Philosophen aus dem 8. Jahrhundert, dessen Einfluß auf das intellektuelle und religiöse Leben der Inder enorm groß ist, in Zusammenhang. Sankaracarya gründete die Advaita-Vedanta, die Lehre des Nicht-Dualismus, und überzeugte durch strenge Logik viele Gegner von seiner Philosophie. Die Orthodoxen in Indien sind Sankara-Anhänger. Seine Philosophie wird mit folgenden Thesen zusammengefaßt: a) Brahma satyam (Brahma ist die Wahrheit), b) Jagat mithya (die Welt ist eine Illusion) und c) Jivo brahmaiva naparaha (die individuelle Seele [das Individuum] ist nur das Brahma, sonst niemand).

Sollte Brahma die einzige Wahrheit und alle Menschen mit ihm identisch sein und der Unterschied zwischen dem Individuum und Brahma nur ein Schein, Illusion (Maya) sein, dann ist die Auffassung, einige Menschen seien unberührbar, nicht vereinbar, d. h. nicht *kohärent* mit den anderen Thesen. Wenn die orthodoxen Hindus sich als Sankaras Anhänger betrachten und von seiner Philosophie überzeugt sind, dann dürfen sie die Unberührbarkeit nicht befürworten und auch nicht praktizieren. Sonst widersprechen sie sich selbst. Das meinte Gandhi, als er 1929 in seiner Rede sagte: »Unberührbarkeit muß ganz ausgerottet werden, damit die Grundansicht des Advaita-Hinduismus im Alltag verwirklicht werden kann« (EWMG, 59). Die richtige Folge dieser Philosophie ist die Brüderschaft, nicht nur zwischen den Menschen aller Länder, sondern auch zwischen allen Menschen und allen Lebewesen.

Es ist der Verstand oder die Rationalität, die in der Kohärenztheorie eine wichtige Rolle spielt. Das rationale Denken stellt schließlich fest, ob eine Behauptung oder

Auffassung mit anderen Auffassungen im Einklang ist. Bedauerlicherweise findet sich die Ansicht weit verbreitet, daß Gandhi ein Antirationalist oder Irrationalist war. Gandhi war ein großer Rationalist. In Fragen der religiösen Dogmen verließ er sich auf die Rationalität. Er schrieb in seiner Zeitschrift »Young India«: »In diesem Zeitalter der Rationalität muß sich jede Formel jeder Religion der Feuerprobe der Rationalität unterziehen« (MPWMG I, 478). Er schrieb einem islamischen Geistlichen, daß die Rationalität allein uns sagen kann, was wir für eine Offenbarung halten sollen und was nicht (a. a. O.). Allerdings läßt sich mit ihr zum Beispiel Gottes Existenz nicht beweisen. »Wenn Sie von der Rationalität die Beweise für die Existenz Gottes verlangen, welche soll sie zeigen? Gott übersteigt die ganze Rationalität«, schrieb er (CWMG IXL, 399).

Gandhi muß trotz seines praktischen Denkens als ein kompromißloser Idealist bezeichnet werden. Die Auffassung der Pragmatiker, Wahrheit sei ihre Nützlichkeit, war ihm fremd. Wahrheit muß um der Wahrheit willen praktiziert werden. Dabei muß Gerechtigkeit der einzige Beweggrund sein. Die unbedingte »Befolgung« der Wahrheit stellt viele etablierte Werte, Praktiken und Konventionen in Frage. So ist sie eine dem Konformismus entgegengesetzte Bewegung und bringt viele Nachteile mit sich. In einer isolierten philosophischen Diskussion kann jedoch die Maßgabe der Nützlichkeit Akzeptanz gewinnen und amüsant erscheinen. Im Alltag, in konkreten Situationen der Politik oder Wirtschaft kann sie dagegen nicht als Kriterium der Wahrheit gelten. Ein Mensch mit dieser Auffassung läuft Gefahr, Wahrheit mit Zweckdienlichkeit zu verwechseln, nur sie im Blick zu haben und demzufolge zum Opportunisten zu werden.

Entgegen der Nützlichkeitsauffassung der Pragmatiker kann die Wahrheit im realen Leben viel Mißerfolg und Unglück bringen. Die Gesprächspartner von Sokrates beklagen, daß die Wahrhaftigen und Gerechten überall Nachteile und Leid ernten. Der Gerechte wird »gegeißelt, gefoltert, in Ketten gelegt und geblendet werden an beiden Augen und schließlich wird er [...] ans Kreuz geschlagen und so zu der Einsicht gebracht werden, daß es nicht das richtige ist, gerecht sein zu wollen« (Platon, 53–54). Im Festhalten an der Wahrheit, dem Grundsatz »Alle Menschen sind Brüder«, und in dem Versuch, diese Wahrheit zu verwirklichen, geriet Gandhi oft in Lebensgefahr. Drei Attentate wurden auf sein Leben verübt, und bei dem vierten kam er ums Leben. Bereits beim ersten Attentat in Südafrika muß er erkannt haben, daß Wahrheit nicht Nützlichkeit, sondern viele Nachteile und sogar Lebensgefahr bedeuten kann. Trotzdem ist er der Wahrheit kompromißlos treu geblieben. Insofern war er kein Pragmatiker, sondern ein Idealist. Oft sagte er, er wolle die Unabhängigkeit Indiens auf Kosten der Wahrheit nicht haben; zwischen Wahrheit und Indiens Unabhängigkeit würde er sich für Wahrheit entscheiden. »Ich bin ein Diener der Wahrheit, kein Diener Indiens«, sagte er zu Romain Rolland (»Romain Rolland and Gandhi: Correspondence«, 310).

Trotz dieser idealistischen Haltung hört man bei Gandhi gewisse »pragmatische« Untertöne, welche er entweder bewußt aus philosophischen und esoterischen Traditionen Indiens übernommen oder durch eigene Erfahrungen gewonnen hatte. So vertrat er oft den Grundsatz der Upanishads, *nur die Wahrheit siegt* (Mundakopanishad). Oder er sagte: »Jede Wahrheit wirkt selbst und besitzt eine innere Kraft« (MPWMG III, 552) und meinte, »wenn ein Mensch auf Wahrheit besteht, dann verleiht sie ihm Kraft« (MPWMG I, 327). Man denke an Patanjalis Yogasutras! (s. § 44) Eine erweiterte Auffassung vom Pragmatismus, der den Gedanken der Zweckdienlichkeit nicht so sehr betont, kann ein großes Rätsel in Gandhis Philosophie lösen (vgl. § 30 unten).

Intuition kann eher als ein Mittel zur Erfassung der Wahrheit gesehen werden denn als ein Kriterium. Es gibt Fälle, in denen die Wahrheit unmittelbar erfaßt wird, nachdem der Versuch, sie in einer Sinneswahrnehmung oder durch das Denken, die Schlußfolgerung, zu erfassen, gescheitert ist. Über die Intuition kann sich also Wahrheit »auftun«. Aber ihre Bewahrheitung, d. h. die Feststellung, ob diese Wahrheit wirklich *wahr* ist, bedarf der Sinneswahrnehmung oder der Schlußfolgerung. Daher meinen einige Philosophen, die Intuition sei eine unbewußte oder unterbewußte Schlußfolgerung. In der Religion oder Spiritualität spielt die Intuition eine wichtige Rolle.

Zwar läßt sich nachweisen, daß Gandhi bei seiner Suche nach Wahrheit auf die Intuition einen größeren Wert gelegt hat. Korrespondenz und Kohärenz haben jedoch ihren eigenen Platz. Da es nicht selten Situationen im Leben gibt, in denen die beiden Kategorien versagen, hat sich Gandhi in solchen Situationen auf die Intuition, er nannte sie die *innere Stimme*, verlassen. Sein erstes wichtiges Satyagraha im Jahre 1919 war eine Befolgung dieser inneren Stimme. Die Entscheidung, daß auf nationaler Ebene gestreikt werden soll, empfing Gandhi im Halbschlaf. »Jene Nacht dachte ich über die Fragen nach und schlief dabei ein. In den frühen Stunden des Morgens erwachte ich früher als gewöhnlich. Ich war noch in dem benommenen Zustand zwischen Schlaf und Wachheit, als plötzlich die Idee über mich hereinbrach«, schrieb er in seiner Autobiographie (AB, 383).

Im Jahre 1933 unternahm Gandhi ein Fasten für die Sache der Unberührbaren. In seinem schwachen gesundheitlichen Zustand war das eine gefährliche Entscheidung. Gandhi überraschte und verwirrte seine Freunde und die Leser seiner Zeitschrift »Harijan« zugleich mit der Erklärung, er habe diese Entscheidung gemäß der Aufforderung durch die Stimme Gottes getroffen. Den Lesern von »Harijan« erklärte er: »Die Stimme Gottes, des Gewissens, der Wahrheit oder die innere Stimme oder die ›ruhige kleine Stimme‹ bedeuten für mich dasselbe« (CWMG LV, 255). In diesem Zusammenhang beschrieb er, wie sich diese Stimme auswirkt und was ihr vorangegangen war: »In jener Nacht, in der ich die Eingebung erhielt, hatte ich einen schrecklichen inneren Konflikt. Meine Seele war unruhig. Ich konnte keinen Ausweg finden. Die Last der Verantwortung drückte mich nieder. Aber was ich hörte, das war wie eine Stimme von weitem und trotzdem sehr nah. Sie war unmißverständlich wie irgendeine menschliche Stimme, die zu mir sprach, und sie war unwiderstehlich. Ich träumte nicht, als ich die Stimme hörte. Meinem Hören der Stimme ging ein schrecklicher Konflikt in mir voran. Ich hörte zu, vergewisserte mich, daß es die Stimme war, und der Konflikt endete. Ich war ruhig. [...] Friede kam über mich« (a. a. O.).

Gandhi war der Meinung, daß man die innere Stimme durch spirituelle Übungen, Sadhanas, erwecken kann, eine spirituelle Lebensführung ihre Voraussetzung sei (vgl. MPWMG III, 167). Man kann diese Fähigkeit, die innere Stimme zu hören, nur durch entsprechende Ergebnisse beweisen. Die Fragen der Skeptiker kann Gandhi nicht durch die Lieferung »theoretischer« Beweise beantworten. Er hat für sie nur einen Ratschlag: »Sie dürfen niemandem, nur sich selbst glauben [...] Wenn Sie den Ausdruck ›innere Stimme‹ nicht mögen, so dürfen Sie den Ausdruck ›das Gebot des Verstandes‹ verwenden« (TG, 29).

Die innere Stimme wird im Bereich des Seelischen, in der Innerlichkeit der Seele, in der Subjektivität vernommen. Das Subjektive an dieser »Stimme« ist gerade dadurch gekennzeichnet, daß wir sie für die anderen nicht hörbar machen können, nicht beweisen können. Jeder hört sie für sich allein. So ist die Wahrheit, die die innere Stimme vermittelt, zunächst eine subjektive, keine objektive Wahrheit. So läßt sich bei Gandhi eine Einstellung zur

Wahrheit zeigen, die sich, im Grunde genommen, als existentialistisch erweist.

1939 fragte ein Leser von »Harijan« nach Gandhis Einstellung zum drohenden Krieg und machte Gandhi auf die Unstimmigkeiten in seinen Ansichten aufmerksam. Gandhi gibt eine ehrliche und überraschende Antwort, wenn er dem Leser antwortet: »Wenn ich schreibe, dann denke ich nie daran, was ich früher gesagt habe. Mein Ziel ist nicht mit meinen früheren Aussagen zu einem gewissen Thema stimmig zu sein, sondern mit der Wahrheit, wie sie sich mir in einer gegebenen Zeit zeigt, stimmig zu sein« (MPWMG II, 492). Gandhi achtet also auf die Wahrheit, *die an die Situation gebunden, von ihr bestimmt wird.* So eine Wahrheit ist keine universelle Wahrheit, die für alle Zeiten und Länder gültig sein kann, sie ist eine bestimmte, partikuläre und relative Wahrheit. Ebendiese Subjektivität und Relativität der Wahrheit rücken Gandhi in die Nähe der Existenzphilosophen. Eine solche Auffassung der Wahrheit muß niemanden in Unstimmigkeiten stürzen, solange er auf die Wahrheit in jeder Situation achtet und ihr treu bleibt. Daher schreibt Gandhi an derselben Stelle weiter: »Demzufolge bin ich von Wahrheit zu Wahrheit gewachsen; ich habe mein Gedächtnis und mich mit unnötiger Anstrengung verschont. Noch etwas. Wann immer ich meine Schrift, die ich vor fünfzig Jahren geschrieben habe, mit der neuesten vergleiche, entdecke ich zwischen den beiden keine Unstimmigkeiten« (a. a. O.).

Es zeigt sich also, daß bei Gandhi fast alle Wahrheitstheorien und -tendenzen, die es in der Tradition des Westens gibt, der »Sache nach« wiederzufinden sind. Nur die Termini fehlen. Wenn man diese Auffassungen und ihre Bezeichnungen genauer betrachtet, erkennt man, daß sie nichts außerordentlich Neues besagen, nichts, was nicht bereits bekannt gewesen wäre. Philosophische Wörter wie Korrespondenz, Kohärenz, das Sein, das Seiende usw. können ernsthaft und zum Teil befremdend auf den Mann auf der Straße wirken. Werden sie anhand der konkreten Beispiele aus dem Leben erklärt, so verlieren sie ihre philosophische Aura, und jeder Mensch mit gesundem Menschenverstand denkt, *ich habe es immer gewußt; wie könnte es anders sein?* Nun stellt sich die Frage: Haben wir in diesem Netz von Termini und Vergleichen Gandhis Auffassung der Wahrheit eingefangen?

6. Gott: Der Elefant und die Wahrheit

»Ich fürchtete, ich würde einen Gottesmann, Prediger
oder einen Visionär treffen. Ich sah Sokrates. Am meisten
erinnerte er mich an Sokrates«, erzählte Edmond Privat
            (September 1931, Tagebuch von Romain Rolland)

Der Vergleich mit den westlichen Auffassungen ist insofern nützlich, als man zeigen kann, daß Gandhi mit dem
Begriff Wahrheit keiner orientalischen Mystik nachhängt.
Seine Auffassung findet Entsprechungen in der philosophischen Tradition und hält der Kritik der Philosophen
stand. In diesem Vergleich erschließt sich Gandhis Wahrheitsbegriff aber keinesfalls in seiner Gesamtheit. Weitere
Dimensionen der Wahrheit hat Gandhi zum Teil den philosophischen Traditionen Indiens zu verdanken, zum Teil
sind sie sein originärer Beitrag zur Philosophie.

§ 15. *Die indische »Theorie« der Kohärenz*

Während sich viele Schulen der indischen Philosophie
darüber einig sind, daß Korrespondenz und Kohärenz
zwei wichtige Kriterien für Wahrheit sind (vgl. S. Chatterjee & D. Datta und vor allem Bhatt, Govardhan P.,
109–141), gibt es hier noch eine zusätzliche Auffassung
von Kohärenz, der Stimmigkeit. Sie hat ihren Ursprung
darin, daß für den indischen Geist Philosophie nicht nur
eine theoretische Beschäftigung ist. Vielmehr müssen philosophische Einsichten im Leben umgesetzt werden, d. h.,
die Lehre der Erkenntnis und der Metaphysik müssen in
die Ethik münden. In der Beziehung zwischen dem Philosophen und seiner Philosophie wird die Echtheit seiner
Philosophie bestätigt. Deshalb bedeutet die indische Phi-

losophie eine Lebensweise. Aus dieser Überzeugung ergibt sich der Begriff *trikarana suddhi* (»ts«), die Reinheit der drei Bereiche. Damit sind Denken, Reden und Handeln gemeint. Nach der Auffassung der »ts« ist Wahrheit die Stimmigkeit zwischen diesen drei Bereichen. Wenn wir etwa auf der geistigen Ebene die Ansicht vertreten, *Frauen sind nicht minderwertig*, aber diese Ansicht in unseren Worten und Taten nicht ausdrücken, so ist unsere Ansicht nicht wahrhaftig. Wir praktizieren die Wahrheit dieser Ansicht *Frauen sind nicht minderwertig* nur dann, wenn wir so denken, das sagen und auch danach handeln. Man könnte sie die indische Theorie der Kohärenz nennen.

Diese Dimension der Wahrheit war für Gandhi sehr wichtig. Zum Beispiel schrieb er an die Ashrambewohner, das Gesetz der Wahrheit werde allgemein dahingehend verstanden, daß man immer nur die Wahrheit sprechen solle, es müsse jedoch in seinem größeren Sinn verstanden werden, »es muß in Gedanken, Reden und in Taten Wahrheit geben« (SWMG IV, 214). In seinem Aufsatz »Was heißt Wahrheit« führte er aus: »Wer [...] die Wahrheit versteht, der folgt nichts außer der Wahrheit im Denken, im Reden und in Taten und erfährt Gott« (EWMG, 244).

§ 16. *Relative und absolute Wahrheit*

Seit vedischen Zeiten unterscheiden die Inder die relative Wahrheit von der absoluten. Diese Unterscheidung und Anerkennung der relativen Wahrheit hat mit der Auffassung des Existentialismus kaum etwas zu tun. Während der Existentialismus die absolute Wahrheit abstreitet, erkennen die Schulen der indischen Philosophie mit Ausnahme des frühen Materialismus (Carvaka) die absolute Wahrheit an. Diese Haltung findet Ausdruck in dem vedischen Spruch: »Es gibt nur das Eine; die Weisen sprechen von ihm in vielfacher Weise« (*ekam sat viprah bahudha vadanti*, Rgveda, 1. 164. 46). Verschiedene Aussagen über das Eine gibt es, weil die Menschen das eine Absolute nicht erkennen können und in ihm verschiedene relative Aspekte sehen. Diese Aspekte halten sie für wahr. Jeder hält nur den Aspekt für wahr, den er sieht. Das ist der Anfang von Streit und Intoleranz. Sieben Blinde begegnen im Wald einem Elefanten. Durch das Herumtasten beschreibt jeder von ihnen den Elefanten anders – der eine meint, es seien nur Säulen, der andere meint, es sei nur ein Seil, noch ein anderer, es seien Schaufeln usw., da sie die Beine, den Schwanz, die Ohren tasteten. Sie fingen an zu streiten.

Der Jainismus, wie Gandhi richtig bemerkt (CWMG XXIX, 411), und auch die Advaita-Philosophie von Sankara erkennen diese erkenntnistheoretische Situation an und bilden Syadvada, ihre Auffassung von Wahrheit. Nach Syadvada muß jede Behauptung mit dem beschränkenden Adverb *syad* (vielleicht) formuliert werden. So ergeben sich insgesamt sieben mögliche Aussagen über den einen Gegenstand oder Sachverhalt: 1. S ist vielleicht P; 2. S ist vielleicht kein P; 3. S ist vielleicht P und auch nicht P; 4. S ist vielleicht unbeschreibbar; 5. S ist vielleicht P und nicht beschreibbar; 6. S ist vielleicht kein P und auch nicht beschreibbar; 7. S ist vielleicht P und kein P und unbeschreibbar (S. Chatterjee and D. Datta 1954, 87–88).

Die relative Wahrheit ist eine unvollkommene Wahrheit. Sankaras Advaita bezeichnet das *maya* (Verblendung) als Grund dafür und entfachte damit einen Streit unter den Philosophen, der einige Jahrhunderte andauerte. Die Frage war: Wo ist der Ort des Maya? Die Jaina-Philosophen haben denselben Ausgangspunkt, daß die Erkenntnisse der Menschen nur unvollkommen sein können. Sie verlagern eindeutig den Ort der Unvollkommenheit auf das Individuum. Das Karmapudgala (die Karma-Materie) umlagert die Seele des Menschen, und das Ergebnis ist ihre Verbindung mit dem Körper, welche die ursprüngliche Allwissenheit der Seele trübt. So sind nach dem Jainismus die Sinnesorgane kein Mittel zur Erkenntnis, sondern eher ein Hindernis. Das Auge zum Beispiel verzerrt und verhindert das Sehvermögen der Seele. Die von der Karma-Materie gereinigte Seele ist fähig zu vollkommenen Kenntnissen – *kevalajnana* –, und sie ist allwissend.

Ein Leser der Zeitschrift »Harijan« fragte Gandhi, ob er sich nicht widerspräche, wenn er einerseits den Nicht-Dualismus und andererseits die ewige, anfang- und endlose Existenz der Welt und ihre Wirklichkeit vertrete. In der absoluten Erkenntnis der Advaita-Philosophie existiert keine Welt. Ihre Existenz ist nur ein Schein, eine Illusion, die wir aufgrund des Maya auf das Brahma projizieren. Brahma, das Absolute, ist die einzige Wirklichkeit. Nach dieser Auffassung sind die Existenz und Wirklichkeit der Welt falsch, nur eine Illusion.

Als Antwort schreibt Gandhi, daß er ein Advaitist sei. Da sich diese Welt ständig ändert, ist sie unwahr und existiert nicht ewig. Aber trotz der ständigen Änderungen gibt es irgend etwas, das besteht. Insofern ist die Welt wahr. Daher kann Gandhi die Ansichten der Advaitisten sowie der Jainisten akzeptieren. Daher kann er ein »Syadvadi« – Vertreter des Syadvada – genannt werden. In Gandhis Philosophie kommt zum ursprünglichen, rein erkenntnismäßigen Konzept des Syadvada die Ebene der Ethik dazu. Gandhi sagt, daß sein Syadvada nicht das der Gelehrten ist. Es ist auf eine eigenartige Weise seine eigene Version. Es war seine Erfahrung, daß er in vielen Diskussionen aus seiner Sicht recht hatte und aus der Sicht seiner Gegner falschlag. Früher hatte er seinen Gegnern ihre Ignoranz übelgenommen. Nach der Aneignung des Syadvada weiß er, daß beide, er selber sowie seine Gegner, jeder von seiner Warte aus, recht haben. Diese Theorie lehrte ihn, einen Muslim und einen Christen jeweils aus dessen Sicht zu beurteilen. Dieser Lehre entsprechend kann »ich sie heute lieben, weil ich mit dem Auge gesegnet bin, mich selbst so zu betrachten, wie sie mich betrachten würden und umgekehrt. Ich möchte die ganze Welt in die Umarmung meiner Liebe einschließen« (a. a. O.). Toleranz oder Liebe ist für Gandhi die richtige Folge aus dieser Erkenntnis.

Die relative Wahrheit ist also kein Grund zur Resignation oder zum Skeptizismus. Sie ist nur ein epistemologischer Hinweis auf unsere Schwäche und Beschaffenheit als Menschen, solange wir uns auf die fünf Sinnesorgane (*pancendriyas*) verlassen müssen; »Sinneswahrnehmungen können oft, das sind sie oft, falsch oder irreführend sein, so wahr sie uns auch erscheinen mögen« (CWMG XXXVII, 349). Die relative Wahrheit ist andererseits ein Verweis auf die absolute Wahrheit. Es ist jedoch nicht einfach, sie zu erreichen. Zunächst müssen wir der relativen Wahrheit folgen: »Solange ich diese absolute Wahrheit nicht verwirklicht habe, muß ich mich an die relative Wahrheit halten, wie ich sie begreife. Einstweilen ist die relative Wahrheit für mich mein Leuchtfeuer und Schutzschild« (CWMG XXXIX, 4). Sie ist nach Gandhi ein Weg zur absoluten Wahrheit. Er schreibt einem Freund, wenn man an dieser relativen Wahrheit festhalte, so könne man die *reine* Wahrheit erreichen (EWMG, 227). Mit »festhalten« ist »Folge leisten«, »nach ihr handeln« gemeint.

Bei der Erlangung der absoluten Wahrheit scheitern nicht nur die Sinnesorgane. Hier scheint nach Gandhi auch der Verstand oder die Rationalität zu versagen. Die Frage stellt sich: Was ist diese absolute Wahrheit, und wie erfährt man sie?

§ 17. *sat, das Sein als Wahrheit*

Das Sanskrit-Wort für Wahrheit ist *satya*. Es wird von der Wurzel *sat* abgeleitet. Sat hat viele Bedeutungen: 1. Sein, Existenz; 2. wirklich, Wesentliches, wahr; 3. gut, tugendhaft, heilig usw. (Apte, 951). Nach der Wortbedeutung von *satya* ist die Wahrheit einer Behauptung anhand des Seins oder Nichtseins des angedeuteten Gegenstands oder des Sachverhalts zu beweisen. So wird die Wahrheit auf das Sein zurückgeführt, das ihr Grund ist. Für Gandhi, den überzeugten Advaitisten, ist das Sein nichts anderes als das Brahma. Nach Advaita existiert nur das Sein, das Brahma in dieser Welt, welche sich ständig ändert und vergänglich ist. So gesehen ist die Existenz der Welt eine Illusion, und es existiert nichts außer Brahma als absoluter Wahrheit. Welt, Menschen, Tiere, Pflanzen, Himmel, Sterne, Galaxien, Tage, Jahre und Zeitalter, das heißt Raum und Zeit und alles, was in diesen beiden erscheint, sind unsere Projektionen (*adhyasa*) auf die Leinwand, das Sein. So sind sie bloße Erscheinungen »am« Sein, und die Behauptungen, die wir über sie aufstellen, sind relative Wahrheiten. Die Welt mit ihrer Vielfalt löst sich auf, wenn die individuelle Seele (Jiva) die Verblendung (Maya) überwindet. Diese Überwindung des Maya ist ein erkenntnismäßiges Ereignis. Durch Sadhana (spirituelle, asketische Übungen) erkennt die Seele des Menschen, daß sie nichts anderes ist als das Brahma, daß die Vielfalt auf *Unterschied* zurückzuführen ist und daß der Unterschied nicht wahr ist, weil der Unterschied nicht haltbar ist (vgl. Dasgupta I, 92–98).

Vor diesem Hintergrund sind Gandhis Aussagen über Wahrheit oder Gott zu verstehen: »Jenseits dieser begrenzten Wahrheiten gibt es jedoch die eine absolute Wahrheit, die vollkommen und allumfassend ist« (EWMG, 224). »Das Wort *Satya* (Wahrheit) stammt von dem Wort *sat*, welches ›sein‹, ›existieren‹ bedeutet« (a. a. O. 225). Und weiter: »Nichts existiert in der Tat außer Wahrheit« (a. a. O. 231). Gandhi kann es behaupten, weil er das Sein mit der Wahrheit gleichsetzt.

Wenn außer Wahrheit oder Sein nichts existiert, alles in ihm enthalten ist, was ist der Status Gottes? Oder wo sollen wir nach ihm suchen? Die Antwort finden wir in der Definition Gottes in der Advaita-Philosophie: *sat cit ananda*. Diese drei Wörter sind die einzigen positiven Bezeichnungen für Brahma, die uns nicht in Widersprüche führen. Das *sat*, Sein, ist das einzige, das überall vorhanden ist. Selbst in den Illusionen waltet es, so sind sie *existierende Illusionen*. Am Strand sieht man etwas in der Sonne glänzen. Man glaubt, es sei Silber. Bei näherer Betrachtung verschwindet das Silber, die Illusion des Silbers, und wir erkennen die Muschel, das Sein, welches der Grund für die Illusion gewesen ist. Der Grund selbst verschwindet nicht. Das absolute Sein ist der Grund für die Welterscheinung, als solches ist es allumfassend und *allgegenwärtig*. Allgegenwärtigkeit ist ein Wesensmerkmal von Gott im Hinduismus sowie im Christentum. Daher Gandhis These: *Die absolute Wahrheit ist Gott*.

In Verbindung mit Advaita läßt sich Gandhis Ansicht verstehen, wonach Sprache die [absolute] Wahrheit nicht ausdrücken kann. Wahrheit nimmt in der Sprache die Form einer Behauptung an. Jede Behauptung als eine Bestimmung beschränkt das Wesen Gottes. Der Satz »Gott ist dunkelhäutig« (man denke an Vishnu) beschränkt die Möglichkeit, daß Gott eine andere Hautfarbe haben kann. Daß Gott »ein Mann ist« schließt aus, daß er auch eine Frau sein kann. So sind die Behauptungen über Gott Beschränkungen seines Wesens. Gott ist jedoch unbeschränkt, und das ist seine Absolutheit. Das ist der Sinn seiner Allgegenwärtigkeit, Allmacht und Allwissenheit. Daher die *neti*-Methode der Veden. In dieser Methode wird jeder Gegenstand untersucht und als *na iti*, »das ist es nicht (Brahma)«, erklärt. Dadurch werden die relativen Wahrheiten und Erscheinungen zurückgewiesen, bis nur das Sein als das Absolute begriffen wird. Dann schlägt die Weltnegation in das Positive um, und dann heißt es: *sarvam khalu idam Brahma*, all das ist wahrlich das Brahma (Chandogya Upanishad, 3.14.1).

Wenn die Sprache nicht fähig ist, die absolute Wahrheit auszudrücken, wie wird sie ausgedrückt? Was ist das Medium dafür?

Vaskali bat Bahve, das Wesen des Brahma zu erläutern. Bahve schwieg. »O verehrter Meister, lehrt mich das Wesen des Brahma«, bat Vaskali wieder. Als er diese Bitte dreimal wiederholt hatte, antwortete der Meister: »Ich lehre es in der Tat. Aber du verstehst es nicht; atma [Brahma] ist die Stille« (S. Dasgupta I, 45). Gandhis Meinung, »Wahrheit erfordere die Stille« (MPWMG III, 475), steht im Einklang mit dieser Auffassung und erinnert uns an den Dichter Kalidasa. Bei seiner Beschreibung der Tugenden von den Raghukönigen sagt Kalidasa: »Um der Wahrheit willen sprachen diese sehr wenig.« (Raghuvamsam I. 2.)

§ 18. *cit, das Bewußtsein, und ananda, die Glückseligkeit, als Gott*

In *sat cit ananda*, den drei möglichen formlosen Bestimmungen Gottes, ist *cit* die zweite Bestimmung. Das Wort *cit* hat viele Bedeutungen, darunter: Gedanke, Wahrnehmung, Intelligenz, Intellekt, begreifen, Herz, Bewußtsein, Seele, Geist, das belebende Prinzip der Lebenskraft, Brahma (Apte, 434). Für die Advaita-Philosophie sind die Bedeutungen Bewußtsein, Geist und Brahma wichtig. Als das allumfassende Sein ist Brahma auch ein bewußtseinsmäßiges Wesen. Als solches beseelt es gleichermaßen die Lebewesen und die Nichtlebewesen. Das Individuum oder das Subjekt wird von Maya verhüllt. Insofern trennt Maya das Individuum von dem gesamten Bewußtsein oder *cit*.

Cit ist auch das Prinzip von Intelligenz, Wahrnehmung, begreifen und denken. Gandhi betont diesen Aspekt des *cit* in seiner Auffassung von Gott und interpretiert es als Kenntnisse – als eine Ansammlung von Kenntnissen.

Wahrheit ist nichts anderes als eine Kenntnis, die unser Bewußtsein erfaßt. Daher Gandhi: »Diese Wahrheit ist keine materielle Eigenschaft, sondern reines Bewußtsein« (EWMG, 234).

Wenn wir unsere Kenntnisse oder Informationen analysieren, so verstehen wir, daß sie aus vielen einzelnen Behauptungen über Tatsachen oder Sachverhalte bestehen. Unsere Kenntnis über den Baum besteht aus den Behauptungen: Der Baum ist eine Pflanze. Bäume haben Blätter. Blätter sind grün. Sie fallen im Herbst usw. Die Kenntnis ist wahr, wenn diese einzelnen Behauptungen wahr sind, d. h., wenn sie aus Wahrheiten besteht und sich auf das wahre Sein des Baums bezieht. Bezieht sie sich auf das Nicht-Sein, so ist sie falsch. Gandhi schrieb daher an einen Freund: »Wo es die Wahrheit gibt, da gibt es auch Kenntnis, die wahr ist. Wo es die Wahrheit nicht gibt, da kann es keine wahre Kenntnis geben. Das ist der Grund, warum das Wort *cit* oder Kenntnis mit dem Namen Gottes in Verbindung gebracht wird« (EWMG, 232).

Ananda oder die Glückseligkeit ist die dritte Bestimmung Gottes. Diese dritte Eigenschaft bestimmt mit den anderen beiden alle Gegenstände in der Welt und die individuellen Seelen. Daß diese Glückseligkeit nicht immer erlebt wird, daß wir leiden und daß es in der Welt soviel Leid gibt, ist wieder darauf zurückzuführen, daß wir der Verblendung, der Maya, unterliegen. Das heißt nicht, daß die Advaita-Philosophie das Leid als eine Illusion deutet und den Versuch, das Leid zu beseitigen, geringschätzt. Die Advaita-Philosophie ist letzten Endes ein Weg der Erkenntnis, *jnanamarga*. Maya ist eine erkenntnistheoretische Komponente dieses Wegs. Die Analyse des Leids führt dessen Ursache auf falsche Erkenntnis, d. h. auf Unwahrheit zurück. Die Ursachen der Unwahrheit sind wiederum in fehlerhafter Wahrnehmung und im fehlerhaften Denken zu finden. Der abstrakte Grund beider Aktivitäten auf der Seite des Menschen erhält die Bezeichnung

Maya. Die Maya ist die Ursache der Unkenntnis, und Unkenntnisse oder falsche Kenntnisse sind zugleich die Maya. Nicht umsonst heißt die Maya in der Advaita-Philosophie auch Avidya, was Unwissen oder Unkenntnis bedeutet. Die Beseitigung des Leids setzt die Beseitigung der falschen Kenntnisse und die Erlangung der Wahrheit voraus. Daher schreibt Gandhi: »Wo es die wahren Kenntnisse gibt, da gibt es immer *ananda*, Glückseligkeit. Dort hat Trauer keinen Platz« (a.a.O.). Da die Wahrheit eine ewige ist, ist auch die Glückseligkeit, die ihr entspringt, eine ewige Glückseligkeit. Daher die Bestimmung Gottes als *sat cit ananda*.

Vor diesem Hintergrund können wir einige Aussagen Gandhis zu Wahrheit und Gott verstehen, die uns andernfalls wie unhaltbare Übertreibungen oder Dichtung vorkommen müßten. In Gandhis Begriff der Wahrheit liegt nicht nur der Schlüssel zur ganzen Erkenntnislehre (Epistemologie) und Wirklichkeitslehre (Metaphysik), sondern auch zur Ethik – alles wird nur von ihr abgeleitet. Daher kann Gandhi sagen: »Die Hingabe zur Wahrheit ist die einzige Rechtfertigung für unser Dasein. Alle unsere Aktivitäten müssen in ihr gegründet sein. Sie muß gar zum Atem unseres Lebens werden. Wenn einmal diese Stufe [...] erreicht wird, so kommen uns mühelos alle anderen Normen des richtigen Lebens zu« (a.a.O.).

Wie soll man so einen abstrakten Gott beschreiben? Noch dazu, wenn man von vornherein weiß, daß jede Beschreibung nur in Widersprüche führt? Gandhi kann mit Sicherheit antworten: »Wahrheit ist die einzige vollkommene Beschreibung Gottes« (MPWMG II, 174). Wahrheit ist mit Gott untrennbar verbunden, sie ist der Weg zu Gott. Möchte jemand Gott erreichen, so muß er der Wahrheit folgen, ihr dienen. Aufgrund unserer Beschränktheiten ist auch unser Zugang zur absoluten Wahrheit oder Gott unvollkommen. Wir haben nur die beschränkten oder die relativen Wahrheiten. »Die Gesamtheit dieser Funken [relativen Wahrheiten] ist unbeschreibbar, [es ist] die noch-nicht-bekannte Wahrheit, welche Gott ist« (a. a. O.). Die Befolgung dieser Wahrheiten, nach ihnen zu handeln, ist der devotionale Weg, die Hingabe oder das wahre *bhakti* zu Gott (EWMG, 233). *Bhakti*, Hingabe, ist einer der Wege, *marga*, zu Gott. Die anderen wichtigen sind *jnanamarga*, der Weg der Erkenntnis, und *karmamarga*, der Weg der Handlungen. Es ist ein wichtiger Beitrag von Gandhi zur indischen Philosophie, daß er eben durch seine Auffassung von Wahrheit den Unterschied zwischen diesen beiden Wegen zu Gott aufhebt. Beide sind nach ihm gleich, der eine ist sogar unentbehrlich für den anderen.

Bis 1929 glaubte Gandhi, daß die vollständige Beschreibung Gottes sei: Gott ist die Wahrheit. In diesem Jahr kehrte er die Formel um und sagte: Wahrheit ist Gott. Zu diesem Schluß kam er nach einer intensiven Suche nach Gott, die 50 Jahre gedauert hatte. Hierin sah Gandhi einen Vorteil. In ihrer ernsthaften Suche nach Wahrheit lehnen die Atheisten die Existenz Gottes ab, wie er in den philosophischen oder religiösen Traditionen vorgestellt wird. Die Atheisten können jedoch nicht Gandhis Auffassung ablehnen, die die Wahrheit mit Gott gleichsetzt. Nach dieser Auffassung kann es keine Atheisten geben. Daher sagte Gandhi ironisch: »Der Atheismus ist nur eine Pose« (EWMG, 156). Ein Atheist nimmt seine Wahrheit genauso ernst wie ein Theist seinen Gott. Daher wird der Atheist durch die neue Formel, Wahrheit ist Gott, entwaffnet und in einen Gläubigen umgewandelt (MPWMG II, 165–66).

§ 19. *Gott mit und ohne Bestimmungen – ein Rückblick auf sat cit ananda*

Bekennt sich Gandhi zur Advaita und zu der Definition Gottes als sat cit ananda, so ist nach ihm Gott ohne Bestimmungen oder Merkmale. Wie wir gesehen haben, kann Gott nicht als Mann, Frau, dunkelhäutig, vierarmig oder dreiäugig beschrieben werden. In diesem Kontext werden nun in erster Linie jede anthropomorphische Vorstellung Gottes und seine Befriedigung durch gewisse Handlungen wie Gebet oder Opferrituale oder seine Verärgerung durch deren Unterlassung zurückgewiesen. Damit ist der Gott der Advaita keine religiöse Vorstellung oder ein Volksglaube. Die Frage stellt sich: Wie verhielt sich Gandhi zu dem Gott der Religionen? Lehnte er ihn ganz ab? Auch in diesem Verhältnis hielt er sich an die Advaita.

Genauso wie die Advaita-Philosophie die relative Wahrheit (*laukika satya*) von der absoluten trennt und ihren Wert für den Alltag oder für die praktische Welt (*loka*) erkennt und gelten läßt, verhält sie sich auch zum Thema Gott. Sie trennt den Gott mit Bestimmungen (*saguna Brahma*) von dem Gott ohne Bestimmungen (*nirguna Brahma*). Das nirguna Brahma wird in der letzten Erfahrung erkannt, in der der Mensch von der Maya erlöst wird. Bis dann ist nirguna Brahma eine theoretische Möglichkeit, und es bleiben nur die Erscheinungen Gottes mit Bestimmungen übrig, wie zum Beispiel: als Mensch geboren, inkarniert, vielarmig oder in bestimmter Zeit erscheinend. Seine vielen Erscheinungen sind Götter verschiedener Religionen. So wie man an der relativen Wahrheit festhalten soll, bis die absolute Wahrheit erlangt wird, so muß man an einem Gott mit Bestimmungen festhalten, bis man das Absolute erblickt hat. So kann Gandhi mit seiner »Gemeinde« der Ashrambewohner zu Gott beten, der Shiva, Vishnu, Rama, Allah, Hormuzda oder Jehova heißt, und ihn zugleich für unbestimmbar erklären. In diesem Zusammenhang ist er sich noch eines menschlichen Problems bewußt. Die breite Masse mag keine kaltblütige Logik, sie sehnt sich nach Dichtung, Kunst und Bildhauerei. Der Jainismus etwa war am Anfang sehr rational. Seine

Vertreter stellten aber bald fest, daß die Menschen Tempel, Bilder und ähnliches brauchen und reine *nyaya*, Logik, nicht zweckdienlich ist (MPWMG II, 173).

Anders sieht Gandhis nicht anthropomorphische Auffassung von Gott aus. Er entspricht nach Gandhi einem System von Gesetzen, das die Welt beherrscht, und er ist von diesem System nicht zu trennen. Gott und seine Gesetze darf man nicht in Analogie zu einem irdischen König und seinen Gesetzen verstehen, wo beide nicht identisch sind. Gott als ein System von Gesetzen ist eine Idee und das System selbst. Gott sehen oder Gottes Existenz beweisen heißt, diese Gesetze und ihre Wirkung verstehen: »Wir erkennen ihn nur durch die Wirkung seiner Gesetze. Er und seine Gesetze sind eins« (CWMG LXXXIII, 305). Wenn wir im Alltag sagen, Gott ist der Herrscher, so meinen wir, daß wir diesem absoluten System, das Gandhi auch den Willen Gottes nennt, unterworfen sind. In diesem Sinn sagte er zu einem Missionar: »Ich glaube buchstäblich, daß ohne Gottes Willen nicht einmal ein Grashalm wachsen oder gar sich bewegen kann« (MPWMG I, 462). Alle diese Gesetze und ihre Wirkung können wir nicht wissen. Unsere Kenntnisse davon sind sehr gering und klein wie ein Stäubchen.

Die Frage stellt sich: Wie sind die Naturkatastrophen, die grausamen Geschehnisse in der Geschichte, mit einem Wort, das Leid der Menschen zu erklären? Läßt Gott als ein System der Gesetze dem Bösen, dem Satan Raum? Eine weitere Frage in diesem Zusammenhang: Gibt es Wunder? Nach Gandhi sind die Gesetze unveränderlich. Weder revidiert Gott diese Gesetze, noch greift er in ihre Wirkung ein. Diese Gesetze ändern würde heißen, daß Gott es sich nach der Schöpfung anders überlegt hat, was wiederum bedeuten würde, daß Gott am Anfang nicht alle Folgen seiner Gesetze kannte. Doch das kann man dem allwissenden Gott nicht unterstellen: »Er kennt gleichzeitig und mühelos die Vergangenheit, Gegenwart und Zukunft. Daher braucht er sich seine Gesetze nicht anders zu überlegen, revidieren, ändern oder ergänzen« (CWMG XXXII, 90). Die schlimmsten Naturkatastrophen ereignen sich gemäß seinen Gesetzen. Da selbst der böseste Dämon, Ravana, mächtig geworden war, weil Gott es wollte, ist Gott in einem streng wissenschaftlichen Sinn der Grund von Gut und Böse – »Er lenkt den Dolch des Attentäters und auch das Messer des Chirurgen« (TG, 23). Die Kategorien Gut und Böse sind dabei allerdings allein der Sichtweise des Menschen zu verdanken. Die Anwesenheit des Bösen in Gottes Schöpfung verwirrt uns, wenn wir uns Gott als eine menschenähnliche Gestalt vorstellen.

Nach Gandhi gibt es keine Wunder in dem Sinn, daß Gott in die »Funktion« seiner Gesetze eingreift oder Ausnahmen macht. In seinem Aufsatz »Curious ideas« gibt Gandhi zu, daß Menschen, die Gewaltlosigkeit und Yoga üben, ohne Zweifel gewisse Kräfte entwickeln, »aber alle diese sind im Bereich des Universalen Gesetzes« (CWMG XXXII, 90). Auf die Frage eines Missionars, ob er an Wunder glaube, antwortete Gandhi mit »ja« und »nein«. Wunder kann es nicht geben, weil alles, was geschieht, nur nach den Gesetzen geschehen kann. Aber diese Geschehnisse können uns unter Umständen wie Wunder vorkommen. »Der göttliche Geist zeigt sich blitzartig, und das kommt dem Menschen wie ein Wunder vor« (CWMG LXXXIII, 305).

Karma ist nach Gandhi eines der göttlichen Gesetze. Leider ist nur eine vulgäre Form des Karma weit verbreitet, welche als eine Weltanschauung der Tatenlosigkeit, Resignation, mit einem Wort irrationaler Passivität, als das Gegenteil des Aktivismus verstanden wird. Dabei scheint sich die Vorstellung von Karma von dem Glauben an Wiedergeburt zu nähren, um Elend und Ausbeutung zu rechtfertigen.

Das Sanskrit-Wort *karma* wird von der Wurzel *kr* abgeleitet und hat viele Bedeutungen. Einige davon sind: 1. Handlung, Arbeit, Tat; 2. Erstreckung, Vollzug; 3. Geschäft, Büro, Pflicht; 4. religiöser Ritus; 5. bestimmte Tat, moralische Pflicht; 7. Erzeugnis, Ergebnis; 9. Schicksal, gewisse Folgen von Taten aus vergangenen Leben (Apte, 339). Der Gedanke, daß jede Tat ihre Folgen hat und man sich diesen Folgen nicht entziehen kann, liegt der Auffassung von Karma zugrunde. Gemäß dem Kausalitätsgesetz von Ursache und Wirkung ist der Mensch so für die Gesamtheit seiner Handlungen und ihrer Folgen verantwortlich. Im Leben jedoch beeinflussen die beiden sich gegenseitig, so daß die Folgen der vorangegangenen Taten auf neue Entscheidungen und Taten Einfluß nehmen. Daher der Spruch »Buddhi karmanusarini«, der Verstand ist ein Ergebnis der Taten. Meistens sind die Folgen sofort zu sehen, manchmal erscheinen sie jedoch mit Verzögerung. Je länger diese Verzögerung, desto schwieriger ist der kausale Zusammenhang zwischen Handlung und Wirkung zu begreifen. Sollten die Taten eines Menschen vor seinem Tod ihre Folgen nicht zeigen, heißt es dann, daß diese Taten keine Folgen erzeugt haben? Hier hält der indische Geist fest an dem Kausalitätsgesetz. Da die Folgen auftreten müssen – wenn nicht vor dem Tod, dann in einem späteren Leben –, kann der Mensch sich den Folgen seiner Taten nicht entziehen. Aus der Karmatheorie folgt einerseits die Unsterblichkeit der Seele, die Wiedergeburt, und andererseits die *Notwendigkeit* jedes Geschehens. So besagt die Karmatheorie, daß kein Ereignis in der Natur und keine Erfahrung des Menschen ein Zufall sind.

Gandhi macht uns in seiner Interpretation der Bhagavadgita auf dieses Gesetz aufmerksam und schreibt: »[Krishna] sagt, Menschen werden von seinem Gesetz beherrscht. Er meint jenes Gesetz des Karma, welches die Welt beherrscht. Wir können in der Tat sagen, Gott ist das Gesetz« (CWMG XXXII, 196).

Widerspricht das Karmagesetz dem freien Willen des Menschen? Nach Gandhi ist der Mensch nur in einem beschränkten Sinn frei. Sein freier Wille ist mit dem eines Reisenden auf einem vollen Deck vergleichbar. Aber das ist kein Grund zur Resignation noch zum Pessimismus, wie Gandhi es einem Missionar erklärte. Gandhi versteht die Hauptlehre der Bhagavadgita durchaus dahingehend, daß der Mensch der Architekt seines Schicksals ist, »in dem Sinn, daß er Entscheidungsfreiheit hat« (MPWMG I, 462). Er hat jedoch keinen Einfluß auf die Folgen seiner Handlungen. Das bedeutet auf keinen Fall Fatalismus, wie das Gandhi in seiner Zeitschrift »Young India« immer wieder erklärte. Da das Karmagesetz ein Prozeß ist, dessen Wirksamkeit ununterbrochen wächst, steht nie eine Handlung isoliert von anderen Handlungen oder ihren Folgen. Diese sind schwierig auseinanderzuhalten. »Jede Aktivität in der Natur greift ständig in das Karmagesetz ein. Dieses Eingreifen ist dem Gesetz inhärent. Das Gesetz ist keine tote, rigide, träge Sache, sondern eine lebendige, immerwachsende, enorme Kraft« (MPWMG II, 388).

§ 20. *Gott und das Gebet*

Gandhis Begriff von Gott als einem unpersönlichen System von Gesetzen wirft einige Fragen auf: Lassen sich diese Gesetze vom Gebet beeinflussen? Was kann der Mensch durch ein Gebet erreichen? Diese Fragen haben eine besondere Bedeutung bei Gandhi, weil er täglich mit vielen Menschen verschiedener Religionen betete und das Gebet als das Wesen und die Seele der Religion betrachtete (MPWMG I, 555).

Gottes Gesetze lassen sich zwar nicht beeinflussen, darin ist Gandhi unmißverständlich, und selbst die Fälle, welche wie Wunder erscheinen, sind eigentlich Geschehnisse innerhalb der Gesetzmäßigkeit. Das Gebet hat trotzdem eine wichtige Funktion. Obwohl das Wort Gebet »demütig Gott um etwas bitten« bedeutet, versteht Gandhi darunter jede devotionale Handlung und »eine Sehnsucht der Seele, eins zu sein mit dem Schöpfer, eine Anrufung seines Segens« (MPWMG I, 547). Der Schöpfer wohnt eigentlich jeder Seele inne. Diese Seele ist jedoch so unendlich klein, daß sie sich als außerhalb vom Gott existierend wahrnimmt, und erlebt erst im Gebet wieder die »Kommunion«. Diese Kommunion ist die Quelle der Glückseligkeit.

Zum anderen ist es die meiste Zeit nur eine intellektuelle Ansicht, zu sagen, der Schöpfer wohne jedem inne. Im Gebet wird diese lebendig erfahren, und diese Erfahrung verleiht dem Menschen viel Kraft. »Ich behaupte, ich kann diese Kraft als Antwort auf mein Gebet erhalten«, erklärte Gandhi einem Buddhisten. Da diese Kraft den Menschen zu enormen Leistungen befähigt, ist das Gebet keine unnütze Unterhaltung, sondern »richtig verstanden und verwendet ist es das kraftvollste Werkzeug der Handlung« (a.a.O. 563). Jemand, der betet, kennt keine Niederlage, denn »das Gebet aus dem Herzen kann das erringen, welches nichts anderes in der Welt erringen kann« (NVPW I, 19).

Ein richtiges Gebet ist keine Sache der Form, keine rituelle Handlung, die halbherzig vollzogen wird. Die Verbundenheit mit Gott bildet seinen Inhalt. Daher sind dabei nicht die Worte ausschlaggebend. Der Betende soll mit seinem ganzen Herzen dabei sein: »Im Gebet ist es besser, ein Herz ohne Worte zu haben als Worte ohne Herz« (MPWMG I, 556).

Die Worte sind für Gandhi jedoch nicht ganz ohne Bedeutung. Die Mantras, die mystischen Formeln des Hindus sind Sätze oder Verse mit Sanskritwörtern. Auf die Frage eines Lesers, ob es nicht besser wäre, die Gebete in regionale Sprachen zu übersetzen, antwortete Gandhi mit »nein«. Durch jahrhundertelange Verwendung erhalten die Wörter Kraft und Heiligkeit, die sie in Übersetzungen verlieren würden. Daher muß das alte Sanskrit der gängigen Gebete erhalten bleiben. Selbstverständlich muß der Sinn dieser Gebete verstanden werden (a. a. O. 546). Es gibt jedoch nur ein einziges richtiges Gebet: »Gott möge das tun, was er will« (CWMG XLIX, 458).

Das richtige Gebet schützt den Menschen vor dem Bösen, wie es sich in bösen Gedanken, Reden und Taten zeigt. Ohne diesen Schutz kann er den dunklen Mächten zum Opfer fallen, der Beter dagegen ist mit sich selbst und mit der Welt im Frieden. Das Gebet bringt Frieden, Ordnung und Entspannung in seinen Alltag und hat daher nach Gandhi eine friedenstiftende Funktion. In Anlehnung an die biblische Sprache sagt Gandhi: »Berichtige die wichtigste Sache [Gebet], alles andere wird sich selbst berichtigen« (MPWMG I, 557).

§ 21. *Ästhetik und Kunst*

Nach einer Auffassung der Inder ist Gott das schönste Wesen, das es gibt. So bedeutet einer der tausend Namen Vishnus »Sundara«, der Schöne. Er ist so schön, daß er das Herz seiner Verehrer stiehlt, und heißt daher »Cittachora« oder auch »Manohara«. Gott ist *siva* zugleich, d. h. der Barmherzige oder der Gute, was in der Formel *satyam, sivam, sundaram* – Gott ist die Wahrheit, das Gute und die Schönheit – zum Ausdruck kommt. Wo hier Schönheit mit Wahrheit in Verbindung gebracht wird, führt Gandhi jedoch seine Auffassung von Schönheit auf die Wahrheit zurück und sagt, Wahrheit *ist* die Schönheit, und diese ist von der Wahrheit nicht abzutrennen. Seinen Ansichten über Kunst und Ästhetik liegt diese Überzeugung zugrunde.

Wahrheit ist immer schön, und sie ist »die ganze Kunst. Kunst getrennt von der Wahrheit ist keine Kunst, und Schönheit getrennt von der Wahrheit ist schiere Häßlich-

keit« (MPWMG II, 187). Ein Student von Tagores »Shan-
tinikentan« machte Gandhi auf die Tatsache aufmerksam,
daß es einige Kunstwerke oder Künstler gibt, die mit der
Wahrheit nichts zu tun haben. Gandhi antwortete, daß
diese die Kunst in ihren äußeren Formen gesehen haben,
so wie Oscar Wilde zum Beispiel die Unmoral verschö-
nert habe. Kunst dagegen hat die Aufgabe, wie Gandhi an
einer anderen Stelle äußerte, verborgene Schönheit in den
moralischen Handlungen zu erkennen (MPWMG I, 550).
Wenn man diese Diskussion mit dem Studenten analy-
siert, gewinnt man den Eindruck, daß Gandhi Oscar
Wildes Ansichten zur Schönheit und Moral mißverstanden hat. In Wildes Roman »The picture of Dorian Gray«
oder seiner Erzählung »The star child« steht Schönheit ja
gerade in enger Verbindung zur Moral. Während Dorian
Gray jung und hübsch bleibt, leidet sein Bildnis im Keller
unter seinen unmoralischen Handlungen und altert – und
in der Erzählung verliert der den Sternen geborene hüb-
sche Knabe seine Schönheit wegen seiner Arroganz.
Oscar Wildes Ansichten zur Wahrheit und Schönheit sind
in der Tat im Einklang mit denen von Gandhi. Anders als
Oscar Wilde hält Gandhi allerdings ausdrücklich nichts
von dem Motto »Kunst um der Kunst willen«. »Ich bin
gegen die Formel ›art for art's sake‹«, sagte er zu Romain
Rolland (»Rolland and Gandhi: Correspondence«, 209).
    Da Kunst eigentlich ein Ausdruck der Seele, des inne-
ren Geistes sein muß, erweist sich die äußere Form insofern als wertvoll, als sie auf die innere Wahrheit aufmerksam macht und ein Mittel zur Selbsterkenntnis wird –
oder, in Gandhis Sprache, zur »Selbstverwirklichung«.
Selbstverwirklichung ist nach Gandhi die eigentliche
Funktion der Kunst. So gesehen kommt der Kunst eine er-
kenntnismäßige Funktion zu, und die wahre Kunst beginnt dann, wenn man Schönheit in der Wahrheit erkennt
(a. a. O. 179). Daher mißbilligte Gandhi »Flecken von Tin-
te und Farbe«, die für Kunst gehalten werden (MPWMG

III, 387), obwohl sie die Wahrheit nicht ausdrücken. Kunst kann nicht unbedingt nur in einer der bekannten Formen wie Malerei, Musik oder Dichtung zum Ausdruck kommen, sondern auch schlichtweg im Leben. Daher behauptete Gandhi getrost, Jesus sei ein großer Künstler gewesen, denn »er sah und drückte die Wahrheit aus« (MPWMG II, 186) – und in Anlehnung an die Bibel sagte er: »Du mußt zuerst nach Wahrheit trachten, Schönheit und das Gute fallen dir von selbst zu« (a. a. O.).

Auch Gandhi sah also, daß Kunst nicht nur das ist, was man gemeinhin unter diesem Begriff versteht. Es gibt viele Formen der Kunst als Träger der Schönheit, zum Beispiel den Sternenhimmel als eine endlose Ausbreitung der Schönheit. Der Sternenhimmel ist eines der vielen Symbole der Schönheit in der Natur, die uns auf die zentrale Wahrheit Gott aufmerksam machen, wie sie hinter diesen Phänomenen steht (TG, 100). »Alle Wahrheiten, nicht nur die wahren Ideen, sondern auch wahrhafte Gesichter, Bilder oder Lieder sind sehr schön« (MPWMG II, 179). Und darüber, was die Schönheit eines Menschen betrifft, sagte Gandhi: »Die Schönheit eines Menschen liegt in seinem Charakter, während die eines Tiers in seinem Körper liegt« (MPWMG III, 396).

So läßt sich festhalten, daß Wahrheit bei Gandhi der zentrale Begriff ist. Sie setzt er mit Gott gleich, und alle seine Gedanken über andere Themen leitet er aus diesem Begriff der Wahrheit ab.

7. Gewaltlosigkeit: Das Gesetz unserer Spezies und die Tollwut

Ich erhebe den Anspruch, ein Künstler zu sein, der mit Gewaltlosigkeit arbeitet.

Gandhi, März 1938

Schönheit ist nicht das einzige Ergebnis, das aus der Erkenntnis der Wahrheit resultiert. Nach Gandhi muß alles von der Wahrheit abgeleitet werden. Je länger er darüber nachdachte, desto überzeugter war er davon. Er sagte: »Wahrheit umschließt alles« (MPWMG II, 193). Gandhi sieht eine kausale Verbindung zwischen Wahrheit und Liebe. In der Erschauung der Wahrheit, des Absoluten, verschwinden alle Illusionen oder Unkenntnisse (MPWMG II, 209). In Illusionen liegt die Ursache für Angst. Angst und Liebe sind jedoch widersprüchlich. Verschwindet die Angst, so ist der Mensch zur Liebe fähig. Diese Liebe, wie wir noch sehen werden, ist nichts anders als die positive oder aktive Seite der Gewaltlosigkeit, *ahimsa*. Gandhi schrieb: »Daher kann ich ahimsa von Wahrheit ableiten, und aus der Wahrheit entstehen Liebe und Zärtlichkeit« (a. a. O. 193). Liebe oder Gewaltlosigkeit soll die Grundlage unserer Handlungen sein. So wirft die Wahrheit ihr Licht auf alle Bereiche des Lebens, seien es die Familie, Gesellschaft, Politik, Wirtschaft, Bildung und die innere und die äußere Sicherheit eines Landes.

§ 22. *Wahrheit als das Ziel und Gewaltlosigkeit als der Weg*

Eine oft aufgestellte, aber bislang kaum beleuchtete These Gandhis lautet: »Wahrheit kann nicht, niemals erreicht werden, außer durch die Gewaltlosigkeit« (EWMG, 240).

Sie sei die sicherste und schnellste Methode zur »Entdeckung der Wahrheit« (a. a. O.). Noch deutlicher formulierte er: »Gewaltlosigkeit ist das Mittel; Wahrheit ist das Ziel« (SWMG IV, 219). Daß sich aus Wahrheit Gewaltlosigkeit ergibt, hat Gandhi kausal erklärt. Warum soll aber Gewaltlosigkeit zur Wahrheit führen? Warum kommt der Gewaltlosigkeit bei Gandhi die Funktion der Erkenntnis zu? Diesen Punkt erklärt Gandhi in seinen Schriften nicht, obwohl er diese These oft aufstellt.

In seinem berühmten Brief aus dem Yeravda-Gefängnis 1930 schreibt Gandhi, die Menschen im Altertum hätten auf ihrer Suche festgestellt, daß die vollkommene Erschauung der Wahrheit in diesem sterblichen Körper unmöglich sei. Daraufhin erkannten sie den Weg der Gewaltlosigkeit zur Wahrheit. Bei der Ausübung der ersten Gewalttat gegen ihre Feinde erkannten sie, daß darunter die Wahrheit litt, die sich eigentlich in ihrer eigenen Seele befand. Der eigentliche Feind war nicht außerhalb von ihnen zu finden, sondern in ihnen selbst. Ihn hatten sie vernachlässigt. Diese Situation überträgt Gandhi auf seine Zeit. Den Ashrambewohnern, die mit Diebstahldelikten zu kämpfen hatten, erklärte er, man könne mit den Dieben nie im Frieden leben, wenn man sie bestrafe. Wir müssen Methoden entwickeln, sie wie unsere Verwandten zu behandeln, sie müssen erfahren, daß wir sie als Brüder sehen wollen. Dies ist ein Weg des Leids und der Geduld. Aber allmählich wird der Dieb von seinem Verbrechen abgebracht. Langsam wird die ganze Welt dank dieser Methode zu unserem Freund werden. »Wir werden die Größe Gottes – der Wahrheit, erkennen.« »Dies ist der Weg der Gewaltlosigkeit« (SWMG IV, 216–17).

Die Frage bleibt unbeantwortet, warum die Wahrheit oder Gott durch Gewaltlosigkeit zu erreichen ist. Erstaunlicherweise ist diese Frage unter Gandhi-Kennern nicht auf Interesse gestoßen (vgl. Mohit Chakrabarti, Margaret Chatterjee, Raghavan Iyer, J. B. Kripalani, Calvin Kytle, Ram Adhar Mall, N. Radhakrishnan, Shri Ram Sharma, M. M. Verma). Allein bei Raghavan Iyer zeigt dessen Methode der »Inflation«, bei der die Begriffe Wahrheit und Gewaltlosigkeit auf *moksha* und *tapas* übertragen werden, daß er dieses Problem bei Gandhi zumindest erkannt hat. Die Methode selbst weicht dem Problem leider aus, anstatt eine Lösung zu bieten. Vielleicht liegt es daran, daß Iyer schon das Problem nicht mit der notwendigen Präzision formuliert (Vgl. Iyer, Raghavan, 234).

Im Hinblick auf den Versuch, dieses Problem zu lösen, scheint es angebracht, zunächst den Begriff Gewaltlosigkeit, *ahimsa*, sowohl in der indischen Tradition als auch bei Gandhi näher zu beleuchten.

§ 23. *Gewaltlosigkeit als ein ethisches Prinzip in den religiösen und philosophischen Traditionen Indiens*

Das Sanskritwort *himsa* bedeutet: 1. Verletzung, Verschmitztheit, falsch, Gefahr; 2. Töten, erschlagen; 3. Raub, Plunder (Apte, 1027). »A« ist im Sanskrit eine Vorsilbe, die für Negation steht. So bedeutet *ahimsa* das Gegenteil von *himsa* und wird mit »Gewaltlosigkeit« übersetzt. *Ahimsa* und *karuna* und *daya*, Mitleid und Barmherzigkeit, sind uralte Begriffe der religiösen und philosophischen Traditionen Indiens.

Gewaltlosigkeit wird im Jainismus und Buddhismus zu einem Hauptprinzip der Lebensführung erhoben, wobei es eine umfassendere Dimension und Tiefe bekommt. Im Jainismus ist Gewaltlosigkeit das zweite der fünf Gelübde, Wahrheit das erste.

Bei den Buddhisten ist die Gewaltlosigkeit ein Gebot, sie ist das Merkmal, das Buddha durch seine verschiedenen Leben begleitete, bis er die Buddhaschaft errungen hatte und alle Lebewesen retten wollte. Auch dem Hinduismus sind diese Begriffe keineswegs fremd, bereits in der vedischen Literatur begegnet man ihnen (vgl. Hiriyanna, 92). Als ein wichtiges Prinzip wird ahimsa in der Yogaphilosophie des Patanjali und in der Bhagavadgita erwähnt. Sie ist Bestandteil des achtgliedrigen Wegs bei Patanjali (Yogasutras of Patanjali, II. 30). Die Bhagavadgita erklärt die Gewaltlosigkeit zu einer der göttlichen Eigenschaften des Menschen (Bhagavadgita XVI, 2). Über diese beiden Strömungen nimmt die Gewaltlosigkeit Einfluß auf alle orthodoxen Schulen der indischen Philosophie.

Dieses Prinzip hatte die Lebensführung der Inder erheblich beeinflußt. König Dushyanta stellt in der Einsiedelei des heiligen Kanva fest, daß dort die Gazellen keine Angst vor Menschen hatten, weil der Heilige und seine Mitbewohner mit ihnen friedlichen Umgang pflegten (Vgl. Abhijnanasakuntalam, Akte I). Bekanntlich haben die Asketen und Eremiten nicht nur den Tieren, sondern auch den Pflanzen gegenüber keine Gewalt ausgeübt. Sie pflückten keine Früchte oder ernteten keine Getreide, um den Pflanzen kein Leid anzutun. Sie warteten, bis die Früchte vom Baum fielen oder sammelten die Getreidekörner unter den Bäumen auf, die die Vögel aus ihren Nestern herunterfallen ließen, und ernährten sich davon.

Die Jainas gehen so weit, auf Ackerbau zu verzichten, weil beim Pflügen Würmer getötet werden können. Sie essen nicht nach dem Sonnenuntergang, da in der Dunkelheit Insekten sterben können. Selbst die Luft, die wir ein- und ausatmen, ist voller unsichtbarer Insekten. Um diese nicht einzuatmen und dadurch zu töten, tragen sie ein Mundtuch.

Derartig ideale Vorstellungen hatte man nicht nur im Altertum, auch die Lebensgeschichten der indischen Heiligen aus dem vergangenen und diesem Jahrhundert beweisen, daß Gewaltlosigkeit eine Grundlage ihres Umgangs mit Mitmenschen und Lebewesen ist. Unzählige Beispiele dafür gibt es, wie sie das Leben von Tieren gerettet haben. Einer aggressiven Äffin, die von einem Briten im Auftrag des Königs erschossen werden sollte, redete der heilige Swami Samartha gut zu und streichelte sie liebevoll. Daraufhin wurde die Äffin sanftmütig und »religiös« und belästigte niemanden mehr. Taj ud din Baba sammelte Steine und gab sie lächelnd den frechen Kindern, die ihn mit Steinen bewarfen. Er wurde sogar böse auf ihre Eltern, als sie das verhindern wollten. Er sagte zu den Eltern, es sei eine Sache zwischen den Kindern und ihm selbst. Shirdi Baba verhinderte, daß ein Baum gefällt wurde, und erklärte seinem Anhänger, auch die Bäume lebten und empfänden Schmerz. Heißt das, daß die Gewaltlosigkeit ein asketisches Ideal ist? Zwar erreicht dieses Prinzip im Leben der Asketen seine volle Entfaltung, doch kann es nicht ausschließlich als ein Ideal von Asketen gelten. In Indien sagt man, die Anwesenheit eines gewaltlosen Menschen verwandle seine Umwelt – ein Grundsatz, den Gandhi in seinem Leben immer wieder bewies.

Im Epos Mahabharata, das in Indien zusammen mit dem Epos Ramayana als moralischer und erzieherischer Leitfaden gilt und Vorbilder für eine richtige Lebensführung liefern soll, wird Gewaltlosigkeit zum höchsten Gesetz erhoben (Shantiparva 265.5–6). Für Gandhi lag die Essenz dieses Epos in der Aussage, daß Gewalt zur Zerstörung aller, nicht nur der Gegner, führt. Die Dharma Shastras, die ursprüngliche indische Gesetzgebung, an der sich die Hindukönige und die Gesellschaft orientierten, erklären Gewaltlosigkeit zu einem absoluten Wert. Im Manudharma Sastra steht geschrieben: »Gewaltlosigkeit, Wahrhaftigkeit, Verzicht auf das unrechtmäßige Ergreifen fremder Güter, Reinheit und die Beherrschung der Organe hat Manu für die vier Kasten als das Wesen der Gerechtigkeit erklärt« (Radhakrishnan, S. and Charles A. Moore, 175). Sogar nach Kautilya, einem Befürworter der Machtpolitik, der daher mit Machiavelli verglichen wird, ist sie eine Pflicht für alle Menschen (a. a. O. 198).

Das früheste Beispiel für den gesellschaftlichen Einfluß des Ideals der Gewaltlosigkeit, wie es in Religion, Philosophie, in alten Gesetzbüchern und in der Literatur erscheint, ist der König Asoka, der unter dem Einfluß des Buddhismus Kriegen abschwor, Tierschlachtung und Fleischverzehr verringerte und Tierjagd durch Pilgerfahrten ersetzte. Durch ihn gewann Gewaltlosigkeit als ein ethisches Prinzip große Gültigkeit. Die Entwicklung des Vegetarismus in Indien ist zum Teil dem König Asoka zu verdanken (Basham, A. L., 55). Mit der Zeit machte sich die Hindugesellschaft diese vertiefte und erweiterte Gewaltlosigkeit der Jainas und Buddhisten zu eigen, so daß selbst nachdem diese Religionen in den Hintergrund traten, der Einfluß dieses Prinzips nicht verlorenging. Daß Indien von Gewaltlosigkeit geprägt ist, gab Gandhi Romain Rolland gegenüber zu (Correspondence, 180).

§ 24. *Gewaltlosigkeit bei Gandhi als das Gesetz unserer Spezies*

Die Propheten oder religiösen Lehrer erschauen Wahrheiten oder Gesetze und verkünden sie in Wörtern. Mit der Zeit erstarren sie zu bloßen Formeln und verlieren ihre vibrierende ursprüngliche Kraft. Man wiederholt die Wörter, welche die Ideen und ihre Entwicklung nicht mehr zu tragen fähig sind. »Wörter wie Menschen brauchen Wachstum. Immer wenn sich die Kenntnisse erweitern, wird auch der Sinn eines Wortes größer«, schrieb Gandhi (EWMG, 40). Das trifft auch für das Wort *ahimsa* zu.

An die Ashrambewohner schrieb Gandhi aus der Haft (1930), daß *ahimsa* nicht der bloße Verzicht auf Gewalt ist. Kein Lebewesen zu verletzen ist sicherlich *ahimsa*. Das ist aber nur der grobe Aspekt dieses Prinzips. Es gibt subtilere Formen der Gewalt im Bereich des Redens und auch Denkens. Eine von einem Pfeil verursachte Wunde kann man heilen; schwieriger ist es, eine Wunde zu heilen, die durch Worte verursacht worden ist, lautet ein Sprichwort auf Telugu. Bereits Gedanken können wirken (EWMG, 44, s. u. auch Kapitel X). Wenn die Gedanken gewaltsam sind, wird gegen das Prinzip der Gewaltlosigkeit bereits durch das Denken verstoßen. Dieses Prinzip wird sogar durch »unangebrachte Eile, durch Lüge, Haß« oder dadurch, daß man jemandem Böses wünscht, gebrochen (SWMG IV, 218). Gandhi zeigt in dieser Aussage großes Einfühlungsvermögen. Selten fällt uns auf, daß wir in unserer Eile ungewollt Gewalt ausüben. Eile ist eines der Merkmale einer Industriegesellschaft, und ihr erstes Opfer ist die Rücksicht auf Mitmenschen oder andere Lebewesen. So schnell wie möglich wollen wir unsere Aufgaben erledigen, bevor wir von den neuen überholt werden, und so haben wir wenig Zeit für Bedürfnisse, Freuden und Sorgen der Mitmenschen. Der Kutscher in einer Erzählung Maupassants versucht eine glückliche Nachricht mit seinen Kunden zu teilen. Keiner will ihm zuhören, weil jeder mit sich selbst beschäftigt ist. Am Ende des Arbeitstages spannt er das Pferd aus und sagt zu ihm, daß seine Frau heute früh ein Kind zur Welt gebracht hat. In seiner Eile zertritt der Mensch Gefühle. Lügen bergen Gewalt in sich, man denke nur an die Lügen in Zweierbeziehungen oder in der Politik und den Schmerz der Betroffenen, wenn sie entdecken, daß sie belogen oder betrogen worden sind.

Das sind alles Formen von Gewalt. Konsequente Gewaltlosigkeit berücksichtigt alle Bereiche des Lebens. Verzicht auf Gewalt ist jedoch nur die »negative« Formulierung von *ahimsa*. Sie hat auch ihre »positive Seite« – die Liebe und mit ihr verbunden *vinaya* und *ksama*, Bescheidenheit und Vergebung. Wie viele originelle Philosophen, beschäftigt sich auch Gandhi mit der wahren Bedeutung dieser Begriffe.

Wahrhafte Lebensführung oder liebevollen Umgang kann man wie ein Handwerk »erlernen«, aber nicht Demut. Wenn man versucht, sie zu erwerben, auszuüben oder auf sie stolz zu sein, so wird sie schnell zur Heuchelei. Bestenfalls kann man sich die Regeln der Etiketten aneignen. Ohne den Inhalt der Bescheidenheit bleiben diese jedoch bloße Formen. Wer sein Ego vergißt und Gewaltlosigkeit ausübt, wird Bescheidenheit in seiner Natur haben. Er wird sich ihrer nie bewußt sein, obwohl sie sich nicht verbergen läßt. Sie ist auch die Folge der Erkenntnis, daß wir verglichen mit Gott und der Natur unendlich klein und unbedeutend, eine »Null«, sind. Sie verlangt, daß wir uns in den Dienst aller Lebewesen stellen. So gesehen ist die Bescheidenheit ein Prüfstein der Gewaltlosigkeit (EWMG, 218).

Vergebung ist eine weitere Dimension der *ahimsa*. Sie ist unendlich größer als Strafe, welche eine Form von Gewalt ist. Vergebung wird in Indien als die Zierde des Helden gepriesen. Die Vergebung soll nach Gandhi aus der Stellung der Stärke heraus erfolgen. Jemand, dem die Bestrafung oder Vergeltung ohnehin nicht möglich ist, kann eigentlich nicht vergeben. In Gandhis Metapher ausgedrückt, kann die Maus als die Schwächere der Katze nicht vergeben. Mit Stärke meinte Gandhi natürlich nicht die Muskelkraft (a. a. O. 237).

Wenn Gandhi aus der Wahrheit die Gewaltlosigkeit ableitete, so konnte er aus Wahrheit und Gewaltlosigkeit alle anderen Gebote ableiten, von denen in Hinduismus und Yogaphilosophie die Rede ist, und sie als ein Gelübde in der Satzung seines Satyagraha-Ashrams einführen. *Ahimsa, satya, asteya, brahmachari* und *aparigraha* (Gewaltlosigkeit, Wahrhaftigkeit, Nicht-Stehlen, Enthaltsamkeit und Nicht-Besitzergreifen) sind die *yamas* der Yogaphilosophie, welche auch die großen Gelübde (Mahavratas) genannt werden.

Das Wort *asteya* bedeutet »Nicht Stehlen«. Stehlen wäre, wie auch die Lüge oder der Betrug, ein offensichtlicher Gewaltakt. Gandhi erweitert die Bedeutung dieses Wortes und meint, wir alle seien des Stehlens schuldig.

214

Nach ihm stiehlt jemand nicht nur etwas, das anderen gehört, sondern auch das, welches ihm selbst gehört – so zum Beispiel wenn ein Vater insgeheim etwas ißt, ohne es mit seinen Kindern zu teilen. Ohne Erlaubnis etwas von jemandem zu nehmen oder etwas zu nehmen in der Annahme, daß es niemandem gehöre, sei Stehlen. Soweit sind Gandhis Gedanken zum Stehlen verständlich. Mit seinem subtilen und humanen Intellekt erschließt er weitere Bedeutungen dieses Wortes, die uns zunächst verwirren können.

Nach ihm ist es Stehlen, wenn man von jemandem etwas, selbst mit seiner Erlaubnis, nimmt, was man nicht braucht. Alles, was man ißt, ohne daß dies »notwendig« wäre, gehört in diese Kategorie des Stehlens. Das bezieht sich sowohl auf die Art der Speise als auch auf die Mengen. Wir haben meistens unnötige Bedürfnissse und möchten Dinge besitzen, die wir eigentlich nicht brauchen, die aber für das Überleben eines anderen Menschen notwendig sind. Wenn wir darüber nachdenken, werden wir feststellen, daß wir viel Überflüssiges besitzen. *Dinge zu besitzen, die nicht lebensnotwendig sind, ist Stehlen* (vgl. SWMG IV, 228). Die bedrückende Armut in der Welt ist auf diese Art des Stehlens zurückzuführen, meint Gandhi. Man fühlt sich an Marx erinnert, der das private Eigentum für Diebstahl erklärte. Bereits der Gedanke, etwas besitzen zu wollen, das einem nicht gehört, ist, so Gandhi, Stehlen.

Auch den Diebstahl von Ideen, Plagiat oder den unrechtmäßigen Anspruch auf geistige Urheberschaft, thematisiert Gandhi (a.a.O.) und nimmt den Gedanken, der hinter dem Ausdruck *intellectual property* steht, wie ihn die Amerikaner im internationalen Handelsrecht in Umlauf gesetzt haben, vorweg.

Nicht-Besitzergreifen ist mit dem Nicht-Stehlen eng verbunden und somit mit Gewaltlosigkeit. Erich Fromm macht in seinen Analysen zur »Existenzweise des Habens« darauf aufmerksam, daß das lateinische Wort *privat* »berauben« bedeute, und so das Wort »Privateigentum« auf berauben hinweise. Wie Gandhi sieht auch Fromm einen kausalen Zusammenhang zwischen Besitzergreifen und Gewalt und meint: »Der Wunsch, Privateigentum zu haben, erweckt den Wunsch in uns, Gewalt anzuwenden, um andere offen oder heimlich zu berauben« (Fromm, Erich, 83). In diesem Wunsch sieht Gandhi jedoch nicht nur Gewalt, sondern auch eine Tendenz zum Atheismus. Hinter dem Gedanken, etwas besitzen zu wollen, was man nicht unbedingt braucht, stehen die Sorge und die daraus sich ergebende Planung für die Zukunft. Diese Planung ist ein Verrat am Vertrauen zu Gott. Ein wahrhafter Gläubiger wird um seine Zukunft nicht fürchten. Gott wird ihm jeden Tag so viel geben, wie er braucht, und nicht mehr. Als Gandhi dies erkannte, ließ er in Südafrika seine Lebensversicherung verfallen (AB, 219). Gandhi glaubte, die Lösung für die Armut in der Welt liege in der korrekten Einhaltung dieses Prinzips oder, in seiner Terminologie, dieses Gelübdes: »Wenn jeder nur so viel besitzen würde, wie er braucht, wäre niemand bedürftig, alle würden zufrieden leben« (SWMG IV, 230).

Der Mensch ist von Natur aus gierig, er will haben und mehr haben. Seine Psyche scheint von einem ständigen Mangel geprägt zu sein, den auszugleichen der Mensch bestrebt ist. Die heutige europäische Zivilisation ist von dieser Bestrebung bestimmt, welche im Kapitalismus den höchsten Ausdruck findet und die Natur unterwirft. An dieser Bestrebung und ihren Errungenschaften gemessen, ist die Erzeugung von Gütern und ihr Besitz und Verbrauch das Merkmal der Zivilisation, einer Haben-Zivilisation. Gandhis Meinung lautet dagegen: »Zivilisation, im wahren Sinne des Wortes, besteht nicht aus der Vervielfältigung, sondern aus bewußter und freiwilliger Verringerung der Bedürfnisse« (a. a. O.). Als Gandhi dieses 1930, vor ungefähr 70 Jahren, schrieb, dachte er sowohl an die

Armen als auch an die Erde, obwohl die Strapazierbarkeit von Mutter Erde damals unbegrenzt zu sein schien. Heute müssen die Menschen ihre Vorstellungen von Zivilisation ändern. Sie müßten sich zur Sicherung des eigenen Überlebens dem asketischen Ideal Gandhis annähern und lernen, Schönheit in einem schlichten Leben zu erkennen.

Wie weit können wir im Leben das Prinzip des Nicht-Besitzergreifens befolgen? »Vollkommene Befolgung des Ideals, des Nicht-Besitzergreifens, erfordert, daß der Mensch wie die Vögel kein Dach über dem Kopf, keine Kleidung und keinen Vorrat an Nahrung für den morgigen Tag hat. Er braucht sein tägliches Brot, aber es zu besorgen ist Aufgabe Gottes, nicht des Menschen« (a. a. O.). Man könnte fragen, wie es dann mit dem Leib steht. Ist er nicht auch ein Besitz, den wir aufgeben sollen? Gandhi sieht den Leib als einen Käfig, in dem die Seele gefangen ist. Solange sie in ihm eingesperrt bleibt, leidet sie. Im Grunde ist die Seele allgegenwärtig und braucht den Leib nicht für ihre Existenz. Die Folge dieser Erkenntnis ist für Gandhi aber nicht die Entsagung von der Welt oder Gleichgültigkeit ihr gegenüber, sondern die Nächstenliebe. Wir sollen diesen Leib, den wir besitzen, in den Dienst an den Mitmenschen stellen.

§ 25. *Enthaltsamkeit als ein Gelübde und die Frauenfrage*

Gandhi führt auch das fünfte Prinzip des Brahmacharya – Enthaltsamkeit oder Zölibat – auf Gewaltlosigkeit und Wahrheit zurück. In der indischen Tradition bedeutet Brahmachari den Verzicht auf sexuelle Beziehungen und die Vermeidung des Umgangs von Männern mit Frauen, wodurch sowohl ein existentieller als auch ein esoterischer Zweck erfüllt werden soll. Gandhi geht hinter diese Schicht der Tradition zurück und legt diesen Begriff neu aus. Ein Mensch der Gewaltlosigkeit behandelt alle Menschen und Lebewesen gleich. Ein durch Ehe oder Familie gebundener Mensch wird aber seine eigene Familie von anderen Menschen oder Familien unterscheiden und damit subtile Gewalt ausüben. Er kann der Vorstellung aus Manusmriti, »Die Welt ist eine Familie« (Manusmriti, 11.12.22), nicht gerecht werden. Eheschließung und Gründung einer Familie sind ein Verstoß gegen diese ideale Vorstellung, da diese jemandem, der die Wahrheit, Gott, in seinen Mitmenschen zu erreichen sucht, im Weg stehen können. Ehe und Familie fördern Selbstsucht und Eigennutz. Gandhi und die Mitbewohner seines Ashrams hatten sich dagegen dem Dienst an den Mitmenschen gewidmet.

Entgegen der Tradition sah Gandhi jedoch den Kern des Brahmacharya nicht darin, daß Männer den Umgang mit Frauen vermeiden sollen, wie die Mönche in Indien es tun. Er sah die Frau nicht als »eine Türwächterin zur Hölle« (MPWMG II, 583). Vielmehr müssen die Frauen sich emanzipieren, und das kann nicht geschehen, solange Männer sie meiden. Die Vermeidung würde die Frauen nur isolieren. Aus dieser Einsicht heraus nahm Gandhi Frauen in seinem Ashram auf, zumal Männer viel Wichtiges von ihnen zu lernen haben. Zu den Ashrambewohnern zählten viele Frauen. Sie genossen volle Gleichberechtigung und waren an den Satyagrahakämpfen tapfer wie die Männer beteiligt.

Nach Gandhis Meinung besitzen Frauen und Männer dieselbe Seele, daher müssen auch ihre Bedürfnisse gleich sein, beide unterliegen denselben Leidenschaften und Schwächen. Die Freiheit zu entscheiden, was sie brauchen oder nicht brauchen, verwehrt die traditionelle Gesetzgebung den Frauen. Nach der Tradition soll die Frau in ihrer Kindheit vom Vater, in der Jugend vom Ehemann und im Alter vom Sohn abhängig sein. In ihrer Abhängigkeit wird sogar ein Grund für ihre Schönheit gesehen. Ohne Abhängigkeit wird keine Dichtung, Kletterpflanze oder Frau schön sein, heißt es bei dem Dichter Kalidasa. Nach Gandhi wurden die alten Gesetze und Ideale von Männern formuliert, die an eigene Interessen dachten. Daher fanden darin die Erfahrungen von Frauen keinen Platz (MPWMG III, 394). Im Grunde sei jedoch weder die Frau noch der Mann überlegen – wenngleich die physiologischen Unterschiede nicht übersehen werden dürften.

Gandhi sah Frauen als die geborenen Gewaltlosen, und es ist kein Wunder, daß er sagte: »Ein Mann muß ein Mann bleiben, und doch muß er eine Frau werden«, d. h., er muß sich ihre Sanftheit und ihr Unterscheidungsvermögen aneignen (MPWMG III, 391). »Genauso muß die Frau versuchen ein Mann zu werden«, d. h., sie soll ihre Feigheit abwerfen und tapfer und mutig werden (a. a. O.). Sowohl die Frauen als auch die Männer sollen sich unter Einbeziehung der besonderen Eigenschaften des anderen Geschlechts emanzipieren.

Gandhi sah sein Satyagraha (s. u. Kapitel VIII) als den größten Beitrag zu Befreiung nicht nur Indiens, sondern auch der Frauen. Nach ihm sind Frauen geborene Satyagrahis, da sie die Gewaltlosigkeit verkörpern. So waren Frauen nach Gandhi die unbestrittenen Anführer der Satyagraha-Kampagnen. Durch ihre Beteiligung an diesen Kampagnen sollten sie ihren richtigen Platz in der Entwicklung der Menschheit finden und ihr Gefühl von Minderwertigkeit loswerden (MPWMG III, 407).

Das Zölibat war ein Gelübde für die Ashrambewohner, ihnen war Geschlechtsverkehr absolut untersagt (CWMG XIII, 92). Heißt das also, daß Verheiratete oder Ehepaare nicht in den Ashram aufgenommen wurden? Gandhi selbst war verheiratet und lebte mit seiner Frau und Kindern im Ashram. Die Ehe war also kein Hinderungsgrund. Doch Gandhi machte den Ehepartnern einen Vorschlag. Sie sollten wie Bruder und Schwester leben und auf ihre sexuellen Beziehungen verzichten. Das würde ihre Kräfte von ihren engen familiären Bindungen befreien und ihre auf eine Familie beschränkte Liebe auf die Ebene der Menschheit erheben. Dies nennt Gandhi die Reinigung der Ehebeziehung, und sie führe dazu, daß die Ehepartner einander besser dienen könnten und daß der Anlaß zum Ehestreit mit der Zeit kleiner und seltener werde (SWMG IV, 221).

Diese Vorstellungen von Gandhi dürfen nicht den Eindruck erwecken, er habe die Sexualität aus der Welt schaffen wollen. Folgendes Zitat ist beachtenswert: »Der sexuelle Trieb ist eine feine und edle Sache. Darin ist nichts Beschämendes. Aber er ist nur für die Fortpflanzung bestimmt. Sein Gebrauch für irgendeinen anderen Zweck ist eine Sünde« (TG, 122). Gandhi scheint diesbezüglich traditionstreu zu sein: Kinder sind der Zweck der Ehe.

Brahmachari bedeutet nicht nur den Verzicht auf sexuelle Beziehungen zwischen Männern und Frauen, der nur ein äußerer Ausdruck ist. Brahmachari muß auch in Gedanken und Reden eingehalten werden. Bereits der Gedanke an eine Frau oder das Verlangen nach ihr bricht das Gelübde. Aber wie lassen sich die Gedanken und Triebe beherrschen? Gedanken sind unstetig und unbeherrschbar wie ein starker Wind, beklagt sich Arjuna in der Bhagavadgita (vgl. Bhagavadgita, Kapitel VI, 34). Die Ernährungsregeln des Ashrams hängen mit dieser Frage eng zusammen. Wenn Menschen ihren Körper als Instrument im Dienst der Menschheit betrachten, so sollen sie auch dafür Sorge tragen, daß er mit einer diesem Zweck entsprechenden Nahrung versorgt wird. Das Essen soll wie ein Medikament verzehrt werden, heißt es in Aruneyi Upanishad, ein Medikament, welches den Verbleib der Seele im Körper gewährleistet und die geistigen Aberrationen, zum Beispiel die Sexualität, unterbindet. Lange Jahre führte Gandhi Experimente mit Ernährung durch und stellte fest, daß Gewürze und Milch die Triebhaftigkeit fördern. So wurde die Beherrschung des Gaumens eines der Gelübde des Ashrams (vgl. u. auch Kapitel IX).

Nicht nur die Beherrschung der Sexualität oder der Zunge sind nach Gandhi Brahmachari. Er sei die Beherrschung aller Sinnesorgane.

Wird nicht der Verzicht auf Sexualität zum Aussterben der Menschheit führen? Gandhi scheint eine solche Befürchtung nicht zu haben. Ganz im Gegenteil betrachtet er die Enthaltsamkeit als einen wichtigen Schritt in der Evolution, welcher die Menschen zur nächsten, höheren Stufe zu führen vermag.

Alle ethischen Prinzipien oder Ashram-Gelübde leitet Gandhi von der Wahrheit und der Gewaltlosigkeit ab. Auch Vyasa (600 A.D. ?), ein Kommentator von Patanjalis Yogasutras, führt alle derartigen Prinzipien auf die Gewaltlosigkeit zurück und meint, sie sollen der Gewaltlosigkeit in der Praxis Vollkommenheit verleihen. So gesehen sind sie ein Mittel zur Verwirklichung der Gewaltlosigkeit (Swami Hariharananda Aranya, 208). Gandhis Beitrag zur indischen Philosophie besteht darin, daß er die Gewaltlosigkeit auf die Wahrheit zurückführt.

§ 26. *Positive Seiten der Gewaltlosigkeit*

Ahimsa, verstanden als Gewaltlosigkeit mit den Geboten des Nicht-Stehlens, Nicht-Besitzergreifens und der Enthaltsamkeit zeigt nur, wie ein spiritueller Sucher, ein wahrhafter Mensch, nicht sein soll. Ahimsa hat aber auch ihre »positiven« Seiten. Sie bedeutet größte Liebe und Güte (MPWMG II, 212), was Gandhi als konkrete Form der Gewaltlosigkeit bezeichnet. Sie kennt in der Regel keine Ausnahmen und umfaßt alle Lebewesen – Menschen, Tiere und Pflanzen. So hat ein gewaltloser Mensch keinen Feind und weiß, daß Leben das größte aller Geschenke ist.

Die Seele des Menschen ist nichts anders als die absolute Seele, die nur als *sat, cit und ananda* beschrieben werden kann. Wie bereits ausgeführt, ergibt sich Liebe aus Sat

– dem Sein oder der Wahrheit. So ist die Gewaltlosigkeit oder Liebe nach Gandhi ein Merkmal oder eine Kraft der Seele (MPWMG I, 430). Als solche ist sie die aktivste Kraft, wenn wir sie nur richtig verstünden, wäre ihre Kraft größer als die von Millionen von Sonnen (a. a. O. 508). Sie ist unendlich wunderbarer und subtiler als die Kraft der Natur, zum Beispiel die des Stroms. Der Entdecker dieser Kraft ist größer als jeder moderne Naturwissenschaftler (MPWMG II, 294).

Trotz der Größe dieser Kraft ist ihre Wirkung in ihrer Gesamtheit nicht wahrzunehmen, nur ein Viertel von ihr kann der Mensch wahrnehmen (MPWMG II, 396). Und dieses Viertel erscheint den einfachen Menschen als unwirksam.

Sie ist darum ein absolutes Gesetz – *paramo dharma* – weil alle Lebewesen nur Erscheinungen des einen Gottes sind. Die Advaita-Philosophie lehrt, daß dem Wesen nach kein Unterschied zwischen den Lebewesen besteht, sie sind alle eins. Wie wir uns selbst behandeln möchten, so möchten wir auch die anderen behandeln. Angst vor den anderen entsteht aufgrund der Illusion der Dualität, heißt es in Brhadaranyakopanisad (1.4.2). Die Überzeugung, daß das Leben aller Lebewesen eine Einheit bildet und daß Gott in den Herzen aller Menschen existiert (MPWMG, II, 482), ist eine Voraussetzung und Grund für die Ausübung der Gewaltlosigkeit.

Die andere Voraussetzung kommt in der Überzeugung zum Ausdruck, daß der Körper sterblich, die Seele dahingegen unsterblich ist (a. a. O. 339). Diese Überzeugung ergibt sich aus dem Streben nach Wahrheit, welche Gott ist. Daher hat jemand, der ahimsa übt, Angst vor nichts außer vor Gott. Angstlosigkeit ist eine der wichtigsten Voraussetzungen für die Praxis der Gewaltlosigkeit. Während Waffen das Merkmal der Gewaltsamen sind, ist Gott der Schutzschild der Gewaltlosen (a. a. O.), und darin liegt ihre Stärke.

Diese Gewaltlosigkeit, sagt Gandhi, sei keine politische Strategie der Schwachen, welche sie deswegen ausüben, weil sie ohnehin keine Möglichkeit haben, Gewalt auszuüben. Sie ist ein Glaubensbekenntnis der Starken und umfaßt alle Lebensbereiche. Als Mittel zu politischen Zielen gebraucht, wie es die Kongreß-Partei zur Enttäuschung Gandhis in Indien tat, ist sie nur eine Strategie oder Diplomatie (MPWMG II, 402) und als solche zum Scheitern verurteilt.

In der Gewaltlosigkeit sieht Gandhi das Wesensmerkmal des Menschen. Ohne diese Tugend würden wir trotz des menschlichen Körpers »Eigenschaften unseres entfernten und berühmten Ahnen, Orang Utang, teilen« (NVPW I, 150). Dieses Wesensmerkmal ist zugleich das Gesetz unserer Spezies. »Gewaltlosigkeit ist das Gesetz unserer Spezies, wie die Gewalt das Gesetz der Tiere ist« (EWMG, 238). In den Tieren schlummert der Geist. Daher kennen sie kein anderes Gesetz als die Gewalt, das sie befolgen. Die Menschwerdung verlangt dagegen, daß der nur nach dem Äußeren als Mensch Erscheinende den Geist erweckt und diesem Gesetz folgt. Nur darin unterscheidet sich ein Mensch vom Tier. Es liegt keine Weisheit darin, im Tierreich gewisse Gesetze zu beobachten und sie auf Menschen zu übertragen. Diese Beobachtungen sollen uns statt dessen dazu verhelfen, uns von den Tieren unterscheiden zu können. Aus diesen Ansichten Gandhis kann man folgern, *daß die Tiere ein Produkt der Natur sind, während der Mensch kein Produkt der Natur ist.* Er ist das Ergebnis seiner moralischen Handlungen, welche das Gesetz der Gewaltlosigkeit befolgen. Das heißt: Die Handlungen des Menschen gehen seinem Wesen voran und bestimmen es. In diesem Punkt scheint ein Moment der Existenz-Philosophie bei Gandhi auf (vgl. Sartre, J. P., 26).

§ 27. *Setzt die Gewaltlosigkeit gewisse Umstände oder Übung voraus?*

Nach Gandhi verlangt die Ausübung der Wahrheit sowie der Gewaltlosigkeit äußerste Achtsamkeit. Es ist nicht einfach, diese zwei Gelübde einzuhalten. Da jede Situation neu ist, können wir uns auf keine Formeln oder herkömmlichen Regeln verlassen. Auch die jeweiligen religiösen Traditionen bieten keine Hilfe, da in ihnen, wie wir sahen, die Wörter und Bedeutungen nicht weitergewachsen sind. Der Weg der Gewaltlosigkeit verlangt mehr Konzentration als eine Gratwanderung, weil er keinem mechanischen Prozeß entspricht (MPWMG II, 430).

Die Umsetzung des Konzeptes der Gewaltlosigkeit erfordert Übung. Zu diesem Zweck gründete Gandhi seine Ashrams. Sind Ashrams die einzigen Orte, an denen man sie erlernen kann? Die Frage ist zu verneinen, denn Gandhi selbst lernte die Lektionen in Gewaltlosigkeit in seinem Ehe- und Familienleben. Die Familie hielt Gandhi für die natürlichste Sphäre, in der man Gewaltlosigkeit erlernen kann, und Mütter, Schwestern und Ehefrauen sind die besten Lehrer in dieser Sache, erzählte Gandhi den kriegerischen Pathanen im Nordwesten des Subkontinents. Da Gandhis Philosophie keinen Unterschied zwischen den Eigenen und den anderen kennt, und die ganze Welt als eine Familie betrachtet (NVPW I, 299), kann und muß Gewaltlosigkeit überall ausgeübt werden.

In den 40 Jahren, während Gandhi gewaltlose Kampagnen gegen die Briten leitete, erlitt die Menschheit, vor allem im Westen, zwei Weltkriege. Gandhis politische Kampagnen und seine Philosophie, die dahinterstand, unterschieden sich von der westlichen materialistischen Weltanschauung und ihrem Menschenbild, die zu kriegerischen Auseinandersetzungen führten. Der Unterschied zwischen beiden erhielt radikalere Konturen angesichts des Faschismus und der Judenfrage. So stellten die Leser seiner Zeitschrift »Harijan« aus aller Welt immer wieder eine Frage: Ist die Ausübung der Gewaltlosigkeit nur unter gewissen Umständen möglich? Das heißt: Sollen wir allen Menschen, Feinden, Verfolgern und Kriminellen gegenüber vorbehaltlos gewaltlos sein?

Ohne zu schwanken, antwortet Gandhi, daß man bei der Ausübung der Gewaltlosigkeit oder Liebe keinen Unterschied zwischen den Feinden und Freunden machen soll. Alle, der Freund, Feind und Kriminelle, sind nur Erscheinungen eines einzigen Gottes. Es ist keine Herausforderung, den liebenswürdigen, sanften und guten Menschen gegenüber gewaltlos zu sein. Wenn ich mich solchen Menschen gegenüber gewaltlos verhalte, treibe ich nur ein Tauschgeschäft. Die Gewaltlosigkeit oder Liebe, welche Gandhi lehrt, ist eine bedingungslose Liebe: »Die Feuerprobe der Gewaltlosigkeit besteht darin, daß man angesichts der schlimmsten Provokation, gewaltsam zu sein, gewaltlos denkt, spricht und handelt« (MPWMG II, 357). Liebe soll ihren Ausdruck nicht nur in einer liebevollen Atmosphäre finden können.

Im gewissen Sinn zeigt die Gewaltlosigkeit ihre deutlichen Konturen nur in der Konfrontation mit der Gewalt. Nur in einer Konfrontation kann der Mensch wahre Liebe zeigen. Verzicht auf Gewalt in einer friedlichen und liebevollen Situation wäre keine Ausübung der Gewaltlosigkeit (a.a.O. 393). Angesichts dieser Auffassung ist Gandhis Antwort auf die folgende Frage zu verstehen.

Ein Leser fragt: Ist jemandem in einer hilflosen Situation angesichts einer überlegenen brutalen Macht ein Minimum an Gewalt erlaubt? (MPWMG II, 431–32) Wenn ein Mensch die Kraft der Gewaltlosigkeit verstanden hat, so fühlt er sich nie der brutalen Macht unterlegen, antwortet Gandhi, noch fühlt er sich hilflos. Das Gefühl der Hilflosigkeit angesichts der Gewalt bedeutet Feigheit und den Mangel an wahrer Gewaltlosigkeit. Ebendeshalb können nur die Starken sie ausüben. So fordert Gandhi dazu auf, Gewaltlosigkeit nicht mit der Feigheit oder Passivität zu verwechseln. Sie bedeutet nicht, daß sich ein Mensch dem Tyrannen unterwirft, sondern daß er seine ganze Seele gegen den Willen des Tyrannen stellt. Daher behauptet Gandhi: »Gewaltlosigkeit ist die Waffe der Starken« (EWMG, 243).

Derselbe Leser stellt die Frage: Darf er einen mordlustigen Amokläufer oder einen Verrückten mit Gewalt bändigen? Selbst in diesem Fall ist die Anwendung von Gewalt nicht wünschenswert, meint Gandhi. Er macht den Leser auf einen Mangel aufmerksam: In dieser Situation zeigt sich deutlich, daß es dem Leser an der notwendigen Perfektion in Gewaltlosigkeit fehlt. Ein geübter »Gewaltloser« besäße das Selbstvertrauen, dem Übeltäter gegenüber Liebe und Mitleid zu empfinden. Dann, allein durch seine Anwesenheit, würde der Verrückte besänftigt. So gesehen ist ahimsa eine hochentwickelte, subjektive Fähigkeit oder Kraft. Eine alte Weisheit Indiens besagt, wie es in dem Individuum ist, so ist es auch in der Welt. Wenn ein Mensch der Gewalt ganz entsagt, wird er in seiner Umgebung Gewaltlosigkeit erzeugen. Gandhi kann diese Ansichten mit Erfahrungen aus seinem eigenen Leben, die er »Experimente mit Wahrheit« nannte, belegen.

Derselbe Leser fragt Gandhi weiter. Darf man gegen eine gewaltsame Menschenmenge Gewalt anwenden? Auch hier gilt das Prinzip, wonach die Anwendung von Gewalt nicht wünschenswert ist, denn Gewalt jeder Intensität und jedes Ausmaßes »beruhigt« sich in der Anwesenheit der vollkommenen ahimsa. Die Tatsache, daß wir solche Fragen und Zweifel haben, zeigt, daß wir in uns kein ausreichendes Maß an Gewaltlosigkeit besitzen, daß wir in unserem Herzen nicht gewaltlos sind.

Nur in Fällen, in denen es keine Wahl gibt zwischen Gewalt einerseits und Feigheit oder Resignation andererseits, empfiehlt Gandhi Gewalt. In dem Dorf Bettia verließen während des Freiheitskampfes fähige Männer ihre

Frauen, Kinder und Häuser, als sie von Räuberbanden überfallen wurden. Als Gandhi wissen wollte, warum sie ihre wehrlosen Familien nicht geschützt hatten, erklärten sie, daß Gewaltlosigkeit der Grund dafür gewesen sei (NVPW I, 59). Entrüstet erklärte Gandhi, daß er Gewalt der Feigheit vorziehen würde und Gewaltlosigkeit keine Entschuldigung dafür sei, ihre Familien den Räubern preiszugeben. »Gewaltlosigkeit ist keine Verschleierung für Feigheit, sondern die höchste Tugend der Tapferen«, erklärte er den Dörflern (a. a. O.). Gewaltlosigkeit ist der höchste Grundsatz. Sollten wir dazu nicht fähig sein, dann sollten wir lieber Gewalt ausüben, als uns aus Feigheit zu unterwerfen oder resignieren.

§ 28. Gandhi und die Juden

Angesichts der Judenverfolgung in Deutschland gewann Gandhis Gewaltlosigkeit weltweite Aufmerksamkeit. Die Frage war: Können sich die Juden gegen die organisierten Verfolgungen wehren? Gibt es eine Möglichkeit, sich nicht hilflos und gottverlassen zu fühlen? (CWMG LXVIII, 138) Gewaltlosigkeit, wie sie oben dargestellt worden ist, war Gandhis Antwort. 1938 schrieb Gandhi in seinem Aufsatz »Die Juden« in der Zeitschrift »Harijan«, wenn er ein Jude in Deutschland wäre, so würde er sich lieber erschießen lassen als das Land, das seine Heimat sei, zu verlassen. Am Anfang könnte er in dieser Sache allein stehen, doch andere Juden würden sich ihm später sicherlich anschließen. Solch ein freiwilliges Leiden allein könne den Juden innere Kraft und Zuversicht verleihen. Nur darin sah Gandhi die Lösung des Problems. Um die Skeptiker zu überzeugen, zog er eine Parallele zu der Situation der Inder in Südafrika, deren Lage sehr ähnlich gewesen sei. Die Juden in Deutschland dagegen hätten bessere Chancen, da sie eine homogenere Volksgruppierung seien. Sie seien gebildeter und begabter als die Inder in Südafrika. Das freiwillige Leiden der Juden würde das Herz Hitlers schmelzen lassen. Auf den Einwand, der leidvolle Tod von Pastoren wie Niemöller oder der von Ossietzkys sei unwirksam geblieben, antwortete Gandhi: »Herrn Hitlers Herz [...] besteht aus Material, das härter als Stein ist. Aber das härteste Metall wird weich durch genügende Hitze. Ähnlich muß das härteste Herz vor der genügenden Hitze der Gewaltlosigkeit schmelzen. Und die Fähigkeit der Gewaltlosigkeit, Hitze zu erzeugen, ist unbeschränkt« (a. a. O. 277). Die Ansicht, daß bei Hitler und den Deutschen Gewaltlosigkeit keinen Erfolg haben könne, bedeute, daß diese keine Menschen seien: Eine Ansicht, die die Grundlagen von Gandhis Philosophie in Frage stellt. »Ich weigere mich zu glauben, daß die Deutschen als eine Nation kein Herz haben«, schrieb Gandhi unmißverständlich (a. a. O.). Gandhis Ansichten zum Zweiten Weltkrieg sind beachtenswert. Während die Alliierten Hitler für den Krieg und für viele andere Grausamkeiten verantwortlich machten, vertrat Gandhi eine andere Meinung, ohne Hitler bewundern zu wollen. Nach ihm war »Hitler die Sünde Großbritanniens« (CWMG LXXIX, 423). Damit meinte er, Hitler sei nur eine Antwort auf den britischen Imperialismus gewesen. Da der Krieg an sich eine Sünde gegen Gott und die Menschen sei, wollte Gandhi Kriegsverbrecher nicht nur unter den Deutschen und ihren Verbündeten sehen. Roosevelt und Churchill sind genauso schlimme Kriegsverbrecher wie Hitler oder Mussolini, erklärte er Ralf Coniston von »Colliers Weekly« im April 1945 (a. a. O.).

Die These, daß der Erfolg von Gandhis Gewaltlosigkeit demokratische Strukturen und Mentalität voraussetzt und sie in Hitlers Deutschland mißglückt wäre, wird manchmal aufgestellt. Der Redakteur der Zeitschrift »Jewish Frontier« bemerkte: »Ein jüdischer Gandhi in Deutschland, sollte er entstehen, könnte fünf Minuten arbeiten, und dann würde er prompt zur Guillotine geführt«

(CWMG LXIX, 290). Der Redakteur übersieht hier einen Punkt. Auch die Brutalität der südafrikanischen oder der britischen Regierung in Indien war von einer unbeschreiblichen Menschenverachtung – man denke an die Greueltaten der Briten in Indien nach dem zerschlagenen »ersten Unabhängigkeitskrieg« von 1857 (Nanda, B. R. 1996, 42–43), an das Jalliyanwallah-Bagh-Massaker oder die Repressalien im Jahr 1930 oder 1942. Nach Iyer verraten solche Einwände gegen ahimsa subtilen Rassismus (MPWMG II, 12). Gandhi sah jedenfalls kaum einen Unterschied zwischen dem Faschismus und der westlichen Demokratie, die er »verdünnten Nazismus und Faschismus« nannte; »im besten Fall ist sie nur eine Verschleierung, welche die nazistischen und faschistischen Tendenzen des Imperialismus verbirgt« (NVPW I, 269).

Der Redakteur von »Jewish Frontier« wußte nicht, daß der Körper für Gandhi ein vergängliches Instrument ist, das im Dienst der anderen Menschen steht. Da die Seele allein einen bleibenden Wert hat, kann Gandhi meinen, daß seine Hinrichtung weder seine Philosophie widerlegen noch an seinem Vertrauen zu der Wirksamkeit von ahimsa rütteln könne. Ganz im Gegenteil: »Gewaltlosigkeit ist am wirksamsten angesichts der größten Gewalt. Ihre Qualität wird nur in solchen Fällen geprüft« (CWMG LXIX, S. 290). Ist die Überzeugung stark genug, so braucht man ihr Ergebnis in diesem Leben nicht zu sehen. Die ganze Kraft des ahimsa-Geweihten kommt nicht von ihm selbst. »Die Kraft kommt von Gott« (CWMG LXXII, 361). Gewaltlosigkeit als Kraft Gottes muß jeden Tyrannen umwandeln können.

Angesichts dieser Erläuterungen kann man den Unterschied zwischen ahimsa und Pazifismus verstehen. Ahimsa umfaßt alle Lebensbereiche, steht mit göttlicher Kraft in Verbindung und widerstrebt als ein lebensbejahendes Prinzip jeder Art von Gewalt. Der Pazifismus setzt sich dagegen nur mit einem Ausdruck der Gewalt, mit dem

Krieg, auseinander. Krieg ist jedoch nur ein spektakulärer Ausdruck einer langsamen Entwicklung von Gewalt, der überall zu begegnen ist. Darin, nur den Krieg vermeiden zu wollen, wobei die allgegenwärtige Gewalt davor und danach vernachlässigt wird, sieht Gandhi keine Weisheit. Während des Zweiten Weltkriegs appellierte Einstein an die Männer, keine Waffen zu tragen und nicht am Krieg teilzunehmen. Gandhi meinte, Kriegsdienstverweigerung allein sei unwirksam, die Situation des Kriegs zeige, daß die Menschen bis dahin die Chancen des Friedens nicht wahrgenommen hätten. »Militärdienst ist nur ein Symptom eines größeren Übels« (»Romain Rolland und Gandhi Korrespondenz«, 185). Die Verweigerung des Militärdienstes sowie der Versuch, allein den Krieg zu verhindern, sind oberflächliche Handlungen.

In dieser Kontroverse über den Pazifismus finden sich Parallelen zur heutigen Debatte über die Jugendgewalt in den Schulen. Die Verantwortlichen und Eltern sind offensichtlich über Jugendgewalt entsetzt. Man überlegt sich, mit welchen scharfen Maßnahmen sie zu bekämpfen ist, und vergißt dabei, daß die Schulen eigentlich nur eine allgemeine Situation der Gesellschaft widerspiegeln. In den meisten Werten der Gesellschaft wie Ehrgeiz, Konkurrenz, Leistung, Besitzen (vgl. Erich Fromms Begriff vom *Haben*), dem viel verherrlichten Durchsetzungsvermögen ist Gewalt ein Bestandteil. In einer von solchen Werten durchdrungenen Gesellschaft können die Schulen keine Oasen der Gewaltlosigkeit sein.

§ 29. *Grenzen der ahimsa – Hunde, Affen und Menschen*

Sie ist eine wunderbare Kraft, die Gewaltlosigkeit. Sie umfaßt alle Lebens- und Gesellschaftsbereiche. In friedlichen Situationen gibt sie sich nicht zu erkennen, aber angesichts der Bedrohungen und Herausforderungen erreicht sie ihre volle Blüte. Bewußt oder unbewußt sind wir alle gewaltlos. Nun wehrt sich irgend etwas in uns dagegen, das anzuerkennen. Diese Kraft hält die Gesellschaften zusammen, wie die Gravitation die Erde in ihrer Bahn hält (MPWMG II, 425). Trotzdem weicht sie jedem Versuch aus, sie vollständig zu beschreiben. Gandhi wurde mehrmals gebeten, eine Abhandlung über sie zu verfassen. Er hatte keine Zeit dafür. Ein paarmal versuchte er es, gab es jedoch wieder auf. »Kein Mensch war jemals fähig, Gott vollständig zu beschreiben. Dasselbe gilt auch für ahimsa«, schrieb Gandhi im Jahre 1946, gegen Ende seines Lebens (EWMG, 42). Läßt sie sich, wenn nicht vollständig beschreiben, einwandfrei ausüben?

Jeden Augenblick begehen wir gewollt oder ungewollt Gewalt. Schon ein gewaltsamer Gedanke ist ein Verstoß gegen ahimsa. »Wenn wir der Welt etwas vorenthalten, was sie braucht, dann haben wir bereits Gewalt ausgeübt« (SWMG IV, 218). So gesehen können wir nicht essen, da die Armen unser Essen brauchen, und wir können nicht einmal auf dem Boden stehen, da an der gleichen Stelle Millionen Mikroorganismen leben, die den Platz brauchen. Gerade bei solchen Überlegungen stellt Gandhi fest, daß *unser Leib eine Grenze zur Ausübung der absoluten Gewaltlosigkeit darstellt.* Die Erhaltung des Körpers beinhaltet Gewalt, die sich nicht vermeiden läßt. Er schrieb zum Beispiel: »Die Verbindung zwischen dem Geist und dem Leib beruht auf Gewalt« (EWMG, 255). Die Vegetarier dürfen nicht die Vorstellung hegen, daß sie sich gewaltfrei ernähren. Zwar verringert der Vegetarismus das Ausmaß an Gewalt, doch ist er nicht ganz gewaltfrei. Was tun? Selbstmord begehen? Den Leib können wir selbst durch den Selbstmord nicht verlassen. Der Geist, solange er sich mit dem Leib identifiziert und dadurch in Bindung zu ihm steht, wird sich nach dem Tod einen neuen Leib suchen. Die Befreiung vom Leib ist nur dadurch zu erreichen, daß der Mensch jegliche Bindung an den Leib und die Identifikation mit ihm, die zu der Vorstellung führt, er sei der Leib, überwindet (SWMG IV, 218).

Gandhi provozierte drei Mal Kontroversen über ahimsa – einmal als er das Töten tollwütiger Hunde bejahte, ein andermal, als er die Qual eines todkranken Kalbs durch Einschläfern beenden ließ. Im dritten Fall äußerte er die Meinung, daß es humaner sei, für den Schutz der Ernte die Affen, welche diese bedrohten, zu töten, als sie zu verletzen. Diese Kontroversen wurden zwischen Gandhi und seinen Lesern und Freunden in der Zeitschrift »Young India« ausgetragen.

Diese Streitfälle zeigen, daß für Gandhi ahimsa kein dogmatisches Prinzip ist, das man blindlings befolgen kann. Im Fall der tollwütigen Hunde schrieb Gandhi, Töten sei ohne Zweifel Gewalt. Aber unter den Umständen, daß in der Stadt eine große Zahl von Straßenhunden tollwütig geworden sei, daß sie das Leben anderer Tiere und Menschen gefährdeten und daß niemand, auch kein Tierliebhaber, bereit sei, sich um sie zu kümmern, hielt Gandhi es für vertretbar (CWMG XXXI, 486–489 u. 520–525). Diese armen und kranken Hunde leben und einen leidvollen Tod sterben zu lassen sei im eigentlichen Sinne Ausübung von Gewalt. Sie in ihrem eigenen Interesse und im Interesse der Gesellschaft und anderer Tiere zu töten, sei dagegen Ausübung der minimalen Gewalt. »Ohne Denken, Unterscheidung, Nächstenliebe, Angstlosigkeit, Demut und klare Vision ist Humanismus nicht möglich«, erklärte Gandhi seinen Lesern (a. a. O.).

Fromme Hindus glauben, daß in der Kuh alle ihre Götter und Göttinnen vertreten sind. Daher ist für sie die Kuh ein heiliges Tier. Aus diesem Grund sind ihnen das Töten von Kühen und der Verzehr von Rindfleisch verboten. Der Schutz von Kühen war einer der wichtigsten Punkte von Gandhis konstruktiver Arbeit. Wie viele andere Begriffe verstand er jedoch unter »Kuhschutz« nicht nur das Nicht-Töten von Kühen, sondern eine allgemeine Verbesserung der Rinderzucht in Indien und einen humanen Umgang mit den Rindern. Aus einem so verstandenen Kuhschutz heraus unterhielten Gandhi und seine Freunde im Ashram eine Milchviehhaltung. Einmal verletzte sich ein Kalb und wurde sehr krank. Jede Bewegung war ihm qualvoll. Der Veterinär sah für das Kalb keine Überlebenschancen. Auf einer Versammlung aller Ashrambewohner wurde nach vielen Überlegungen entschieden, das Kalb einschläfern zu lassen und es dadurch von den Schmerzen zu befreien. Ein Nachbar des Ashrams wandte ein, wer das Tier nicht erschaffen habe, dürfe ihm auch nicht das Leben nehmen. Am Ende ließ Gandhi dem Kalb eine Injektion verabreichen, womit in weniger als zwei Minuten die ganze Qual beendet war. Damit löste Gandhi heftige Reaktionen bei seinen Mitmenschen aus, die ihn mit wütenden Briefen und Beschimpfungen überfluteten.

Gandhis kritische Untersuchung der Vorwürfe und der ahimsa in dem Aufsatz »The fiery ordeal« (Die Feuerprobe) bringt seine unorthodoxen Ansichten über dieses Thema (CWMG XXXVII, 310–15) an den Tag. Ahimsa, das absolute Gesetz, läßt keine Ausnahmen zu – davon war Gandhi weiterhin überzeugt. Daher war es falsch, das Kalb zu töten, es war Anwendung von Gewalt. Aber in der Praxis läßt sich das Gesetz der Gewaltlosigkeit nicht zu einem »blinden Fetisch« erheben, und man kann dem Leid von Tieren oder Menschen nicht tatenlos zusehen. Beendigung des Leids war das Motiv für Gandhi, das Kalb einschläfern zu lassen, und in ähnlichen und deutlich hoffnungslosen Situationen würde er auch einen Menschen einschläfern lassen. Man denke an einen Chirurgen, der ein Messer im Interesse eines Kranken verwendet und ihm Organe herausschneidet. Dem Chirurgen kann man keine Gewaltanwendung unterstellen – die Beendigung des Schmerzes ist sein einziges Motiv. Das Einschläfern eines Tieres bedeutet im Grunde nichts anderes. *Um den*

Schmerz zu beenden, wird die Seele vom Körper abgetrennt, und darin sieht Gandhi keine Gewalt. Nun besteht schon insofern ein Unterschied zwischen Menschen und Tieren, als wir Menschen leichter helfen können als Tieren, denn die Menschen besitzen die Fähigkeit, selber zu denken und zu entscheiden.

Wenn wir ahimsa blindlings befolgen und das Nicht-Töten allein als seinen Inhalt verstehen, wie es in der Tradition üblich ist, oder wenn wir auf die Meinung der Öffentlichkeit achten und mit ihr konform sein wollen, dann üben wir Gewalt im Namen der Gewaltlosigkeit aus. »Den Weg der ahimsa, d. h. der Liebe, muß man oft allein gehen« (a. a. O. 311), selbst wenn die ganze Welt die gegenteilige Meinung vertritt. Dieselben Menschen, die Gandhi wegen des Kalbes Gewalt vorwarfen, waren passive Beobachter vieler Tiere und Menschen, die aus verschiedenen Gründen litten. Sie unternahmen nichts gegen ihre Drangsal und waren ihnen gegenüber gleichgültig. Dieses passive Zuschauen ist nach Gandhi Gewalt.

Man müßte sich fragen, warum Gandhi das Kalb einschläfern ließ. Hat er es aus Zorn oder eigenem Interesse getan, so ist es nach Gandhi Gewalt. Hat er es zu geistigen oder körperlichen Gunsten des Kalbs getan, so ist es Gewaltlosigkeit. In solchen Grenzfällen kommt es also auf die Absicht an, ob eine Handlung als gewaltsam oder gewaltlos zu beurteilen ist (a. a. O. 313). Noch deutlicher formulierte er in einem Brief an Bhogilal: »Gewalt und Gewaltlosigkeit sind geistige Einstellungen, und sie betreffen die Gefühle in unserem Herzen« (a. a. O. 298).

Gandhi und die Mitbewohner des Ashrams besaßen Obstpflanzen und betrieben Ackerbau. Unsere intelligenten und frechen Verwandten, wie Gandhi die Affen nannte, überfielen die Felder und Bäume und gefährdeten die Ernte. Die Ashrambewohner verscheuchten sie mit Steinen und Pfeilen, ohne sie dabei verwunden zu wollen. Es bestand jedoch die Gefahr, daß die Affen verwundet wer-

den könnten. Ein verwundeter, verkrüppelter Affe, meinte Gandhi, müsse schrecklich leiden und jämmerlich ver-
enden, weil ihm das Denkvermögen und das Vertrauen zu
Gott fehle – ein Schicksal, das Gandhi den Affen auf keinen Fall zumuten wollte. Aus diesem Grund meinte er
einmal, daß er die Affen lieber töten lassen würde, als sie
beim Vertreiben zu verwunden. Er bat seine Leser um Rat,
wie er die Affen gewaltlos verscheuchen könne, weil er
sich nie mit der Idee anfreunden konnte, die Affen zu töten. Seine Leser aber überfluteten ihn überwiegend mit
bösen Briefen.

Bei dieser Kontroverse ging es darum, ob die Bauern
ihre Felder vor Tieren wie Hirschen, Affen oder Heuschrecken mit Gewalt schützen dürfen. In der Vertreibung
der Tiere und Insekten sieht Gandhi Gewalt, da die Vertreibung eine Tat ist, die aus eigenem Interesse begangen
wird. Aber das Dilemma besteht hier darin, daß man zwischen der Ernährung der Menschen und der Ausübung
der Gewaltlosigkeit wählen muß. Hier scheint Gandhi widerwillig zuzugeben, daß der Mensch »ein Minimum an
Gewalt« anwenden darf (a.a.O. 315). Es ist unmöglich, im
Leben ganz auf Gewalt zu verzichten. Aber »wo soll man
die Grenze ziehen?« (CWMG LXXXIV, 231), fragte sich
Gandhi im Jahre 1946. Das war sicherlich eine Frage, die
ihn das ganze Leben lang begleitete. Bei der Ausübung der
Gewaltlosigkeit ist der Mensch den Tieren vorzuziehen
(a.a.O.). Angesichts der Hungersnot im Land wäre es sicherlich Gewalt, wenn jemand im Namen der ahimsa die
Ernten von Tieren fressen ließe. Gewalt in so einem Fall
läßt sich nicht vermeiden, und sie bleibt Gewalt, selbst
wenn ein Bauer andere Menschen mit dem Schutz seiner
Felder beauftragt, die für ihn die Gewalt ausüben. In diesem Zusammenhang wurde er gefragt, ob Gewalt gegen
einen Tyrannen oder Diktator im Interesse der Gesellschaft angewendet werden dürfe? Darf man ihn nicht töten, wie die Heuschrecken? Gandhi verneint dies vehe-

ment mit der Begründung, daß man das Herz des Diktators oder Tyrannen umwandeln könne.

In einem idealen Fall müßten die Tiere nicht nur unsere Ernten, sondern auch uns fressen dürfen. »Wenn ich Gott von Angesicht zu Angesicht sehen möchte, muß ich mich von einer Schlange beißen lassen, anstatt sie zu töten«, erinnerte sich Gandhi an den Ratschlag von Rajchand und gesteht seine Abweichung vom Ideal ein. Keiner von uns ist aber vollkommen. Trotzdem sagte er: »Ich schäme mich, daß ich das nicht konnte« (a. a. O. 232).

Diese Kontroversen decken folgende Eigenschaften der ahimsa auf.

1. Ahimsa bezieht sich immer auf unsere Handlungen, wobei denken, sprechen und tun als Handlungen gelten.
2. Bei der Befolgung der ahimsa müssen wir uns auf unseren Verstand und unser Herz verlassen. Die Meinung der breiten Öffentlichkeit oder Tradition sind dabei keine Hilfe.
3. Ahimsa ist nicht auf bloßes Nicht-Töten zu reduzieren.
4. Die Erhaltung des Körpers beruht auf der Anwendung von Gewalt.
5. Bei der Ausübung der ahimsa hat der Mensch den Vorrang.

§ 30. *Definition der ahimsa und des Rätsels Lösung*

Mit Hilfe einer plausiblen Definition der ahimsa, die im Einklang mit Gandhis Ansichten zu formulieren ist, läßt sich die anfangs gestellte Frage, inwiefern Gewaltlosigkeit der Weg zur Wahrheit sei, beantworten.

Gandhi sah den Lebenssinn in der Suche nach Wahrheit, welche Gott ist. Er stellte sich diese Suche nicht so vor, daß sie in der Abgeschiedenheit einer Höhle oder Waldeinsamkeit stattfindet. Sie soll unter den Menschen und anderen Lebewesen, d. h. in der Gesellschaft und in der Welt stattfinden. »Ich bin bestrebt, Gott im Dienst an der Menschheit zu erschauen, weil ich weiß, daß Gott weder oben im Himmel noch unten irgendwo, sondern in jedem Menschen ist« (TG, 5). Weil diese Suche die Form vom Dienst an der Menschheit annimmt, ist sie als eine Reihe von Handlungen zu verstehen. Wir haben im ersten Kapitel bemerkt, daß es eine Auffassung der Pragmatiker ist, Wahrheit in den Handlungen zu erfahren. Diese Auffassung kommt der Bhagavadgita sehr nah, in der es heißt, *alle Handlungen gipfeln im Wissen* (Bhagavadgita, IV, 33). Gandhi konsultierte immer wieder die Bhagavadgita, die er für eine Anleitung zum Leben hielt. Daher läßt sich seine Ansicht zum Teil auf die Bhagavadgita zurückführen. Wie bereits ausgeführt, beinhaltet jede Handlung einerseits Gewalt und andererseits Bindung. Handlungen verstärken unsere Bindung an den Körper, und solange wir dieser Bindung unterliegen, sind wir nicht fähig, Wahrheit oder Gott zu erschauen. Daher schreibt Gandhi: »Die Freiheit von aller Bindung ist die Erschauung von Gott oder Wahrheit« (SWMG IV, 218). So führen Gandhis Ansichten zu der Frage: Gibt es solch eine Handlung, die keine Bindung bedeutet und uns zugleich zu Gott führt?

Die Antwort findet sich in der Bhagavadgita und in einer erweiterten Form bei Gandhi wieder. Nach der heiligen Schrift Bhagavadgita können wir unsere Haltung zur Handlung so radikal ändern, daß ihre Qualität verwandelt wird und die Handlung uns nicht mehr binden kann. Diese radikale Änderung der Haltung zur Handlung heißt *niskama karma*. Dieser Vorstellung zufolge verursachen solche Handlungen, die ohne Eigeninteresse und ohne Interesse an den Früchten der Handlung vollzogen werden, keine Bindung. Die Früchte solcher Handlungen werden Gott geweiht. Diese »Technik« pflegte Gandhi auch *anasakti yoga* zu nennen (asakti = Interesse).

Nun macht sich Gandhi einen ganz speziellen Begriff von *anasakti yoga*, der sich durch seinen Humanismus von dem traditionellen abhebt. Interessanterweise begegnen wir diesem Begriff in Gandhis Kommentar zur Bhagavadgita. Hier schreibt Gandhi, daß wir die Früchte unserer Handlungen dann überwinden können, wenn wir an unserem Körper keinen Gefallen mehr finden und unser Ego überwinden. Jemand, der das erreicht hat, wird nur zugunsten anderer arbeiten. »Nur in einem solchen Sinn geleistete Arbeit ist ahimsa. Aber nur dann, wenn zwei Bedingungen erfüllt werden. Die eine ist, daß in unserem Motiv kein Faktor der Selbstsucht vorhanden ist. Und die andere ist, daß in ihm kein Selbstinteresse vorhanden ist. Ganz im Gegenteil, es muß zugunsten und zum Vorteil der ganzen Welt sein« (CWMG XXXII, 356).

Die Antwort auf die Frage, *warum ahimsa der Weg zur Wahrheit* ist, lautet: Die absolute Wahrheit, Gott, ist nur durch die Handlungen zu erlangen, die ohne Eigennutz zugunsten anderer vollzogen werden und deshalb keine Bindung verursachen. So einer Handlung kommt aber Gewaltlosigkeit zu. Deswegen ist die Gewaltlosigkeit der Weg zu absoluter Wahrheit oder Gott.

8. Satyagraha: Die ethische Waffe der Umwandlung

> Wenn wir fortschreiten möchten, dann dürfen wir die
> Geschichte nicht wiederholen, sondern müssen eine neue
> Geschichte schaffen.
>
> Gandhi, 1926

Wie bereits in den letzten drei Kapiteln über die theoretischen Grundlagen von Gandhis Philosophie dargelegt, ist seine Philosophie unabtrennbar mit der Praxis verbunden. In gewissem Sinn ging ihr die Praxis voran, da Gandhi seine Ansichten aus seinen Erfahrungen ableitete und nichts lehrte, was sich nicht bereits in seinem Leben bestätigt hatte. Seinem Leben und allen seinen Aktivitäten lagen die zwei Begriffe Wahrheit und Gewaltlosigkeit zugrunde. Die beiden durchdrangen alle seine Ansichten über Politik, Wirtschaft, Gesellschaft, Kunst usw. Seine Ansichten über die politische Aktion, welche die Bezeichnung Satyagraha trägt, bilden ein Kapitel für sich.

§ 31. *Schließt Religion die Politik aus?*

Viele Inder und Europäer verstanden nicht, daß sich jemand wie Gandhi, der ein spirituelles Leben führte, auch mit der Politik beschäftigte. Über die Jahrhunderte wird die Politik als ein mit Unaufrichtigkeit, Lüge und Machtgier verbundenes Geschäft verstanden, Politik scheint oft mit gutem Charakter und Spiritualität nicht vereinbar. Daher überraschte Gandhi viele Menschen mit seinem Engagement in der Politik. Alle Menschen sind von Politik umschlungen, ob sie es wollen oder nicht, selbst mit dem besten Willen können sie sich ihrer nicht entziehen. Als Bürger eines Landes unterliegen sie den Entscheidungen eigener oder fremder Politiker. Selbst wenn sie sich in Wälder, Berge oder Klöster zurückziehen möchten, können sie es nur dann, wenn die Politik es ihnen erlaubt. Besonders deutlich spürt man dies unter Fremdherrschaft. Da wir uns der Politik also nicht entziehen können, sollten wir uns lieber an ihr beteiligen und sie reformieren. Das war ein Grund für Gandhi, trotz seiner Spiritualität den Freiheitskampf anzuführen. Er schrieb darüber: »Wenn ich an der Politik teilnehme, so ist es nur deswegen, weil uns heute die Politik wie die Spirale einer Schlange umschließt; man kann sie nicht loswerden, gleich wie sehr man sich anstrengt. Daher möchte ich mit der Schlange ringen« (EWMG, 45). Zwischen Resignation oder Unterwerfung auf der einen Seite und Kampf auf der anderen Seite entscheidet sich Gandhi für den Kampf. Zwar ist die Politik ein schmutziges Geschäft, aber man kann sie »reinigen«, indem man einen spirituellen Ansatz findet. Ein spiritueller Mensch, der Gott in seinem Dienst an den Mitmenschen sucht und eine moralische Verantwortung ihnen gegenüber fühlt, kann nicht resignieren. Er betrachtet es als eine Notwendigkeit, sich politisch zu betätigen, weil die Politik die effektivste Art ist, den Menschen zu dienen. Noch ein Grund spricht für die Teilnahme an der Politik. Wenn Gottessuche den Lebensinhalt eines Menschen bildet, wie soll er die Religion von anderen Bereichen des Lebens trennen? Kann man die Religion mit Recht von der Politik, der Wirtschaft oder von etwas anderem trennen? Nach Gandhis Meinung ist das nicht möglich. »Meine Hingabe an die Wahrheit zog mich in den Bereich der Politik hinein; und ich kann ohne das geringste Zögern und trotzdem in aller Bescheidenheit sagen, daß diejenigen, die sagen, Religion habe mit Politik nichts zu tun, nicht verstehen, was Religion bedeutet«, schrieb er am Schluß seiner Autobiographie (Gandhi 1990, 420).

Politik, durchdrungen von Nächstenliebe, wird von

dem Schmutz der Machtgier gereinigt und erhebt sich zur Religion. Satyagraha ist die Kraft und die Technik, die das bewirken kann.

Die Bezeichnung Satyagraha ist Gandhis eigene Kreation. Das Beharren (*agraha*) auf Wahrheit (*satya*) ist Satyagraha, was sich auch als Einhaltung der Wahrheit oder als der Wahrheit Folge leisten umschreiben läßt. Dabei geht es darum, die Ungerechtigkeit einer Gesellschaft oder eines Staates, sei es hinsichtlich Minoritäten oder der Handhabung der Bürgerrechte, zu bekämpfen. In beiden Fällen ist die Situation eine der Konfrontation mit der politischen Macht und den Machtinhabern.

§ 32. *Der passive Widerstand ist kein Satyagraha*

Satyagraha als eine Technik der politischen Agitation entwickelte sich aus Gandhis Engagement für die indische Bevölkerung in Südafrika. Als Gandhi am Anfang noch nicht alle Einzelheiten dieser Technik entdeckt hatte, fehlte ihm auch eine passende Bezeichnung, was noch lange Zeit eine gewisse Verwirrung verursachen sollte. Zum Teil war Gandhi selbst daran schuld, weil er in seinen frühen Schriften verschiedene Bezeichnungen, darunter auch »passiver Widerstand«, für seine Technik verwendet hatte. Gandhi selbst betonte bei einer Kundgebung von Indern in Südafrika, bei der auch einige Europäer zugegen waren, daß seine Satyagraha-Bewegung fälschlicherweise mit dem Konzept des passiven Widerstands gleichgesetzt wurde. Um seine Technik und die ihr zugrundeliegende Philosophie vom passiven Widerstand zu unterscheiden, bat er die Leser seiner Zeitschrift »Indian Opinion«, einen passenden Namen vorzuschlagen. So empfahl ein Leser den Namen »Sadagraha«. Gandhi änderte ihn in Satyagraha um, um seinen Sinn besser zur Geltung zu bringen. Seitdem war Gandhi immer bemüht, den Unterschied zwischen Satyagraha und passivem Widerstand zu erklären.

Wenn ein kleiner Teil der englischen Gesellschaft mit einer ungerechten Gesetzgebung nicht einverstanden war, lehnte er sich dagegen auf. Diese Minderzahl brach das Gesetz und nahm die Strafe dafür auf sich. Gandhi nennt einige Beispiele dafür in seiner Schrift »Satyagraha in South Africa«. Der britische Parlamentarier Dr. Clifford und seine Freunde, die gegen das Bildungsgesetz kämpften, und die Bewegung englischer Frauen, die um das Wahlrecht kämpften, sind Beispiele, die er hier aufzählt.

Der passive Widerstand ist eine Agitation der Schwachen, weil die Beteiligten eine Minderzahl sind, wie im Fall von Dr. Clifford, oder weil sie nicht nur eine Minderzahl, sondern auch körperlich der Männergesellschaft unterlegen sind, wie im Fall der englischen Frauen. Die indische Minderheit in Südafrika war nicht gewillt, zu ihrem Zweck Gewalt anzuwenden, und sie war auch den Europäern geistig unterlegen. War ihre Bemühung um die politischen Rechte dann ein passiver Widerstand? Gandhi macht hier auf einen wichtigen Unterschied aufmerksam. Wenn die passiven Widerständler keine Gewalt anwenden, so tun sie es nicht, weil sie der Gewalt entsagt haben, sondern weil sie keine Chance dafür sehen. Die Möglichkeit ihrer Anwendung schließen sie jedoch nicht kategorisch aus. Die englischen Frauen sagten der Gewalt nicht ab, einige von ihnen zündeten Gebäude an oder griffen Männer tätlich an. Auch wenn dem passiven Widerstand und dem Satyagraha die Konfrontation mit der Macht gemeinsam ist, unterscheidet Satyagraha sich in vieler Hinsicht vom passiven Widerstand.

§ 33. *Das Satyagraha*

In einer Konfrontation mit der Macht beharrt der Satyagrahi auf der Wahrheit, denn Wahrheit ist die Quelle der Gerechtigkeit. Wahrheit ist auch die Quelle der Liebe und Gewaltlosigkeit. Wie bereits erwähnt, sollten für Gandhi alle Handlungen, nicht nur die politischen, gewaltlos sein: »Gewaltlosigkeit ist das absolute Gesetz.« So ist der Satyagrahi nicht aus Gründen der Strategie gewaltlos oder weil er zum gegebenen Zeitpunkt keine Gewalt anwenden kann. Er ist sich ganz im Gegenteil seiner Stärke bewußt. Seine Gewaltlosigkeit ist sein Credo, Glaubensbekenntnis.

Diese Gewaltlosigkeit ist die Folge seiner philosophischen Erkenntnisse. So weiß der Satyagrahi, daß sein Urteil immer der Fehlbarkeit unterliegt und möchte den Gegner nicht durch Gewalt zu seiner Ansicht nötigen. Er will ihn und die Gesellschaft von seiner Ansicht überzeugen. Was auf Familienkonflikte, die friedlich gelöst werden, zutrifft, muß Gandhi zufolge auch für die Politik gelten. Der Satyagrahi geht davon aus, daß der Gegner nur deswegen unfreundliche Maßnahmen trifft oder unmenschliche Gesetze verabschiedet, weil er das Leid der Betroffenen nicht kennt. Daher setzt er in erster Linie auf die Verbreitung von Informationen. Diese Verbreitung ist sowohl für den Gegner als auch für den neutral gebliebenen Teil der Gesellschaft gedacht. Die Einstellung, durch Information Menschen zu einer anderen Ansicht zu bewegen, ist demokratisch. Nötigung ist dagegen undemokratisch.

So ist ein Satyagrahi bereit, für die Sicherung seiner Rechte selbst geduldig zu leiden, ohne dem Gegner Schmerz zuzufügen (NVWP II, 233). Seine Unterscheidung zwischen Körper und Seele und seine Erkenntnis, daß die Seele unsterblich, wohingegen der Körper sterblich ist, verleihen ihm unbeschränkte Kraft zu leiden. Diese Kraft wird wiederum von seinem Vertrauen zu Gott und der Wahrheit untermauert, da er weiß, daß die »Seele unbesiegt und unbesiegbar bleibt, selbst wenn der Körper verhaftet wird« (SWMG VI, 186). Konkrete Formen nimmt das Prinzip des Leidens in Gandhis Anweisungen an die Satyagrahis an. Ein Satyagrahi soll nie zornig sein und soll bereitwillig unter dem Zorn des Gegners leiden, soll die Übergriffe seines Gegners ertragen, ohne sie zu erwidern. Wenn die Behörden ihn verhaften oder sein Vermögen beschlagnahmen, soll er sich dagegen nicht wehren. Er soll seinen Gegner nie beleidigen oder Parolen gegen ihn ausgeben (a. a. O. 188). Wenn ein Satyagrahi sein Vermögen beschlagnahmen und sich verhaften läßt, darf er dabei nicht an die Ernährung seiner Familie denken. Er geht ins Gefängnis in vollem Vertrauen, daß Gott der eigentliche Ernährer unser aller ist. Hierfür gibt es unzählige Beispiele aus dem Freiheitskampf Indiens. Insgesamt verglich Gandhi dieses Leiden mit den asketischen Bußübungen, den *tapas* der altindischen Asketen.

Daß alle Menschen als Erscheinungen des einen Gottes gut sind und sie unabhängig von ihrem Aussehen und ihrer Herkunft eine Familie sind, ist eine Grundansicht des Satyagraha. Auch daher ist Gewaltanwendung ausgeschlossen. In einem Konfliktfall versucht der Satyagrahi an Vernunft und Herz des Gegners zu appellieren. Selbst wenn das Herz des Gegners durch den Konflikt hart wie ein Stein geworden ist, bleibt es immer noch zugänglich für die Liebe. Satyagraha ist der Versuch, den Gegner durch Liebe zu unserer Ansicht zu bekehren, und es gibt keinen Feind für einen Satyagrahi: »Im Wörterbuch des Satyagraha gibt es das Wort Feind nicht [...] Ein Satyagrahi liebt seinen sogenannten Feind genauso wie seinen Freund« (NVPW I, 216). Während im passiven Widerstand Liebe keinen Platz hat, hat Haß keinen Platz im Satyagraha. Haß wäre ein Verstoß gegen seinen Geist.

Ein Satyagrahi versucht Menschen mit konträren Meinungen durch Freundlichkeit und Höflichkeit für seine Sache zu gewinnen. Boshaftigkeit und Bitterkeit gegen sie haben keinen Platz bei uns, lautet Gandhis Anweisung an die Satyagrahis. Auch darin hebt sich Satyagraha von anderen Konzepten ab, daß es nach einem Satyagraha-Konflikt weder einen Sieger noch einen Verlierer gibt, sondern

vielmehr beide Parteien als Sieger betrachtet werden können.

Satyagraha wird in aller Öffentlichkeit ausgetragen. Es
gibt keine geheimen Pläne oder komplizierten Strategien.
Allerdings schrieb Gandhi detaillierte Zeitschriften-Auf-
sätze über seine Aktivitäten und informierte dadurch die
Öffentlichkeit und die Regierung. Eine Strategie zu
schmieden widerspricht dem Geist der Spontaneität des
Satyagraha, denn wer erst über die Chancen des Erfolgs
genau nachdenkt und sich dann für einen Satyagraha-
Kampf entscheidet, ist sicherlich ein guter Politiker, »er ist
aber kein Satyagrahi. Ein Satyagrahi reagiert spontan«
(CWMG XIII, 518).

In gewöhnlichen Konflikten werden am Anfang die
Forderungen hoch angesetzt und bei der Schlichtung des
Konflikts modifiziert. Die Forderungen eines Satyagrahis
werden dagegen von Anfang an auf das Minimum reduziert, dafür zieht sie der Satyagrahi nicht zurück, bevor sie
erfüllt sind (SSA, 191).

Einem Satyagrahi ist nicht gleichgültig, wie er sein Ziel
erreicht, er verhält sich stets sehr rücksichtsvoll, bescheiden und hilfsbereit – als ein Sadhu, im indischen Verständnis, und nach Gandhi als ein Gentleman in jedem
Sinn des Worts (EWMG, 113). Weder setzt er den Gegner
unter Druck, noch erpreßt er ihn in seiner Not, um sein
Ziel zu erreichen. Die Einigung muß für beide Parteien
»ehrenvoll« ausfallen. Dabei zeigt der Satyagrahi volles
Vertrauen zu seinem Gegner und hat keine Angst davor,
daß er betrogen werden könnte. »Ein Satyagrahi verabschiedet sich von der Angst. Daher hat er keine Angst,
dem Gegner zu vertrauen.« (SSA, 147). Wenn er zwanzig
Mal betrogen wird, so vertraut er dem Gegner zum ein-
undzwanzigsten Mal. »Ein absolutes Vertrauen zur
menschlichen Natur ist der Kern seines Credos« (a.a.O.).
Das ist ein deutliches Zeichen dafür, daß der Satyagrahi
den Gegner für einen Menschen mit gutem Herzen hält.

Sollte der Satyagrahi betrogen werden, wie in Gandhis Fall in Südafrika, so hat er eigentlich nichts zu verlieren. Er nimmt seinen Kampf wieder auf.

Ein Satyagrahi läßt sich von der Wahrheit leiten, nicht von der Öffentlichkeitsmeinung. In dieser antikonformistischen Haltung ist er ein Individualist. Er wartet nicht auf andere und verläßt sich ganz auf seine eigenen Kräfte. Der Erfolg des Satyagraha hängt nicht von der Zahl der Satyagrahis, sondern vom Beharren des Satyagrahi auf der Wahrheit und von seiner Bereitschaft, dabei zu leiden, ab. »Im Satyagraha spielen die Zahlen keine Rolle; es ist immer die Qualität, die zählt« (PNLA III, 87).

Die unbeschränkte Kraft, um der Gerechtigkeit willen zu leiden, ist selten eine Eigenschaft, die die Menschen von Natur aus besitzen. Sie ist eine Folge philosophischer Erkenntnisse und langjähriger Übung. Sie verlangt nach Gandhi mehr Konzentration als ein Seiltanz. Um diese Kraft in den Menschen zu fördern, gründete Gandhi in Indien Satyagraha-Ashrams. Hier sollten sich die Mitbewohner in Satyagraha üben. Als Voraussetzung mußten sie gewisse Gelübde – Vratas – ablegen und einhalten, wodurch sie mit der Zeit hervorragende Satyagrahis wurden.

§ 34. *Vratas oder Ashram-Gelübde*

Im Leben der frommen Hindus spielen Vratas – Gelübde – eine wichtige Rolle. Diese Gelübde sind Entschlüsse, mit denen der Gläubige sein religiöses oder spirituelles Leben reglementiert. Es gibt rein religiöse Gelübde, etwa eine bestimmte Gottheit an einem bestimmten Wochentag lebenslang zu verehren oder alljährlich Pilgerfahrten zu unternehmen, und ethische Gelübde, die darin bestehen können, immer die Wahrheit zu sagen, gewaltlos, enthaltsam zu sein. Letztere kennt man aus der Yoga-Philosophie. Gebot oder Verbot bilden den Inhalt eines Vratas. Gandhi nahm in die Ashram-Satzung alle diese Gelübde der Yoga-Philosophie auf und fügte einige neue hinzu. Die bereits erwähnten fünf großen Gelübde Wahrheit, Gewaltlosigkeit, Enthaltsamkeit, Nicht-Stehlen und Nicht-Besitzergreifen ergänzte Gandhi um einige weitere Gelübde, die zum Teil die großen Gelübde unterstützen sollten und zum Teil den Anforderungen der indischen Situation entsprechen sollten. Im folgenden werden diese Gelübde kurz beschrieben.

a) Swadeshi: Heimindustrie statt Fabriken

Mit dem Gelübde Swadeshi verlangt der Satyagrahi von sich, nie Gegenstände zu verbrauchen, unter deren Herstellung oder Herstellern die Wahrheit leidet. So verbraucht er nie Fabrikprodukte aus Manchester oder Deutschland oder selbst aus Indien, da er nie sicher sein kann, daß die Wahrheit nicht darunter gelitten hat (CWMG XIII, 93). Gandhi erwähnt noch einen weiteren Aspekt. »Die Arbeiter leiden sehr in den Fabriken« (a.a.O.). Bei der Herstellung der Maschinen kämen viele Menschen ums Leben, und bei der Fabrikproduktion würde enorme Hitze erzeugt, weswegen auch viele andere Lebewesen sterben müßten. Das alles bedeute Gewalt. Als Gandhi und seine Mitbewohner diese Gedanken vor rund 80 Jahren (1915) formulierten, mögen sie ihren Zeitgenossen als reaktionär und mittelalterlich erschienen sein. Heute sind wir besser in der Lage, diese Gedanken zu schätzen. Unter der kapitalistischen Produktion leiden einerseits die Arbeiter, und andererseits wird die Umwelt belastet, worunter wiederum Pflanzen, Tiere und Menschen leiden. Je ferner der Produktionsort, desto uninformierter und gewissenloser ist der Verbraucher den Waren gegenüber. Man denke an die vielen billigen Waren auf dem Markt, unter deren Herstellung die Wälder, Tiere und Menschen besonders zu leiden haben. In vielerlei Hinsicht verstößt die Fabrikproduktion auch gegen die Prinzipien des Nicht-Stehlens und des Nicht-Besitzergreifens.

Zu Beginn galt Swadeshi nur für den Stoff der Kleider von Satyagrahis. Später wurde dieses Gelübde erweitert und bedeutete, daß sich der Verbrauch eines Satyagrahis auf die Güter beschränken soll, die manuell in Dorfindustrien hergestellt werden. So sollte die Ausbeutung der Landbevölkerung durch die Stadtbewohner verhindert werden. Ausbeutung der Menschen, Gefährdung der Umwelt, Pflanzen und Tiere und Schutz der Dörfer vor den Städten – all das sind Gründe dafür, warum ein Satyagrahi Heimindustrie und Handarbeit der Fabrikproduktion vorziehen soll.

Hier stellt sich die Frage, in welchem Maß Gandhi gegen Maschinen war, und ob es wirklich vernünftig ist, auf sie zu verzichten. Gandhis Ansichten über Industrialisierung hängen mit seinem grundsätzlichen Verständnis von Zivilisation zusammen, die, so Gandhi, nicht mit der Vervielfältigung der Bedürfnisse oder Begierden, sondern mit ihrer Verringerung einhergehen soll. Darum sah er die Maschinen als ein Symbol der modernen Zivilisation, das »eine Sünde« darstellt (HS, 83). Nach seinen Ansichten über die Industrialisierung, die er in seiner Schrift »Hind Swaraj« ausdrückte, sollen alle Maschinen einschließlich der Züge und Straßenbahnen abgeschafft und die Heimindustrien der Dörfer wiederhergestellt werden. Ihm schwebt hier eine mittelalterliche, selbsterhaltende und idyllische Wirtschaft der »Dorfrepubliken« vor. Eine solche Dorfgemeinschaft mit aufgeklärten Bewohnern, die nach dem Grundsatz der Gewaltfreiheit leben, entspricht seinem Begriff von *Rama rajya* – Ramas Reich –, einer Art Reich Gottes.

Diese Ansichten vertrat Gandhi nicht als ein Fanatiker, der im Namen Gottes einen heiligen Krieg gegen die Maschinen führen wollte. Dem Studenten Ramachandran erklärte Gandhi im Jahre 1924, also 14 Jahre, nachdem er »Hind Swaraj« verfaßt hatte, er sei nicht grundsätzlich gegen Maschinen. Wie solle er es sein, wenn das Spinnrad selbst eine Maschine ist (MPWMG II, 181)? Gandhi ist »gegen den Wahnsinn der Maschinen«, die arbeitssparend sein sollten. Da hinter diesem Wahn nicht das Wohlergehen der Arbeiter, sondern die Habgier der Industriellen steckt, werden viele Arbeiter entlassen und versinken in Armut. Die Argumente, daß solche Maschinen Zeit und Energie sparen und Reichtum erzeugen, könnte Gandhi nur dann akzeptieren, wenn sie zugunsten aller Menschen, nicht nur einiger weniger bestünden. Er wendet sich in dem Maß gegen Maschinen, wie er sich gegen die Gier und die sich daraus ergebende Ausbeutung stellt, die hinter der Industrialisierung stecken. »Das Allerwichtigste ist der Mensch« (a. a. O.).

Obwohl er Maschinen unter vielen Gesichtspunkten als nicht wünschenswert ansieht, macht Gandhi einige »intelligente Ausnahmen«. Maschinen, die jeder gebrauchen und sich leisten kann, wie Nähmaschinen, sollen erlaubt sein. Ihre Herstellung muß unter idealen Umständen stattfinden, wobei Profitgier durch Liebe ersetzt wird. Solche Industriesektoren sollen verstaatlicht werden (a. a. O. 182): »Ich will eine Umstrukturierung der Arbeitsverhältnisse«, erklärte er demselben Studenten.

b) *Furchtlosigkeit*
Ein Mensch mit Furcht kann die Gelübde der Wahrheit oder Gewaltlosigkeit kaum einhalten. Ein Satyagrahi verpflichtet sich, gegenüber Machtinhabern, der Öffentlichkeit, Kasten, Banditen, Raubtieren oder Katastrophen angstlos zu sein. Gandhi dachte darüber nach, ob mit Hilfe von Hathayoga oder sonstigen Übungen solch tapfere Menschen ausgebildet werden können (SWMG VI, 195). Da die Befolgung des Gebotes zu unbedingter Wahrheit und das Vertrauen zu Gott die Voraussetzungen für Furchtlosigkeit sind, kam Gandhi zu dem Schluß, daß alle Übungen unnütz wären, wenn diese Voraussetzungen nicht erfüllt seien.

c) *Gelübde gegen die Unberührbarkeit*

Ein Satyagrahi darf niemanden als unberührbar betrachten. Unberührbarkeit war ein übler Brauch in Indien, sie bedeutete Diskriminierung der Angehörigen von niederen Kasten und reduzierte die philosophischen Grundansichten der Advaita zu einer Makulatur. Sie beinhaltete wie jede Art von Diskriminierung Gewalt und Unwahrheit. Als Gandhi das Gelübde gegen die Unberührbarkeit formulierte, war die Unberührbarkeit gesetzlich nicht verboten. Als erster Inder kämpfte er gegen die Unberührbarkeit und versuchte eine ganze Gesellschaft zu seinen Ansichten zu überzeugen. Es ist ihm zu verdanken, daß die Unberührbarkeit heute in Indien verfassungsmäßig verboten ist. Hat dieses Gelübde also für das heutige Indien oder andere Länder eine Bedeutung?

In Indien schlägt die Demokratie Wurzeln. Dank der gesetzlichen Grundlage ist das Los der Unberührbaren heute erheblich besser als vor fünfzig Jahren. Mit jeder Parlamentswahl nach allgemeinem Wahlrecht wächst das politische Bewußtsein der Unberührbaren. Obwohl sie heute im öffentlichen Leben Indiens besser vertreten sind, bleibt in der Praxis viel zu tun, und Gandhis Gelübde bleibt relevant. Auch außerhalb Indiens ist es von Bedeutung. Gandhi bezeichnete die Juden als Unberührbare des Christentums. »Die Parallelen zwischen ihrer Behandlung durch Christen und der der Unberührbaren durch Hindus sind sehr eng«, schrieb er (CWMG LXVIII, 137). Heute kann man diese Ansicht auch auf die Zigeuner oder andere Minderheiten übertragen, wenn man den Humanismus erkennt, der hinter dieser Ansicht steht.

Abgesehen von der Unberührbarkeit, hat Gandhi nichts gegen das Kastensystem einzuwenden, da nach seiner Meinung alle Kasten gleichberechtigt sind (SWMG VI, 476). Die Ashrambewohner durften das Kastensystem jedoch nicht praktizieren.

d) *Varnashram oder das Kastensystem*

Die Steigerung des Kampfes gegen die Unberührbarkeit kommt in dem Gelübde zum Ausdruck, mit dem das Praktizieren des Kastensystems verboten und alle Ashrambewohner zu Sannyasis oder Mönchen erklärt werden. In der Hindu-Tradition wird als Sannyasi bezeichnet, wer der Welt entsagt und in Klöstern oder an Pilgerorten lebt. Die Befolgung von Gandhis Philosophie führt den Menschen in dieselbe Richtung, mit einem Unterschied: Wenn ein Satyagrahi der Welt entsagt, so tut er es, um den Mitmenschen zu helfen, nicht um sein eigenes Heil zu suchen.

e) *Muttersprache*

Satyagrahis verpflichten sich, mit anderen Indern in indischen Sprachen zu kommunizieren. Da es in Indien viele Sprachen gibt, schlug Gandhi vor, daß Inder verschiedener Regionen auf Hindi kommunizieren sollten. Was für eine Rolle spielt eigentlich die Sprache im Leben? Warum soll sich ein Satyagrahi nicht nur zum ethischen Verhalten, sondern auch zum Gebrauch indischer Sprachen oder Hindi verpflichten? Soll man Gandhi blinden Nationalismus vorwerfen, der die Vorteile einer internationalen Sprache wie des Englischen übersah?

Aus historischen, kulturellen, wirtschaftlichen und nicht zuletzt geographischen Gründen ist die Beziehung der Inder zur englischen Sprache anders als die der Europäer. Der Kontakt zu dieser Sprache begann mit der britischen Unterwerfung Indiens vor etwa 200 Jahren, und bis zum Jahr 1947 blieben die Briten in Indien eine winzige Minderheit, die sich mit den Indern nie identifizierte. Aber sie wollten, wie es bei Imperialisten üblich ist, ihre Sprache durch politische Maßnahmen zur »Herrensprache« erheben. Das schafften sie, indem sie den einheimischen Sprachen jede Unterstützung entzogen, sie ungeniert als minderwertig einstuften (man denke an Wood's

Dispatch von 1854, vgl. Bipan Chandra 1990, 91) und Englisch zur Unterrichts- und Amtssprache machten. Neben der Bestätigung ihrer nationalistischen Überheblichkeit sollten durch diese Maßnahmen auch billige, englischsprechende Schreibkräfte für ihre Verwaltung ausgebildet werden. So beschränkten sich ihre Maßnahmen auf die Vermittlung der englischen Amtssprache. Die Mehrheit der Inder konnte sich die westliche Bildung nicht leisten. Die winzige Minderheit, die das konnte, hatte wiederum keine Möglichkeit, Englisch zu lernen, wie es in der normalen englischen Gesellschaft gesprochen und ausgesprochen wurde. Es ist für die Europäer gang und gäbe, schon als Kinder oder Jugendliche Sprachaufenthalte zu genießen und die Sprache zu erlernen. Viele Inder hatten nicht die Möglichkeit, nach England zu fahren und dort die Sprache zu erlernen. Die Entfernung und die Kosten waren Hindernis genug. So beherrschten viele Inder kein korrektes Englisch, und die wenigen, die es erlernten, sprachen fehlerhaft und machten sich lächerlich. Gandhi sah darin eine ernsthafte Gefahr. Schlechte Sprache vermag Gedanken und Gefühle nicht genau zu vermitteln. So leidet darunter die Wahrheit. Daher das Gelübde, die einheimischen Sprachen zu fördern.

Den Gedanken, daß durch die englische Sprache Indien schnellere Fortschritte machen könnte, hielt Gandhi für falsch. In manchen Fällen kann es einer Zeitverschwendung gleichkommen, wenn die Jugend einer Gesellschaft ihre kostbare Zeit für das Erlernen einer fremden Sprache opfert. Eine solche Zeitverschwendung fördert nicht gerade den Fortschritt. Das Beispiel von Japan zeigt deutlich, daß nicht Bildung in englischer, sondern in einheimischer Sprache den Fortschritt fördert.

f) *Körperliche Arbeit*

Alle Satyagrahis leisten täglich körperliche Arbeit, da die Natur dies dem Menschen auferlegt. Nur durch körperliche Arbeit kann der Mensch sich erhalten. Da die meisten Menschen in der Agrarwirtschaft beschäftigt sind, arbeiten auch die Satyagrahis jeden Tag einige Stunden auf dem Feld. *Dieses Gelübde hängt eng mit Gandhis Auffassung vom Sozialismus zusammen* (s. § 35). Das Weben ist eine weitere »Verpflichtung«, die mit körperlicher Arbeit verbunden ist. Im Zusammenhang mit körperlicher Tätigkeit läßt sich auch das Gelübde zum Verzicht auf Alkohol betrachten, wenngleich es natürlich vor allem dazu beitragen soll, daß der Satyagrahi immer einen klaren Verstand hat (siehe auch Kapitel IX).

In den Gelübden sah man unnötige Entbehrungen, Zeichen der Schwäche und Verzicht auf Freiheit. Gandhi war jedoch der entgegengesetzten Meinung: Die Gelübde geben dem Menschen in Krisensituationen einen Halt, und so schützen sie ihn vor Verfall. Sie verleihen seinem Charakter Kraft, Stabilität und Entschlossenheit. Ohne Entschlossenheit kann niemand im Leben etwas Dauerhaftes erreichen (EWMG, 197). Daher vergleicht Gandhi die Gelübde mit dem Anker eines Schiffs.

Das Gelübde betrifft das Verhalten eines Menschen in einer bestimmten Situation, so etwa wenn er vor einer Entscheidung steht. Indem sich der Mensch durch das Gelübde zu einer gewissen Entscheidung im voraus verpflichtet und auf die andere Möglichkeit verzichtet, zielt das Ablegen eines Gelübdes im Grunde auf Selbstbeherrschung und Zuverlässigkeit. Es entspricht demselben Prinzip, nach dem jeden Tag Sonne und Mond aufgehen und in ihrer Bahn kreisen. Wenn sie das nicht täten, gäbe es keine Welt, und weil diese Gestirne zuverlässig sind, gelten sie zugleich als Zeugen der Welt.

Auf den ersten Blick scheint das Gelübde uns der Freiheit zu berauben, da es Verzicht bedeutet. Bei dem Satyagrahi jedoch geht es um den Verzicht auf Unwahrheit, Gewalt, Stehlen, Schwelgen usw. Durch diesen Verzicht wird der Mensch vor unethischen Entscheidungen geschützt, und er gewinnt an innerer ethischer Freiheit, die allen anderen Arten von Freiheit vorangeht. Daher schreibt Gandhi: »Das [Gelübde] bindet uns, um uns wahrhaftig zu befreien« (a.a.O. 201).

Satyagraha nimmt verschiedene Formen an. Verweigerung der Zusammenarbeit, ziviler Ungehorsam und Fasten sind die wichtigsten davon. »Verweigerung der Zusammenarbeit und ziviler Ungehorsam sind doch verschiedene Zweige desselben Satyagraha genannten Baumes« (SWMG VI, 209).

»Nicht-Zusammenarbeit« (englisch: *non-cooperation*) sieht die Vermeidung des Kontakts vor, die einem Boykott gleichkommt. In ihrer Konfrontation mit den britischen Herrschern vermieden die Inder unter Gandhis Leitung jeglichen geschäftlichen Verkehr mit der Regierung und ihren Institutionen. So gaben sie zunächst von der Regierung verliehene Titel und Orden zurück. Sie gründeten nationale Schulen und schickten ihre Kinder dorthin, und das angesichts der Gefahr, daß sie später anderen Kindern gegenüber benachteiligt sein könnten. Um sich der britischen Justiz nicht länger zu unterwerfen, gaben viele Rechtsanwälte ihren Beruf auf und versuchten, Rechtsfälle außerhalb der Gerichte durch Schlichtung zu lösen. Auf der Ebene der Dorfgemeinschaften belebten sie den alten Brauch vom *panchayat*, wonach die Rechtsprechung den Dorfältesten oblag. Die Kongreß-Partei boykottierte die Parlamentswahlen im Zentrum und in den Provinzen. Viele Regierungsangestellte kündigten ihre Stellen, es wurden Banken und Fabriken mit einheimischem Kapital gegründet, und Gandhi belebte die Dorfindustrien.

Das Ziel war, die britische Regierung und ihre Institutionen überflüssig zu machen. Das ist der Kern von Gandhis Befreiungsphilosophie. Ein Fremder kann uns nur dann versklaven, wenn wir selber das irgendwie wollen und die passenden Umstände dafür schaffen. Wollen wir diesen Zustand nicht länger fortsetzen, so müssen wir uns

»reformieren« und innerlich befreien. Dann wird uns der Fremde freiwillig verlassen. Das meinte Gandhi, als er schrieb: »Die Briten haben Indien nicht eingenommen; wir haben es ihnen übergeben« (HS, 35). Bei allen diesen Boykott-Maßnahmen bleiben die Satyagrahis gewaltlos. Gewaltlos nicht nur gegen die Fremden, sondern auch gegen die Landsleute, die die »Nicht-Zusammenarbeit« ablehnen. Wenn der Satyagrahi die Regierung boykottiert, so tut er es aus Liebe zu ihr, um sie von ihrer Unmoral abzubringen.

Bei der Nicht-Zusammenarbeit ist beachtenswert, daß eine Partei und ihre Beschlüsse überflüssig sind. Der Satyagrahi ist ethisch autonom. Wenn er gegen das Unrecht eintritt, so tut er das aus seinen verinnerlichten ethischen und spirituellen Werten und eigener Einsicht heraus, weil die Nicht-Zusammenarbeit zu seinem *dharma*, seiner absoluten Pflicht, geworden ist (CWMG XXV, 344).

Satyagraha nimmt die Form des *zivilen Ungehorsams* an, wenn das Gewissen der Bürger mit den Anordnungen oder Gesetzen eines Staates in Konflikt gerät und die Bürger ihre moralische Betroffenheit ausdrücken wollen. 1917 erklärte Gandhi dem Richter in Champaran, daß er eigentlich ein gesetzestreuer Bürger sei. Aber er verstieß gegen die Anordnung der Regierung, nicht weil er keinen Respekt vor ihr empfand, sondern »um dem höheren Gesetz unserer Spezies – dem Gewissen – Folge zu leisten« (CWMG XIII, 375). Beim Übertreten der ungerechten Gesetze versucht ein Satyagrahi nicht, unerkannt zu bleiben. So haben in Südafrika viele Inder und Inderinnen mehrmals ohne Meldebescheinigung die Grenzen zwischen den Provinzen überquert und ohne Lizenz Handel auf den Straßen getrieben. Im Rahmen politischer Agitationen in Indien haben die Freiheitskämpfer Gandhis verbotene Schriften und Zeitungen in aller Öffentlichkeit verkauft. Das kolossale Beispiel zivilen Ungehorsams ist jedoch Gandhis 240 Kilometer langer Marsch nach Dandi im Jahre 1930. Seine illegale Salzgewinnung und die damit verbundenen Aktionen stellen deutlich einen Akt zivilen Ungehorsams dar. Das Salzgesetz führte der Welt den Abgrund von Ungerechtigkeit einer Fremdherrschaft vor Augen. Jeder verantwortliche Bürger fühlte sich verpflichtet, gegen dieses Gesetz zu verstoßen. Die Masse brach das Gesetz friedlich und ließ sich selbst angesichts schlimmer Provokationen nicht aus der Ruhe bringen. Das Prinzip des Selbstleidens gipfelte in der Konfrontation zwischen Satyagrahis und Polizisten beim Darshana-Salzdepot. Gandhi scheute sich nicht, bei dem Vizekönig seinen Tee mit diesem illegal gewonnenen Salz zu salzen.

Fasten ist die letzte und effektivste Waffe im Arsenal eines Satyagrahi. Nach Gandhi ist das Fasten eine spirituelle Handlung, mit der sich der Mensch an Gott richtet, in einer Art intensivem Gebet. Als letztes Mittel verlegt sich der Satyagrahi auf das Fasten. Mit Hilfe des Fastens soll das schlafende Gewissen der Menschen geweckt werden (SWMG VI, 218). So gesehen ist es der intensivste Appell an das Herz der Menschen. Daher darf es nicht in eigenem Interesse oder zu unethischen Zwecken angewendet werden. Fasten bis zum Tod ist wiederum die Extremform des Fastens und darf deshalb nicht von jedem und beliebig angewendet werden. Gandhi selbst entschloß sich meistens nur zum Fasten, wenn er die Anweisung dazu von seiner inneren Stimme erhielt.

§ 35. *Satyagraha und die Umwandlung der Klassengesellschaft*

Gandhis Gedanken über Ungerechtigkeit und ihre Bekämpfung durch Satyagraha beschränken sich nicht nur auf den Bereich der Politik oder das Thema Fremdherrschaft. Es richtet sich gegen jede Form von Ungerechtigkeit. Die Unberührbarkeit war eine große Ungerechtigkeit, wogegen Gandhi bitter kämpfte. Religiöse Gewalt zwischen Hindus und Muslimen war eine weitere. Gandhi kämpfte gegen die Ungerechtigkeit seiner eigenen indischen Regierung, als diese den Zahlungsausgleich an Pakistan eingestellt hatte. Jahre davor, 1918, mischte er sich in den Streik der Textilfabrikarbeiter ein und stritt für Lohnerhöhung. Auch in der Armut und in der ungleichen Verteilung der Ressourcen sah Gandhi eine Ungerechtigkeit. In der Zeit von 1915 bis 1948, in der Gandhi in Indien politisch aktiv war, erlebte die Welt riesige Veränderungen. Das größte gesellschaftliche, wirtschaftliche und politische Experiment wurde in Rußland durchgeführt. Die Welt beobachtete es zum Teil mit Schrecken, zum Teil mit Begeisterung. Nach 1917 gewann der Sozialismus mit seiner Emanzipationsideologie auch in Indien große Aufmerksamkeit. Er schien die Antwort auf Indiens Rückständigkeit und Armut zu sein, zumal das Land mit seinen Bodenschätzen eigentlich nicht arm war. »Indien ist nicht arm. Inder sind arm«, bemerkte damals Nehru, der junge Sozialist. Die brisante Frage lautete: Müssen die Inder nach der Unabhängigkeit die Reichen unter Gewaltanwendung enteignen und ihren Reichtum unter den Armen verteilen, wie es in Rußland geschehen ist? Soll man nicht das Privateigentum abschaffen? Auch dieses Thema diskutierte Gandhi in seinen Schriften. Bei dieser Diskussion tauchen verstärkt die Begriffe *Sarvodaya, Treuhandschaft* (englisch: trusteeship), *swaraj* (Selbstregierung) und *Mittel* und *Zweck* auf.

Gandhi schrieb im Jahr 1940, daß er immer ein Sozialist gewesen sei, lange bevor er die Menschen in Indien traf, die sich zum Sozialismus bekannten. Gandhis Auffassung von Gewaltlosigkeit und seine Ansicht, daß Privateigentum Raub und aller entbehrliche Besitz Stehlen ist, rücken Gandhi in die Nähe der sozialistischen Denker. Daher konnte er behaupten: »Er [der Sozialismus] ergab sich aus meinem unerschütterlichen Glauben an die Gewaltlosigkeit. Kein Mensch kann aktiv gewaltlos sein und gegen soziale Ungerechtigkeit nicht eintreten, gleich wo sie geschieht« (SWMG VI, 235). Die Idee der Bolschewiken, das Privateigentum abzuschaffen, hielt er für nichts anders als die Umsetzung des Gelübdes vom Nicht-Besitzergreifen, auf den Bereich der Wirtschaft angewendet.

Es war aber nicht Karl Marx, sondern John Ruskin, der den schlummernden Sozialismus in Gandhi weckte. Als Gandhi 1904 sein Werk »Unto This Last« las, dachte er, es verträte drei Grundthesen:

1. Das Wohl des Individuums ist in dem Wohl der Gemeinschaft enthalten.
2. Der Wert verschiedener Berufe wie dem des Rechtsanwalts oder Frisörs ist gleich.
3. Ein Leben mit körperlicher Arbeit, wie das eines Land- oder Handarbeiters, ist erstrebenswert.

Gandhi war von diesen Ansichten überzeugt und setzte sie sofort in seinem Leben um. Die Gründung der Lebensgemeinschaften auf der Phoenix- und der Tolstoifarm in Südafrika und die Gründung des Satyagraha-Ashrams in Indien waren von diesen Ideen durchdrungen. Jeder seiner Mitbewohner in Südafrika bekam ein Stück Land zum Ackerbau. Einige von ihnen lernten Tischlerei. Gandhi selbst erlernte mit Hermann Kallenbach das Schusterhandwerk und brachte es wiederum seinen Mitbewohnern bei. Im Satyagraha-Ashram in Indien wurden die körperliche Arbeit und Handspinnen zu Gelübden erklärt. Nach ihm stand das Spinnrad in enger Verbindung mit dem Sozialismus: »Der Geist hinter dem Handspinnen weist auf die Gleichheit aller hin« (MPWMG III, 375). Das Gelübde der Körperarbeit ist eine unmittelbare Konsequenz des Nicht-Besitzergreifens und Nicht-Stehlens. Wenn jemand keine Felder oder Häuser besitzt, die er verpachten kann, und wenn er sich auch zum Nicht-Stehlen verpflichtet, dann muß er seine Existenz durch körperliche Arbeit bestreiten.

In irgendeiner Form begegnet man Ruskins Ansichten bei vielen Sozialisten. Gandhis Auseinandersetzung bezieht sich jedoch in erster Linie auf den Sozialismus von Karl Marx und seinen Geistesverwandten, der sich von den anderen »utopischen« Formen unterscheidet und den Anspruch erhebt, wissenschaftlicher Sozialismus zu sein. Er studierte »Das Kapital« und andere Schriften von Karl Marx sowie Schriften von Engels, Lenin und Stalin (Mashruwala, G. K., 105).

Gandhi bejaht die Grundidee des Sozialismus, alle Menschen sollen gleich sein. Das muß das Ziel der Gesellschaft sein. Auch das Ideal des Sozialutilitarismus, das größte Glück für die größtmögliche Zahl der Menschen, interessiert ihn sehr. Gandhi unterscheidet sich von den Sozialutilitaristen insofern, als er der Vorstellung »das größte Glück der größten Zahl« gegenüber skeptisch bleibt. Der Sozialutilitarist kann für das Glück der Mehrheit die Minderheit opfern. In einer gerechten Demokratie darf das aber nicht passieren. Daher stellt Gandhi sein verbessertes Konzept *Sarvodaya* auf. Sarvodaya bedeutet das größte Glück aller Menschen in der Gesellschaft. Trotzdem vertritt Gandhi nicht die Auffassung, daß die Egalität daraus bestehe, daß jeder Mensch qualitativ und quantitativ dasselbe besitzt. Für ihn bedeutet sie vielmehr: jedem nach seinen Bedürfnissen. Diese Ansicht darf allerdings nicht pervertiert werden, um den Reichtum eines Fürsten oder Industriellen zu dulden. Die Schwierigkeit sieht er jedoch in dem Mittel, der Gewalt, die der marxistische Sozialismus und der Kommunismus zu diesem Zweck einsetzen wollen.

Nach Gandhi sind das *Mittel* und der *Zweck* identisch. Gandhi selbst versucht zwar nicht, diese These aus philosophischer Sicht zu begründen. Doch kann sie auf die Kausalitätstheorien der indischen Philosophie zurückgeführt werden. Die Advaita-Philosophie vertritt die Ansicht, daß nichts Neues in dieser Welt entsteht. Das eine

Brahma [die Ursubstanz oder der absolute Geist] erscheint wegen der Maya als Vielfalt in der Welt. Die *Verursachung* neuer Dinge ist nach dieser Philosophie nur eine Illusion. Diese Theorie der Kausalität heißt *Brahma vivarta vada*. Dagegen wird mit *Brahma parinama vada* (Theorie der Entwicklung von Brahma) der Sankhya- und Yoga-Philosophien die Auffassung vertreten, daß jede Ursache ihre Wirkung in sich trägt. Der »Ton« als Ursache enthält seine Wirkung, den »Topf«, potentiell in sich. So entsteht nichts Neues, was in der Ursache nicht bereits existiert hat. Wenn Gandhi behauptet, daß Mittel und Zweck gleich sind, bezieht er sich bewußt oder unbewußt auf die Auffassung von Sankhya- und Yoga-Philosophien.

Das Mittel als Ursache muß den Zweck als Wirkung in sich tragen. Soziale Gerechtigkeit oder der Sozialismus als Zweck muß in dem Mittel bereits vorhanden sein. Dem marxistischen Sozialismus nach ist Gewalt das Mittel. Man denke an die Diktatur des Proletariats. Gandhi sieht in der Gewalt einen Widerspruch zur Gerechtigkeit. Wenn wir uns an seine Gedanken über die Wahrheit erinnern, so liegt Wahrheit der Gerechtigkeit zugrunde, und Gewaltlosigkeit ist der einzige Weg zur Wahrheit. Nach seiner Auffassung sind Wahrheit, Gerechtigkeit und Gewaltlosigkeit ineinander eingebettet. So gesehen kann man soziale Gerechtigkeit in der Form von Sozialismus nicht durch Gewalt erreichen. Wenn Gewalt der Wahrheit widerspricht, so widerspricht sie auch der Gerechtigkeit. Daher behauptete Gandhi im Jahre 1928, daß die Herrschaft der Bolschewiken in Rußland nicht lange bestehen würde: Denn »nichts Dauerhaftes kann auf Gewalt gebaut werden« (SWMG VI, 240).

Aber das Ziel des Sozialismus oder Kommunismus, die klassenlose Gesellschaft, »ist ein erstrebenswertes Ideal« (a. a. O. 238). Das Ideal ist rein wie ein Kristall. Wir bräuchten aber ein reines Mittel, um einen reinen Zweck zu erreichen, »ein unreines Mittel führt zum unreinen Zweck« (a.a.O. 233). Durch Gewalt, wenn die Reichen geköpft werden, werden die Armen nicht die Gleichheit erhalten. Das, was man durch Gewalt gewinnt, kann man nur durch Gewalt erhalten. Das heißt, daß die Anwendung von Gewalt zu einer Spirale der Gewalt führt, worunter die soziale Gerechtigkeit leidet. Daher schließt Gandhis Auffassung vom Sozialismus die Anwendung der Gewalt aus.

Sozialismus kann nicht durch Nötigung eingeführt werden. Die Zivilisation kann nicht einerseits den Materialismus – das Besitzen von Eigentum und Menschen und den Verbrauch von Gütern – fördern und anderseits eine klassenlose Gesellschaft schaffen wollen. Das eine ist mit dem anderen nicht vereinbar. Die soziale Ungerechtigkeit, die Teilung der Menschheit in Reiche und Arme, ist eine Folge der Zivilisation, und der Mensch ist ein Teilhaber an ihr. *Yatha Pinde tatha Brahmande* – wie es im Individuum ist, so ist es im Universum. Mit dem Individuum, jedem einzelnen Menschen, beginnt und endet die Schaffung der klassenlosen Gesellschaft. Die Überzeugungen von Wahrheit, Gewaltlosigkeit, Nicht-Besitzergreifen, Nicht-Stehlen, Körperarbeit usw., die der ethischen Perfektion eines Menschen zugrunde liegen, allein bilden das Fundament des echten Sozialismus. Wenn ich eine klassenlose Gesellschaft schaffen will, so muß ich es in meinem Leben anfangen. Es nützt nichts, darüber Reden zu halten, Parteien zu bilden oder mit der Philosophie ein Spielchen zu treiben. Wir müssen damit in unserem Leben beginnen: »Sozialismus beginnt mit dem ersten Bekehrten« (a.a.O. 233). Dagegen warten die Sozialisten darauf, daß erst alle Menschen bekehrt werden.

Außerdem widerspricht Gandhi zwei weiteren Thesen von Marx. Nach Marx ergeben sich unsere ethischen Werte aus der materiellen Umgebung. Gandhi vertritt die Meinung, daß die ethischen Werte eine Basis außerhalb der materiellen Umgebung haben. Diese Basis ist die Wahrheit oder Gott. Der Atheismus ist der Grund, weshalb sich Gandhi von den Kommunisten trennen würde. Diesen fehlt tatsächlich eine logische Begründung des Atheismus.

Gandhi meint, Marx sehe in der Maschine und in der Industrialisierung der Wirtschaft die Befreiung des Menschen. Diese Meinung ist insofern richtig, als nach Marx die Industrialisierung und der Kapitalismus die Arbeiter von den Zuständen, wie sie in Dörfern herrschen, befreien und sie in einer Großstadt vereinigen. Das sei der erste Schritt zu ihrer Befreiung. Gandhi sieht dagegen eben in dieser Entwicklung die Voraussetzungen für die Versklavung des Menschen. Mit der Industrialisierung wird der Mensch von den Maschinen versklavt. Er behauptet: »Nur die intelligente Anwendung körperlicher Arbeit bringt dem Arbeiter sowohl die Freiheit als auch das Glück« (a.a.O. 243). So ist die körperliche Arbeit ein Bestandteil des gandhischen Sozialismus, und als Pflicht jedes Menschen wird sie nie abgelegt.

Eine klassenlose Gesellschaft ohne Privateigentum ist das Ziel. Wenn Gewalt und gewaltsame Enteignung nicht das Mittel zu ihrer Verwirklichung sind, so muß es einen anderen Weg geben. Dieser Weg muß die Gewalt ausschließen und zugleich die Egalität aller Menschen in der Gesellschaft herbeiführen. Gandhis Lösung für dieses Problem ist die *Treuhandschaft* (englisch: trusteeship).

Nach Gandhis Auffassung ist Gott der einzige Besitzer. Alles gehört ihm und uns nichts. Über alles, was wir in Besitz haben, müssen wir Gott Rechenschaft ablegen, und wir sollen es im Interesse anderer Menschen gebrauchen. Diese Einstellung zum Besitz und Vermögen erfordert die Eigenschaften von *tyaga* (Opfergeist) und *vairagya* (Nicht-Verhaftung; Desinteresse). In einem konkreten Fall verwaltet der Besitzer einer Fabrik oder Farm sein Vermögen nur als Treuhänder. Er behält von den Einnahmen nur so viel für sich, wie er für die Deckung seiner Bedürfnisse benötigt, und übergibt den Rest der Gesellschaft. Die Treuhandschaft bleibt in der Familie, indem die Kinder sie von ihren Eltern übernehmen. Ist das eine Art Erbrecht, das den Unterschied zum Privateigentum verwischt?

Das Wort Treuhand ruft Mißtrauen hervor. Im indischen Kontext wurde es von den Briten mißbraucht, indem sie sich Treuhänder Indiens nannten und trotzdem das Land skrupellos ausbeuteten. Gandhis Gedanken darüber schließen diese Verschleierung aus. Sein Begriff der Treuhandschaft ist kein Zeichen dafür, daß er trotz seiner sozialistischen Gebaren ein Verbündeter der Kapitalisten war, noch daß er naiv war. Diese Auffassung war ein Ergebnis seines praktischen Denkens, mit dessen Hilfe er seinen Idealismus in die Tat umsetzen wollte.

Die Treuhandschaft, wie sie Gandhi vorschwebt, soll nicht nur Gewalt aus dem Programm des Sozialismus verbannen. Die Abschaffung des Privateigentums kann einen Nachteil mit sich bringen. Nach Gandhi werden Fähigkeiten nicht nur erworben. Sie werden auch in der Familie »gebündelt«, ausgeprägt und an die nächsten Generationen weitergegeben. So sieht man oft, daß der Sohn eines Goldschmieds ein guter Goldschmied wird, der Sohn eines Arztes ein guter Arzt und der Sohn eines Kaufmanns ein guter Kaufmann. Das liegt vielleicht daran, daß die Kinder sehr früh mit dem Beruf ihres Vaters in Berührung kommen und in ihn hineinwachsen. Die Abschaffung des Privateigentums im Sozialismus führt dazu, daß die ehemaligen Besitzer keine Beziehung mehr zu ihren Firmen oder Farmen haben. Da der neuen Klasse spezifische Talente und Erfahrungen fehlen, führt der Sozialismus zu Mißwirtschaft und mit der Zeit zu Armut. Die Einführung der NEP (»New Economic Policy«) durch Lenin im Jahre 1921 in Rußland könnte man als Folge dieser Erkenntnis sehen. Die Vermutung liegt nahe, daß Gandhi das sowjetische Experiment genau beobachtet und sich

Gedanken über seine Folgen gemacht hat. Gandhis Konzept von Treuhandschaft beinhaltet eine Maßnahme gegen den Verlust der Talente und Erfahrungen, ohne daß dabei der Idee vom Privateigentum nachgehangen werden müßte. Mit ihrem Talent und ihren Erfahrungen sollen die Treuhänder den Reichtum der Gesellschaft vermehren. Den Besitzern wird »erlaubt sein, die Leitung über ihren Besitz zu behalten und ihr Talent zur Vermehrung des Reichtums anzuwenden« (SWMG VI, 371). Das Vermögen wird weiterhin von ehemaligen Besitzern verwaltet und gepflegt, und die Überschüsse werden an die Gesellschaft weitergegeben.

Zwar zeigt die sowjetische Erfahrung, daß die Gesellschaft auf die ehemaligen Besitzer nicht verzichten kann, aber wer garantiert, daß sie auch wirklich im Geist der Treuhandschaft handeln? Was tun, wenn sie gar keine Treuhänder werden wollen?

Die Antwort ist einfach. Eine Gesellschaft, die so weit gehen kann, das Privateigentum abzuschaffen, kann auch die Besitzer dazu bringen, daß sie die Rolle der Treuhänder annehmen. Davor warnte Gandhi die Reichen in den letzten Jahren der Abhängigkeit. Er sagte zum Beispiel im Jahre 1946: »Die jetzigen Besitzer des Reichtums müssen sich entscheiden, ob sie einen Klassenkampf haben oder freiwillig Treuhänder ihres Reichtums werden wollen« (SWMG VI, 371).

Klassenkampf ist keine logische Notwendigkeit in der Geschichte. Für Enteignungen braucht man zunächst keine Gewalt. Satyagraha ist das Mittel zur Verwirklichung der Egalität. Es spielt dabei dieselbe Rolle wie bei der Befreiung des Landes von der imperialistischen Ausbeutung. »Satyagraha ist ein Gesetz mit universaler Anwendbarkeit« (CWMG LXXXIII, 28). Hier geht Gandhi von seinen zwei Grundthesen aus: 1. »Wenn das Kapital Macht ist, dann ist auch die Arbeit Macht« (EWMG, 396). »Sobald sich der Arbeiter seiner Macht bewußt wird, ist er in der Lage, ein Partner des Kapitalisten zu sein, anstatt sein Sklave zu bleiben« (a. a. O.). Daraus folgt These 2: Ein Arbeiter kann nicht ausgebeutet werden, wenn er es nicht will.

In einer Konfrontation, etwa mit einem Großgrundbesitzer, der sich nicht als gerechter Treuhänder verhält, tragen die Landarbeiter ihm ihre Schwierigkeiten vor und appellieren an sein Herz, ausbeuterisches Handeln zu unterlassen. Wenn der Großgrundbesitzer auf sie nicht hört, bitten die Arbeiter seine Frau, in dem Fall zu intervenieren. Vielleicht sagt seine Frau, daß sie und ihre Kinder das Geld nicht brauchen, das ihr Mann durch Ausbeutung der Armen erwirbt. Im Normalfall wird sich der Großgrundbesitzer dann bessern und die Produktionsüberschüsse den Arbeitern zukommen lassen. Angenommen, der Großgrundbesitzer hört nicht auf seine Frau und Kinder oder bildet mit ihnen eine Front gegen die Landarbeiter, dann sollen die Landarbeiter ihm in aller Deutlichkeit erklären, daß der Boden den Landarbeitern gehöre (CWMG LXXXIII, 28), und sich weigern zu arbeiten. Der Großgrundbesitzer kann seine Farm nicht allein bestellen. Wenn er neue Landarbeiter oder Pächter engagiert, dann sollen sie durch Satyagraha dazu gebracht werden, daß auch sie gemeinsame Sache gegen ihn machen. Durch Satyagraha und Meinungsbildung werden alle Teile der Gesellschaft für ihre Sache gewonnen, so daß zum Schluß der Großgrundbesitzer die Landarbeiter wie Geschäftspartner behandeln muß. Diese Ansichten vertrat Gandhi in einem Gespräch mit »konstruktiven Arbeitern«.

In diesem Gespräch aus dem Jahre 1946 scheint Gandhi davon auszugehen, daß eine Familie ein großes Anwesen nicht allein, d. h. ohne Arbeiter, bewirtschaften kann. Verlieren die Landarbeiter ihre Handlungskraft angesichts der Maschinen und Traktoren, welche später erfunden und eingeführt werden, die riesige Felder in einigen Stunden pflügen, säen und abernten können? Die Situation ist die gleiche, ob der Großgrundbesitzer die ausbeuterischen Methoden trotz des Satyagrahas oder wegen der Maschinen nicht aufgibt. In beiden Fällen bleiben der Sozialismus und die klassenlose Gesellschaft in Frage gestellt. Wie will Gandhi mit der ausbeuterischen Gier der Reichen umgehen? Hier scheint sich Gandhi von Marx nicht zu unterscheiden. Er sagte: »Ich wäre sehr froh, wenn sich die betreffenden Menschen wie Treuhänder benehmen würden; wenn sie aber versagen, müssen wir durch den Staat und mit minimaler Anwendung von Gewalt ihr Vermögen enteignen« (SWMG VI, 369). Gandhi war Sozialist genug, das zu versichern.

§ 36. *Der Staat und die aufgeklärte Anarchie*

Gandhis Ansichten über den Staat sind eine logische Schlußfolgerung aus seiner Idee von Wahrheit und Gewaltlosigkeit, auch wenn sie zu einem gewissen Paradoxon führen. Interessant ist es zu bemerken, daß Gandhi, ein Prophet der Gewaltlosigkeit, und Marx, ein Heiland der Arbeiterklasse, eine ähnliche Vision haben.

Gandhi stellt die Grundfrage: Wozu braucht man politische Macht oder eine politische Organisation wie den Staat? Er hat eine klare Antwort darauf. Wir brauchen sie, um das Los der Menschen zu verbessern. In einer Gesellschaft von Menschen, deren moralisches Bewußtsein durch die Verinnerlichung der Prinzipien von Wahrheit und Gewaltlosigkeit perfektioniert worden ist, braucht man keine politische Institution wie den Staat mehr. Der Staat ist eine Konzentration von politischer Macht: »Der Staat vertritt Gewalt in einer konzentrierten und organisierten Form«; »Der Gewalt hat er seine Existenz zu verdanken« (MPWMG III, 599). Als solcher ist er ein Instrumentarium der Nötigung, sei er in den Händen von Fremden oder in denen von Landsleuten, sei es in einer

266

Demokratie oder in einer Diktatur. Daher meinte Gandhi, wie auch Thoreau, die Regierung sei die beste, die am wenigsten regiert. In einer Demokratie befolgen Bürger die Gesetze eines Staates scheinbar freiwillig. Letzten Endes tun sie es aber aus Angst vor seiner Gewalt. Wie viele werden freiwillig Steuern an den Staat abführen, wie viele werden auf den Straßen auf das Tempolimit achten, nach Alkoholgenuß auf das Autofahren verzichten oder in öffentlichen Verkehrsmitteln nicht schwarzfahren wollen? Diese kleinen Delikte ergeben sich aus dem Nichterfüllen der Pflichten. Die Frage ist berechtigt, ob nicht auch größere Verbrechen begangen würden, wenn diese Angst vor dem Staat nicht bestünde. Es sind die Institutionen der Staatsgewalt wie Justiz, Polizei und Militär, die dafür sorgen, daß die Bürger auf die Pflichten und Gesetze achten, selbst wenn sie ihren inneren Wert nicht erkennen oder davon nicht überzeugt sind. Insofern hat Gandhi recht. Auch Marx vertritt dieselbe Ansicht, wenn auch aus einem anderen Grund.

Zwar ist der Staat nach Marx eine Institution der Gewalt. Sie erfüllt aber als ein Instrumentarium in den Händen der herrschenden Klasse einen bestimmten Zweck: ihre gemeinsamen Interessen geltend zu machen (Marx und Engels 1962, 62); im Fall des Kapitalismus also die Ausbeutung der Arbeiterklasse. Daher sieht die Marxsche Revolution die Übernahme des Staates durch die Arbeiter vor.

Gandhis Adressat ist letzten Endes keine Klasse, sondern das Individuum. Und die Erkenntnis, der Staat bedeute Gewalt, soll nicht dazu führen, daß man sich seiner für eigene Zwecke bemächtigt. Der moralisch perfekte Mensch regiert sich selbst, indem er alle Regeln des Umgangs mit den Mitmenschen und der Umgebung aus sich selbst schöpft. Notwendigerweise müssen diese Regeln für die Gesellschaft und die Umgebung tadellos und akzeptabel sein, da diesen Regeln zutiefst reflektierte und verinnerlichte Wahrheit und Gewaltlosigkeit zugrunde liegen. Wenn solche Regeln alle Bereiche wie Wirtschaft, Politik, Kultur, Bildung, Gesundheit durchdringen, dann braucht der Mensch eigentlich keine fremden Regeln – und keinen Staat. Jeder aufgeklärte, das heißt moralisch perfekte Bürger ist sein eigener Gesetzgeber und -vollzieher. Er ist sein eigenes Parlament, seine eigene Verfassung und Polizei. In einer Gesellschaft von solchen Bürgern wird der Staat überflüssig werden, weil er den Bürgern keine Gesetze zu geben oder aufzuzwingen braucht. Während der Staat bei Marx »abstirbt«, schrumpft er bei Gandhi zu seiner kleinsten Form zusammen. Das ist für Gandhi die reinste Form der Demokratie, weil Nötigung oder Gewaltanwendung dem Geist der Demokratie widersprechen. So schrieb er zum Beispiel im Jahre 1939: »Die Demokratien [...] in England, Amerika und Frankreich sind nur dem Namen nach Demokratien, weil sie nicht weniger auf Gewalt beruhen als das Nazideutschland oder das faschistische Italien oder sogar Sowjetrußland« (NVPW I, 198). Oder im Jahre 1940: »Die europäischen Demokratien sind meiner Auffassung nach eine Negation der Demokratie« (a.a.O. 292).

Das Absterben des Staates bedeutet für Marx, daß das Privateigentum und damit verbunden die Teilung der Gesellschaft in Klassen verschwunden sind. Bei Gandhi liegt die Betonung nicht so sehr auf dem Verschwinden von Privateigentum oder Klassen, sondern auf der Entstehung der moralisch autonomen Menschen und dem absoluten Verschwinden der Gewalt des Staatswesens. Das ist Gandhis aufgeklärte oder »reine« Anarchie: »Jener Staat ist perfekt oder gewaltlos, in dem die Menschen am wenigsten regiert werden. Der kürzeste Weg zur reinen Anarchie wird eine Demokratie ohne Gewalt sein« (a.a.O.).

Nach Marx ist das Wesen eines Menschen von seiner Klassenangehörigkeit bestimmt, »er ist Jäger, Fischer oder

Hirt oder Kritischer Kritiker und muß es bleiben« (Marx und Engels 1962, 33). So steht ihm nicht frei, sich zu ändern. Aber seine Befreiung sieht Marx in dem Verschwinden des Staates. Nach Gandhi geht die moralische Autonomie dem Absterben des Staates voraus. Es ist diese Autonomie, welche den Staat überflüssig macht. Der Mensch darf alle Berufe ausüben, solange dies mit der Moral vereinbar ist. Diese moralische Autonomie nannte Gandhi *swaraj* (Selbstregierung). Selbstregierung kann im politischen Sinn als Freiheit von fremder Herrschaft verstanden werden. Doch so gesehen entspräche sie nach Gandhi nur einem Aspekt oder einer Stufe auf dem Weg zur Freiheit. Leider verstanden die Kongreß-Politiker Indiens diesen Begriff nur im politischen Sinn. Gandhi unterschied seinen Begriff von Freiheit von dem politischen, und nannte letzteren »parlamentarische Freiheit«.

Gibt es in Gandhis Staat also keine Justiz, Polizei und Armee? Besteht er ausschließlich aus aufgeklärten und autonomen Menschen?

Nach Gandhi gibt es in dieser Welt immer das Böse. Seine Existenz durch die Logik begründen zu wollen wäre reine Eitelkeit. Heißt es nicht, daß wir immer in irgendeiner Form mit Gewalt zu tun haben werden und daß sie nicht auszurotten ist? Nach Gandhi geht mit jeder Erfüllung der Forderung nach Gewaltlosigkeit die Erweiterung ihres Ausmaßes einher. Aber je vollkommener wir uns ihr annähern möchten, desto weiter entfernt sie sich von uns. Daher Gandhis Spruch: »Das Ziel entzieht sich uns ständig« (SWMG VI, 148). Je weiter wir auf dem Weg fortschreiten, desto unzufriedener werden wir mit uns selbst. Eine vollkommen gewaltlose Gesellschaft wird es nicht geben. Das ist jedoch längst kein Grund zur Resignation. Ein Dreieck in euklidischer Perfektion wird es nicht geben. Wir versuchen aber, uns an dieser Vorstellung zu orientieren und ihr zumindest anzunähern.

Unter idealen Umständen soll die Polizei verschwinden. Aber die indische Realität in den vierziger Jahren mit den ungelösten Problemen der Unberührbarkeit, Armut, Banditen, dem religiösen Haß usw. ließ Gandhi keine solchen Hoffnungen hegen. Er erklärte einem Leser seiner Zeitschrift »Harijan«, daß er sich einen Staat sogar ohne Armee vorstellen könnte, aber nicht ohne Polizei. Doch die Polizei seiner Vorstellung unterscheidet sich radikal von der damaligen, d. h. englischen Polizei. Die englische Polizei in Indien war ein brutales Instrument der Unterdrückung und Einschüchterung. Gandhis Polizisten dagegen sind in erster Linie Diener und Reformer der Gesellschaft, nicht die Herren. Sie sind von der Gewaltlosigkeit überzeugt, ihre Hilfsbereitschaft ruft bei den Bürgern die Bereitschaft zur Zusammenarbeit hervor. Mit der Zusammenarbeit der Bürger lösen sie alle Probleme. Unruhen im Bereich der Industrie oder zwischen religiösen Gruppen wird es im freien Indien nicht geben, weil die Majorität von der Gewaltlosigkeit überzeugt ist. So sieht Gandhi die Polizei lediglich als Schutz gegen Räuberbanden. Diese Polizisten sollen »defensive« Waffen tragen, die allerdings selten benützt werden müssen. Diebe und schwere Kriminelle werden mehr als Geisteskranke und Gefängnisse auch als Krankenhäuser betrachtet, in denen die Seele der Kriminellen geheilt wird. Diese Vorstellungen Gandhis sind keine utopischen Vorstellungen. Obwohl die Polizei selbst in Indien von diesem Ideal weit entfernt ist, wird es in entwickelten Ländern bereits in Teilbereichen umgesetzt oder zumindest als Zielsetzung akzeptiert.

Ein Land soll sich ohne Soldaten verteidigen. Angesichts einer Invasion sollen Männer, Frauen und Kinder an die Front gehen und sich dem Feind stellen. Wenn die feindlichen Soldaten sehen, daß an der Verteidigung unbewaffnete Frauen und sogar Kinder beteiligt sind, werden sie ihr Vorhaben aufgeben. Sollten sie diese Menschenfront trotzdem mit ihren Panzern überrollen, werden sie das nie wiederholen. Auf die Frage eines Europäers, ob es das je gegeben habe, zitierte Gandhi ein Beispiel aus dem Freiheitskampf im Jahre 1930 in Indien (Gujarat), wo Frauen sich von Polizisten hatten niederknüppeln lassen, und noch eines aus Peshawar, wo viele Männer sich, ohne gewalttätig zu werden, dem Kugelhagel der Polizei gestellt hatten. Zwar fällt es schwer, sich vorzustellen, daß es solche Männer und Frauen wirklich gibt, aber man muß zumindest zugeben, »daß Gewaltlosigkeit aus härterem Holz geschnitzt ist. Sie ist nicht als Waffe der Schwachen gedacht, sondern als die der starken Herzen« (NVPW I, 109).

§ 37. *Die Dorfrepubliken als Bollwerk gegen äußere Aggressoren*

Gandhis Vorstellungen zufolge kommt es eigentlich nicht so sehr auf die Verteidigung an der Front an. Die Sicherheit eines Landes ist durch seine wirtschaftliche Struktur gegeben. In seiner Vision besteht das ländliche Indien aus unzähligen Dorfrepubliken. Die Dörfer heißen Republiken, weil sie politisch, wirtschaftlich und kulturell unabhängig von einem Zentrum und in diesen Bereichen vollkommen selbständig sind. Die politische Freiheit eines Dorfes ist durch das System des Panchayat gewährleistet, das von allen Dorfbewohnern im Alter von über 21 Jahren gewählt wird. Dem Panchayat unterstehen alle legislativen, juristischen und exekutiven Bereiche sowie die gesundheitliche Fürsorge und Polizei (wie sie sich Gandhi vorstellte) für die Legislaturperiode von einem Jahr. Das Panchayat ist die kleinste Regierungseinheit, durch die Basisdemokratie gewährleistet wird. Wegen ihrer Volksnähe und überschaubaren Größe bringt sie nur ein Minimum an Gewaltanwendung mit sich und schließt Anonymität aus. Jedes solche Dorf besitzt ein eigenes Krankenhaus, Theater, eine eigene Schule, Bibliothek usw., alles, was ein Mensch für seine Entwicklung benötigt (NVPW I, 386–7).

Neben der Agrarwirtschaft, Getreideernten und Viehzucht, die über den Eigenbedarf hinausreichen, gibt es in jedem Dorf viel Heimindustrie, Familienbetriebe, die Garn spinnen oder weben, Schuster, Schmiede, Schreiner usw., wie es in traditionellen Dörfern Indiens üblich war.

Je größer eine Organisation, sei es der Staat oder die Wirtschaft, desto größer ist ihr Gewaltpotential und desto größer ist das Leid eines Menschen unter ihr. In einer kleinen Dorfrepublik mit eigener Regierung und Wirtschaft ist das Gewaltpotential am geringsten, was eine ideale Voraussetzung für die Entfaltung des Menschen darstellt.

Gandhi schwebt ein sich ausbreitender Kreis solcher Dörfer vor, der eine pyramidal strukturierte Hierarchie ausschließt. Diesen Kreis der Dörfer, bewohnt von moralisch vollkommenen Menschen, vermag niemand zu unterwerfen, weil sie Gewaltlosigkeit verkörpern. Selbst einem Hitler gelänge es nicht, sie zu zerstören. Ganz im Gegenteil würde er bei diesem Versuch selbst zur Gewaltlosigkeit bekehrt (NVPW I, 243). So merkwürdig Gandhis Behauptung klingen mag, es lohnt sich trotzdem zu versuchen, sie zu verstehen. Gandhis tollkühne Behauptung beruht auf der Ansicht, daß ein politisch und wirtschaftlich zentral organisiertes Land leichter zu erobern ist als ein dezentral strukturiertes: Gelingt es dem Eroberer, die Hauptstadt des überfallenen Landes unter seine Macht zu bringen, dann kann er den Rest des Landes leichter bezwingen, was für ein nicht zentralistisch organisiertes Land nicht zutrifft. Noch schwieriger ist es, eine nicht zentralistisch aufgebaute Wirtschaft zu kontrollieren. Wenn Industrie und Wirtschaft in ein paar Großstädten konzentriert sind, wird ein Eroberer bald die ganze Wirtschaft beherrschen. Im Fall Indiens muß er nur ein paar Großstädte wie Bombay und Kalkutta erobern, um die Wirtschaft zu unterwerfen und auszubeuten. Die

272

Fabrik-Industrie mit der zentralgesteuerten Produktion macht es möglich. Die Heimindustrien werden dagegen über alle Dörfer und Familien Indiens verteilt sein, ihre Unterwerfung also viel mühsamer und zeitaufwendiger. Man denke an die Geschichte Indiens unter britischer Herrschaft. Entstehung und Wachstum der neuen Großstädte Indiens sind dem Wunsch der Briten nach kolonialer Ausbeutung zu verdanken. So gründeten die Briten die Stadt Madras im Jahr 1639 und luden alle Weber und Händler ein, dort zu wohnen und zu arbeiten. Diese durften nur in einem für sie vorgesehenen Stadtteil wohnen, da die Briten sich mit ihnen nicht mischen wollten. Dieser Stadtteil hieß »Blacktown«, die »schwarze Stadt«. Mit der Gründung der Stadt Madras konnten die Briten die Produktion und den Handel der Stoffe an einem Ort organisieren und den Einheimischen die Bedingungen diktieren. Daher Gandhis Ansicht: Zentralisierung der Politik oder der Wirtschaft führt zur Ausbeutung, und Ausbeutung ist das Wesen der Gewalt (NVPW I, 243). Wenn die Möglichkeiten der Ausbeutung durch die Struktur der Politik und Wirtschaft ausgeschlossen sind, welches Interesse soll der Aggressor noch an Eroberungszügen haben?

Wir rekapitulieren Gandhis Gedankengang der Gewaltlosigkeit: Gewaltlosigkeit ist die absolute Pflicht. Große politische und wirtschaftliche Organisationen bedeuten Gewalt den Menschen gegenüber. Daher die kleinen Dorfrepubliken mit eigenen demokratisch gewählten Regierungen und Heimindustrien mit moralisch vollkommenen Menschen. Diese garantieren eine reine Demokratie. Es ist schwierig für einen Aggressor, ein dezentralisiertes und demokratisches Land und seine Wirtschaft zu erobern und auszubeuten.

Bei diesen Gedanken scheint Gandhi mehr an die Schwierigkeiten bei der vollständigen Besetzung eines Landes durch den Aggressor gedacht zu haben als an den Überfall selbst. Sicher hat es der Aggressor nicht einfach, wenn er Hunderte von Dörfern erobern und unter seine Gewalt bringen muß. Aber welche Chancen haben die Dorfbewohner gegen die große Armee eines Feindes? Zum einen hat Gandhi es sich vielleicht nicht so vorgestellt, daß der Widerstand gegen die feindliche Armee »der Reihe nach« stattfindet, d. h., daß im ersten Dorf nur dessen Dorfbewohner Widerstand leisten, im nächsten Dorf nur jene Dorfbewohner usw.; die Dorfrepubliken können gute Beziehungen zu ihren Nachbarn unterhalten. Zum anderen sind die Dorfbewohner, so Gandhi, überzeugte Satyagrahis, die zwar keine Gewalt anwenden, sich aber auch nie dem Aggressor beugen. Die Freiheit ist ein geistiger, kein äußerer Zustand. Wenn die Dorfbewohner im ersteren Sinn frei sind, dann wird sie der Aggressor schließlich freiwillig in Ruhe lassen.

Nach Gandhi wird ein gewaltloser Staat jedenfalls nie auf äußere Aggressionen vorbereitet sein, denn bereits die Existenz einer Armee bedeutet Gewalt. Die Ausgaben, die Regierungen für die Bildung und Unterhaltung von Armeen aufbringen, sollen sie lieber für die Fürsorge für die Armen und den Aufbau der Wirtschaft verwenden. Zugleich betont Gandhi immer wieder den Aspekt der »inneren Stärke«: »Die Welt könnte sagen, wir seien schwach. Wir sollen aber unser Ideal nicht schwächen« (CWMG LXXXIII, 409).

9. Der Körper und die Freiheit von Krankheit

Um die wahre Gesundheit zu erlangen, müssen wir den Gaumen besiegen.

Gandhi, 1913

Gandhis Autobiographie und seine zahlreichen Aufsätze bezeugen, daß Gesundheit für ihn ein wichtiges Thema war. Bereits in seiner frühen Jugend experimentierte er mit der Wirkung spezieller Formen von Ernährung, was er in England und Südafrika leidenschaftlich fortsetzte. Auch seine Freunde und Mitbewohner, sei es in Südafrika oder in Indien, wurden in diese Experimente einbezogen. Mit seinem selbstkritischen Humor sagte er einmal in einem anderen Kontext: »Meine Experimente setzen sich auf Kosten gutgläubiger Freunde fort« (MPWMG, I, 355). Es war gerade diese leidenschaftliche Beschäftigung Gandhis mit Gesundheit, Ernährung und Hygiene, die viele Denker seiner Zeit und seine Gegner verwirrte. Sie war ihnen genauso unverständlich wie die Bedeutung von Khadi oder die Bekämpfung der Unberührbarkeit. So ist die Frage berechtigt: Steht seine Philosophie über Wahrheit und Gewaltlosigkeit in irgendeiner notwendigen Beziehung zum Thema Gesundheit? Um diese Fragen beantworten zu können, muß man seine Ansichten über die moderne Medizin und den Menschen kennenlernen.

§ 38. *Kritik der modernen Medizin*

In seiner Schrift »Hind Swaraj« wirft Gandhi der modernen Zivilisation Habgier und damit verbundene Unmoral vor. Ihren Materialismus mit der Betonung auf dem Körper sieht er sogar als satanisch an, die Zivilisation wird mit

275

einem giftigen Baum verglichen, und Medizin ist einer seiner Äste. Gandhi versichert seinem Zuhörer, diese Ansichten habe er von anderen Europäern übernommen, und erwähnt den Titel eines Buches, dessen Autor Gandhi nicht erwähnt: »Zivilisation: ihre Ursache und Behandlung«.

Seine Hauptklage gegen die Medizin, nicht nur gegen die moderne, lautet: Sie verleitet einen Menschen zur unmoralischen Lebensführung. Nimmt jemand übermäßig viel Essen zu sich, so bekommt er Beschwerden. Der Arzt heilt den Patienten, und der Patient schwelgt weiter in übermäßiger Essensaufnahme. Gandhi will dagegen, daß der Patient seine Bauchschmerzen als Warnung der Natur versteht und eine Lehre daraus zieht. Die moderne Zivilisation verführt die Menschen zum Schwelgen in Lastern, und die Medizin in ihrer falsch verstandenen Fürsorge unterstützt den Menschen dabei (HS, 53). Die richtige Lehre, die aus der Krankheit zu ziehen wäre, ist nach Gandhi die der *Selbstbeherrschung* und einer entsprechenden Änderung der Lebensführung. Die Ärzte versäumen diese wichtige Funktion.

Wenn jedes nicht notwendige Essen, das ich zu mir nehme, und jede Handlung, die ich nicht im Interesse anderer Menschen vollziehe, Gewalt bedeuten, dann fördert der Geist der modernen Medizin Gewalt und Selbstsucht. Die Tierversuche, in denen jedes Jahr Tausende von Tieren gequält werden, sind Gandhis zweite Anklage gegen die moderne Medizin.

In derselben Schrift »Hind Swaraj« kritisiert Gandhi, daß die Medizin eines der Mittel der Briten gewesen sei, mit deren Hilfe sie Indien versklavten. Ihre Ärzte hatten ihren Beruf bekanntlich zu politischen Zwecken angewendet. Man denke an den Moghulkaiser Jehangir (1569–1627), der aus Dankbarkeit für seine Behandlung durch Ärzte der Ostindischen Handelsgesellschaft dieser Handelslizenzen gewährte. Aber die Folgen reichen noch weiter, meint Gandhi. Indem die Ärzte den Menschen zum Schwelgen verhelfen, berauben sie sie der Selbstbeherrschung – und Verlust der Selbstbeherrschung bedeutet nach Gandhi und der indischen Tradition Schwächung und Abhängigkeit.

Einen weiteren Gedanken äußert Gandhi in »Hind Swaraj«. Die Ärzte üben ihren Beruf nicht aus, um den Menschen zu dienen, sondern um sich finanziell zu bereichern. Er nennt es »Verehrung des Mammons«. So ist die moderne Medizin eine teure Angelegenheit. Ein armes Land wie Indien braucht aber ein anderes System, das allen, nicht nur den Reichen zugänglich ist.

Gandhis Kritik an der Medizin bündelt sich in einem Punkt: Sie ist unmoralisch, weil sie statt Selbstbeherrschung Schwelgen, Gewalt und Gier fördert. Sie muß aber gewaltlos sein, die Selbstbeherrschung und Unabhängigkeit des Menschen wiederherstellen und allen, auch den Armen, zugänglich sein.

Man kann einwendend fragen, gibt es irgendein System, das Patienten nicht nur mit Arznei behandelt, sondern auch eine Änderung der Lebensführung zur Bedingung für die Heilung macht? Die alte indische Medizin *Ayurveda* gibt dem Patienten nicht nur Arzneimittel, sie erlegt ihm dazu viele Verbote und Gebote wie Fasten, Vermeidung gewisser Nahrungsmittel oder des Geschlechtsverkehrs auf. Aber Gandhi war auch mit dem Ayurveda nicht ganz zufrieden. Denn auch in diesem System können die Laien ohne Expertenhilfe nicht auskommen, zudem werden viele wichtige Rezepte dieses Systems in einigen Familien geheimgehalten, und mit dem Verschwinden dieser Familien verschwinden auch diese Rezepte. So ist Ayurveda nicht allen zugänglich.

Auch der Homöopathie war Gandhi nicht zugeneigt. In einem Brief vom 4.4.1933 schrieb er einem Ashram-Mitbewohner, daß Homöopathie ihm nicht gefalle, obwohl er zugesteht, er habe »keinen bestimmten Grund«

dafür (CWMG, LIV, 305). Drei Jahre danach schrieb er in einem anderen Brief: »Homöopathie hat mein Vertrauen nicht gewonnen. Aber sie hat Devadas [Gandhis jüngstem Sohn] geholfen« (CWMG, LXIII, 13). In demselben Brief riet Gandhi einem ayurvedischen Arzt, Jugatram, einen Homöopathen zu konsultieren. Womit ist also Gandhis dennoch grundsätzliche Abneigung gegen Homöopathie zu erklären? Die Antwort können wir nur vermuten, Gandhi selbst erklärt sich nicht. Jedenfalls kann man der Homöopathie nicht vorwerfen, daß sie den Menschen nicht zur Selbstbeherrschung ermahne. Die Paragraphen 259, 260 und 261 von Hahnemanns »Organon of Medicine« machen Gebote und Verbote zu einer Bedingung für die Heilung. Gandhis Meinung rührt vielleicht von seiner speziellen Erfahrung mit indischen Homöopathen her, von denen die meisten dem Patienten keine Verbote oder Gebote auferlegen. Selbst die erfolgreichsten unter ihnen scheinen die Einstellung zu vertreten, der Patient darf alles tun, was er will, solange er die Kügelchen vorschriftsmäßig einnimmt.

»Verehrung des Mammons« kann man den indischen Homöopathen auf keinen Fall vorwerfen. Viele von ihnen praktizieren Homöopathie aus Idealismus, und sie ist für sie von Spiritualität nicht zu trennen. Trotz der Popularität dieses Systems ist Geldgier weder bei den Ärzten noch bei der homöopathisch ausgerichteten Pharmaindustrie zu spüren. Viele Homöopathen behandeln die Armen kostenlos, und ihr Arzneimittel von der niedrigsten zur höchsten Potenz (1000 C und darüber) hat, anders als in europäischen Ländern, einen einheitlichen Preis, umgerechnet meistens 50 bis 70 Pfennig. In einem wichtigen Punkt jedoch kann Homöopathie Gandhis Anforderung nicht entsprechen. Auch bei diesem System ist der Patient nicht autonom, sondern vom Arzt abhängig.

Es sind diese Überlegungen, die Gandhis Ansichten über Gesundheit bestimmen. Die Frage lautet: Wie soll der Mensch sowohl bei Gesundheit als auch im Krankheitsfall autonom bleiben? Mit Hilfe von Naturheilverfahren, antwortet Gandhi.

Bei den Naturheilverfahren, die Gandhi vorschweben, geht es in erster Linie um die Herstellung der Unabhängigkeit des Menschen von der Medizin und den Ärzten. Verlangt das Swaraj, die Autonomie des Menschen, das Schrumpfen des Staates, so verlangt es auch das Verschwinden von Krankenhäusern und Ärzten. Auch in der Sphäre der Gesundheit muß Swaraj hergestellt werden. Im Jahre 1946 schrieb Gandhi: »Ungeachtet seiner großen Beschränkungen beharre ich auf dem Naturheilverfahren [...]. Im Naturheilverfahren kann vor allem jeder sein eigener Arzt sein.« Dies könne man von verschiedenen anderen Systemen der Medizin nicht behaupten (TG, 107). Oder er antwortete einem Leser: »Naturheilverfahren kann jeder zu Hause anwenden. Der Ratschlag des Naturheilexperten ist nicht immer notwendig. Die Sache ist so einfach, daß jeder sie erlernen kann« (CWMG, LXXXIV, 197). Daher ist auch jeder für sich selbst verantwortlich. Die Regeln dieses Systems mußten jedoch entdeckt und in einfachen Worten für die einfachen Menschen formuliert werden. Zu diesem Zweck sammelte Gandhi in seinem eigenen Leben und mit Hilfe seiner Mitbewohner Erfahrungen mit bestimmten Arten von Ernährung, mit Naturheilmitteln und Regeln der Hygiene und veröffentlichte Aufsätze darüber in seinen Zeitschriften. Er lud führende Wissenschaftler seiner Zeit ein, Beiträge über diese Themen zu schreiben. So zog er eine Menge Interessierte an und setzte eine rege Diskussion in Gang. In seinen Aufsätzen und in der Diskussion begegnet man in Gandhi einem Naturwissenschaftler, der nach objektiven Wahrheiten im Interesse der armen Massen suchte, jenseits von Nationalismus, religiöser Sentimentalität und Tradition.

§ 39. *Der Mensch als Teil der Natur –*
die Methoden des Naturheilverfahrens

Gandhis Naturheilverfahren sind nur zum Teil seine eigene Entdeckung. Zum Teil verdankt er seine Erkenntnisse und Methoden Fachleuten aus dem Westen wie Kuhne, Just und Pater Kneipp, zum Teil den ayurvedischen und Yunani-Traditionen.

Gandhi sieht den Menschen als einen Teil der Natur, die aus Erde, Wasser, Äther, Feuer und Luft besteht. Gott schuf den Menschen aus demselben Material, aus dem er das Universum geschaffen hat. Eine Beschreibung des Universums bedeute auch eine Beschreibung des menschlichen Körpers (CWMG, XI, 447). Wenn wir das erkennen würden, könnten wir auch einsehen, daß eine saubere Erde, Luft, helle Sonne, sauberes Wasser und offene Räume für die Erhaltung des Körpers notwendig sind. Mangelt es dem Körper an einem dieser Grundelemente, wird er krank (a. a. O.). Entsprechend diesen fünf Elementen hat der Körper fünf »Tatorgane«: Hände, Füße, Mund, After und Geschlechtsorgane, und fünf Sinnesorgane: Haut (Tastorgan), Nase, Ohren, Zunge und Augen. Dazu wird das elfte Organ »Gemüt« gezählt. Wenn alle diese Organe harmonisch arbeiten, ergibt sich Gesundheit. Im Naturheilverfahren geht es um die Herstellung der Harmonie und der verlorengegangenen Beziehung zur Natur, wodurch die Krankheiten geheilt oder verhindert werden. Stärker wird die Erhaltung der Gesundheit betont, welche besser als die Behandlung einer Krankheit ist. Vorbeugung ist besser als die Behandlung, heißt die Devise. Hierbei geht es um eine Lebensführung im Einklang mit der Natur und ihrem Schöpfer.

a) *Luft*
Luft ist eines der wichtigsten Elemente. Ohne Essen kann man viele Tage leben, ohne Wasser schon weniger lang,

aber ohne Luft kann man nicht leben. Dabei sind sich die Menschen ihrer Bedeutung nicht bewußt. Viele atmen falsch und kümmern sich nicht um ihre Nase. Die Nase muß genauso wie die Zähne jeden Tag gereinigt werden, wobei Gandhi das Innere der Nase meint. Das kann man mit kaltem oder lauwarmem Wasser tun, indem man wie bei yogischen Übungen (Jalaneti) durch das eine Nasenloch Wasser einzieht und durch das andere Loch oder den Mund wieder ausfließen läßt. Dabei muß man auch die Nasopharynx, den hinteren Teil des Gaumens, reinigen.

Viele atmen falsch. Sie atmen durch den Mund anstatt durch die Nase. Wenn die Luft durch die Nase eingeatmet wird, wird sie in der Nase gefiltert und gewärmt. Menschen mit der falschen Gewohnheit müssen durch Atemübungen die richtige Methode des Atmens erlernen. Und wir müssen versuchen, immer frische Luft zu atmen. Unsere Wohnungen oder Arbeitszimmer müssen gut gelüftet sein. Die Qualität der Luft ist von Land zu Land unterschiedlich. In einigen Ländern ist sie schlechter als in anderen. Viele Menschen haben nicht die Wahl, in welchem Land sie leben wollen. Aber in der Stadt, in der sie wohnen, gibt es verschiedene Viertel mit verschiedener Luftqualität. Sie können versuchen, in bessere Viertel zu ziehen.

Ideal ist es, immer im Freien unter dem Sternenhimmel zu schlafen, dabei die Sterne zu beobachten und an den Schöpfer dieses Wunders zu denken. Beim Schlafen darf die Nase nie zugedeckt werden. Wenn es kalt ist, darf man den Kopf mit einer zusätzlichen Decke bedecken, aber nie die Nasenlöcher. Die Angst, daß man sich erkälten könne, muß man loslassen (CWMG LXXVII, 4).

Nach traditionellen Vorstellungen Indiens soll man bei Mahlzeiten nur drei Viertel des Magens mit Essen füllen und ein Viertel für die Bewegungen der Luft freilassen. Gandhi scheint auf diese Vorstellung keinen Wert zu le-

gen, weil er auf eine andere Art den Raum für die Luftbe-
wegungen sichert.

b) *Akasa (Äther)*

Akasa ist schwer zu erklären. Die übliche Übersetzung
Äther oder leerer Raum sagt wenig aus, denn das Element
selbst ist sehr lebendig. Daher ist der leere Raum nicht mit
dem ursprünglichen Element gleichzusetzen. Dasselbe
gilt auch für die Luft, das Wasser usw. (a. a. O. 34). In dieser Ansicht scheint Gandhi mit der Sankhya-Yogaphilo-
sophie übereinzustimmen. Unsere Erde ist von dem Element umgeben, das wir als den Himmel wahrnehmen.

Je mehr wir das Element Akasa benützen, desto gesün-
der werden wir leben. Das heißt, die Trennung zwischen
uns und dem Himmel (Akasa) muß so gering wie möglich
sein. »Wir würden wahrscheinlich das Maximum an Gesundheit genießen, wenn unsere Körper ohne die von
Häusern, Dächern und sogar Kleidern bewirkte Trennung
mit dem Himmel in Beziehung blieben« (a. a. O. 35). Wird
die Beziehung zum Himmel größer, wird auch der innere
Friede und das Glück größer. In dieser Suche nach der
Verbesserung der Beziehung zum Himmel werden wir eines Tages feststellen, daß auch der Körper eigentlich eine
Trennung ist – eben eine Trennung zwischen der Seele und
dem Unendlichen, d. h. Gott. Diese Erkenntnis führt zur
Nicht-Verhaftung mit dem Körper. Dann werden wir wissen, daß wir ein Teil des gesamten Lebens sind, das uns
umgibt. Daraus ergibt sich der Dienst an den Mitmenschen als Weg zu Gott.

Die praktische Konsequenz dieser philosophischen
Gedanken ist, daß man seine Wohnung oder sein Zimmer
nicht mit unnötigen Möbeln, Teppichen oder anderen
Einrichtungsgegenständen füllt. Man zieht auch so wenig
Kleidung wie möglich an. Je weniger die Umgebung von
Gegenständen erfüllt ist, desto größer ist die Beziehung
zum Himmel und desto glücklicher, friedlicher und ge-

sünder ist der Mensch. Wie mit dem Akasa in der Umgebung ist es auch mit dem im Magen, den man nicht übermäßig mit unnötigen Dingen anfüllen darf. Man soll nur soviel essen, wie es notwendig ist, und gelegentlich fasten und jeden Tag auf die eine oder die andere Mahlzeit verzichten. Die Natur verlangt von uns stets etwas leeren Raum.

c) *Erde*

Die Erde ist ein wichtiges therapeutisches Mittel. Sie kann in vielen Fällen bei Verstopfung, Magenschmerzen, Dysenterie, Furunkeln, chronischen Kopfschmerzen, hohem Fieber, Ekzemen, Typhus, Wespen- und Skorpionstichen verwendet werden. Angeschwemmter Lehm, der feinkörnig und nicht klebrig ist, wird gesammelt und vor der Anwendung durch Hitze sterilisiert. Im Fall von Verstopfung macht man einen Umschlag von acht Zentimetern Breite, 15 Zentimetern Länge und vier Zentimetern Dicke und legt ihn sich über Nacht auf den Unterleib. Gandhi behandelte sich in Südafrika mit einem solchen Umschlag, er wirkte gleich am nächsten Tag, und so brauchte Gandhi selten wieder Abführmittel in seinem Leben (a. a. O. 26). Bei Fieber legt man einen Umschlag auf Kopf und Unterleib. Bei Typhus erleichtert er den Patienten von Ruhelosigkeit und Schmerzen. Lehm lindert sofort die Schmerzen eines Wespenstiches. Einen Umschlag mit warmem Lehm kann man gegen Entzündungen anwenden. Bei Skorpionstichen ist die Behandlung mit Lehm nicht schlechter als mit allen anderen Mitteln, versichert Gandhi aus eigener Erfahrung (a. a. O. 27). Er behauptet sogar, daß der Lehm einen von einer giftigen Schlange gebissenen Menschen heilen kann. Da zum Glück niemand auf Gandhis Farmen oder Ashrams von Schlangen gebissen wurde, kann uns Gandhi über die Wahrheit dieser Behauptung nichts berichten. Auch zur Einnahme empfiehlt Gandhi Erde, zum Beispiel fünf bis zehn Gramm sterilisierte Erde gegen Verstopfung. Da er selbst auch mit diesem Rezept keine Erfahrung habe, so Gandhi, möge man es auf eigene Verantwortung ausprobieren.

d) *Wasser*
Gandhi übernimmt seine Hydrotherapie von Kuhne. Hier geht es um sein Hüftbad und Reibungsbad. Im Hüftbad nimmt der Patient nackt in einer Wanne von einem Meter Länge Platz, die mit kaltem Wasser gefüllt ist. Seine Beine und der Oberkörper, die herausragen, können zugedeckt werden. Während des fünf bis 30 Minuten dauernden Bades wird der Unterleib des Patienten mit einem weichen Handtuch sanft massiert (a.a.O. 29). Nach dem Bad wird der Patient mit einem Handtuch abgetrocknet. Während des Bads entweichen dem Patienten Darmgase, und er rülpst, falls er an Blähungen leidet. Hat er aber Fieber, so sinkt es fünf Minuten nach Beginn des Bades um ein oder zwei Grad. Ein erschöpfter Mensch fühlt sich energetisch, jemand der an Schlaflosigkeit leidet, fühlt sich entspannt. Das Hüftbad heilt Verstopfung sowie Durchfall. Es heilt Hämorrhoiden, unterstützt durch eine richtige Diät, auch Rheumatismus und Kopfschmerzen. Kuhne glaubte sogar, diese Bäder seien sehr wertvoll in der Behandlung von Krebs (CWMG, XII, 74).

Die andere Variante dieses Bads stellt das Reibungsbad dar. Man plaziert einen Hocker in die Badewanne und füllt sie mit gerade so viel Wasser, daß die Sitzfläche des Hockers ein wenig über dem Wasser ist. Der Patient setzt sich auf den Hocker, spreizt die Beine und reibt das Ende seines Geschlechtsorgans, das die Oberfläche des Wassers berührt, sanft mit einem weichen nassen Tuch. Das Reiben soll nie weh tun. Gleich, welche Beschwerden der Patient hat, er soll sich nach dem Reibungsbad wohler fühlen. Kuhne schätzt das Reibungsbad mehr als das Hüftbad. Gandhi gesteht, daß er selber mit dem Reibungsbad weniger Erfahrungen habe und daher über seine Wirksamkeit nichts sagen könne (CWMG LXXVII, 31). In »Key to health« aus dem Jahre 1942 beschreibt Gandhi nur, wie sich ein männlicher Patient dem Reibungsbad unterzieht.

Der nasse Wickel ist eine weitere therapeutische Methode, die gegen Fieber und Schlaflosigkeit verwendet wird. Hier werden drei bis vier Wolldecken auf einem Bett ausgebreitet. Eine dicke Baumwolldecke wird in Wasser getaucht und ausgewrungen. Dann wird sie auf den Wolldecken ausgebreitet. Der Patient legt sich auf das Bett und wird in die Decken eingewickelt. Sein Kopf ruht auf einem Kissen und wird mit einem nassen Tuch bedeckt. Der Patient erlebt am Anfang einen leichten Schock, fühlt sich aber danach wohl. Nach einer oder zwei Minuten wird ihm warm. Fünf Minuten später sinkt das Fieber. Läßt man den Patienten eine halbe Stunde so liegen, beginnt er zu schwitzen oder er schläft ein. Dann darf man ihn nicht wecken.

Gandhi heilte seinen Sohn mit Hydrotherapie, als er an Lungenentzündung und hohem Fieber litt. Gandhi verwendete dabei nichts außer nassen Wickeln.

Mit nassen Wickeln kann man auch Pickel, Hautausschläge, Masern und Pocken behandeln. Gegen müde Beine hilft eine Massage mit Eis. Gegen Schmerzen in den Beinen hilft ein Fußbad mit warmem Wasser. Gandhi empfiehlt die Zugabe von Senfpulver zum Wasser. Wenn es um Erkältung oder Halsentzündung geht, kann man die Nase und den Hals mit Dampf behandeln. Dazu verwendet man eine Dampfkanne, die wie eine Teekanne aussieht. Ein Dampfbad ist nach Gandhi empfehlenswert bei rheumatischen Erkrankungen. Eine Wärmflasche lindert Schmerzen in vielen Fällen.

e) *Sonne* oder *Heliotherapie*

Die Sonne ist die Quelle von Licht und Wärme und kann zur Förderung der Gesundheit genutzt werden. Ein Sonnenbad hilft gegen Körperschwäche und niedrigen Blutdruck, indem es den Stoffwechsel fördert. Die Sonne hilft gegen Tuberkulose und unheilbare Geschwüre (a.a.O. 38). Morgensonne ist besonders gesund, weil sie das Maximum an ultravioletten Strahlen enthält. Am besten ist es, den nackten Körper der Sonne auszusetzen. Wo es wegen Kälte nicht möglich ist, soll man sich Schritt für Schritt ausziehen und in der Sonne baden. Wo es keine private Sphäre gibt, darf man die Geschlechtsorgane mit einem Lendentuch oder Unterwäsche bedecken. Die Wirkung ist dann nahezu identisch. Den Kopf darf man jedoch nie den Sonnenstrahlen aussetzen. Ihn kann man mit kalten Lehmumschlägen oder Bananenblättern schützen.

In seinen Experimenten und Schriften war Gandhi bemüht, den armen Indern zu erklären, daß bei dem Naturheilverfahren keine teuren Geräte oder Einrichtungen notwendig sind. Er schreibt zum Beispiel, man brauche für das Sitzbad nicht unbedingt die Zinnwanne, die Dr. Kuhne entwickelt habe. Eine Blechwanne aus einem indischen Bazar könne den Zweck genauso gut erfüllen. Oder er beschreibt, wie man unter Verwendung eines üblichen indischen Bettgestells ein Dampfbad nehmen kann.

Verstopfung und Verdauungsstörungen spielen bei Gandhis Naturheilverfahren eine bedeutende Rolle. Nach Gandhis Ansicht sind die beiden nicht nur Krankheiten an sich, sondern auch Ursachen aller anderen Krankheiten. Seine therapeutischen Methoden sollen dazu beitragen, den Verdauungsprozeß zu korrigieren. Daher wird immer wieder darauf hingewiesen, wenn eine Methode gegen Verstopfung oder Verdauungsstörungen gut ist.

§ 40. *Die lebenspendende Ernährung und der ethische Umgang mit ihr*

Die Ernährung spielt eine wichtige Rolle in Gandhis Auseinandersetzung mit dem Thema Gesundheit. Er betrachtet dieses Thema unter vier Gesichtspunkten: a) der Beitrag der Ernährung zur Gesundheit; b) die optimale Benutzung der vorhandenen Ernährung; c) die Erschließung neuer, nahrhafter und billiger Lebensmittel und Ersatzlebensmittel und d) die moralische Basis der Ernährung.

Essen soll wie ein Medikament zur Erhaltung des Körpers eingenommen werden, heißt es in »Narayaniyo dipika«. Zuviel oder zuwenig Essen oder nicht nahrhaftes Essen kann Krankheiten verursachen.

Gandhi ist für vegetarische Ernährung. Fleischverzehr ist aus ethischen Überlegungen nicht vertretbar. Für seine Ernährung darf der Mensch keine Tiere töten. Tiere empfinden Schmerz, Trauer, Freude usw. wie die Menschen. Fleischverzehr bedeutet zusätzlich das Risiko, daß Krankheiten von Tieren auf Menschen übertragen werden, schrieb Gandhi im Jahre 1942 (a. a. O. 7). Da die Proteine, die durch pflanzliche Mittel erhältlich sind, nicht so wertvoll wie tierische Proteine seien, macht Gandhi mit Bedauern eine Ausnahme hinsichtlich des Verzehrs von Milch und Milchprodukten. Ein fanatischer Vegetarismus kann zu Mangelerscheinungen führen. Bis ein guter vegetarischer Ersatz entdeckt wird, muß man sich mit Milch abfinden. Sojabohnen und ihre Produkte scheinen jedoch ein guter Fleischersatz zu sein.

Für die Mehrheit der Völker bildet Getreide den Hauptteil der Nahrung. Gandhi hielt Weizen für den König unter den Getreidesorten, was ihm Wissenschaftler mit ihren Tabellen bestätigten (DDR, 49). Gleich welches Getreide man verzehrt, es muß Vollkorn sein. Beim Polieren oder Mahlen der Körner in Mühlen entsteht Hitze in den Maschinen, weswegen wertvolle Mineralien und Vitamine verlorengehen. Außerdem trennt sich die nahrhafte dünne Haut, welche einen Bestandteil der Spreu bildet, von den Körnern. In Indien bekommen Rinder diese nahrhafte Spreu als Futter und Menschen die »gereinigten« Kohlehydrate. In zahlreichen Aufsätzen in »Young India« und »Harijan« und in seinen Reden machte Gandhi die Inder auf den Unterschied zwischen poliertem und unpoliertem Reis aufmerksam. Seine Leser stellten die Frage, ob dasselbe auch für entrahmte Milch gelte. Gandhi und seine Freunde, die Wissenschaftler waren, mußten dazu Stellung nehmen. Sie versicherten den Lesern, daß Magermilch genauso wertvoll sei wie Vollmilch. Beim Vergleich von Milch und Yoghurt schnitt für Gandhi die Milch als nahrhafter und bekömmlicher ab, da sie Basen enthalte.

Er empfiehlt ungekochtes Gemüse und Salate. Inder kochen oder braten Gemüse. Gandhi riet den Indern vom Kochen mit viel Wasser ab. Wenn man das Wasser nach dem Kochen abgießt, gehen Vitamine und Mineralien verloren. Ist es nicht die beste Art, sich nur von Rohkost zu ernähren? Im Bundesstaat Andhra Pradesh lernte Gandhi Gopalrao kennen. Gopalrao war ein Rohkostspezialist und leitete eine Klinik, wo er Patienten mit verschiedenen Krankheiten mit Rohkost-Diäten behandelte. Er war der Ansicht, man müsse zur Heilung von Krankheiten Nahrungsmittel in ihrem ursprünglichen Zustand verzehren, wie die Tiere das in der Natur tun, und nicht kochen. Gandhi wollte diese These prüfen und unterzog sich einem Experiment zusammen mit 22 Mitstreitern. Drei Monate lang dauerte dieses Experiment mit Rohkost, und Gandhi berichtete den Lesern der Zeitschrift »Young India« regelmäßig darüber. Die Diät bestand aus folgendem: 100 Gramm gekeimter Weizen, 100 Gramm passierte Mandeln, 100 Gramm passierter grüner Salat, 6 Zitronen und 50 Gramm Honig. Drei Mal in der Woche wurde Weizen durch gekeimte Hülsenfrüchte ersetzt und gleichzeitig Mandeln durch Kokosnußmilch. Die gesamte Menge wurde in zwei Portionen geteilt, und diese wurden vormittags um 11 Uhr und abends um 18.15 Uhr eingenommen.

Gandhi war vom ethischen Wert des ungekochten Essens vollständig überzeugt. Sollte das Experiment gelingen, würde es revolutionierende Bedeutung haben: »Es befreit Frauen von der Schufterei, welche kein Glück, sondern nur Krankheiten mit sich bringt« (DDR, 18). Durch das Experiment sollten die lebenslang zum Kochen verurteilten Inderinnen befreit werden! Auch aus volkswirtschaftlicher Sicht bedeutet dies eine Vermeidung von Energieverschwendung.

Nach zwei Monaten war Gandhi so weit, daß er seinen Lesern seine Diät empfehlen konnte, allerdings sollten sie etwa 225 Gramm Milch und 25 Gramm Ghee dazu verzehren. Der Gesundheitszustand von Gandhi und seinen Freunden wurde regelmäßig kontrolliert: a) Gandhis Blutdruck und Puls waren nie zuvor so gesund gewesen; b) seitdem sie zusätzlich Milch zu sich nahmen, litten sie nicht mehr an Schwäche; c) mit ungekochter Kost gab es keine Verdauungsprobleme; d) Fälle von Verstopfung konnten durch den Verzicht auf Getreide und Hülsenfrüchte und durch den Verzehr von grünem Salat, Kokosnußmilch, Gurken, Kürbissen usw. mit ihren Schalen vermieden werden; e) viele von ihnen verloren Gewicht, Rohkostexperten sahen das aber als Zeichen dafür, daß der Körper Gifte ausscheidet; f) alle von ihnen erlebten einen klaren und energetischen Geist und erholsame Ruhe der Seele (a. a. O. 24). Gandhi selbst mußte das Experiment im dritten Monat wegen Dysenterie unterbrechen. Auch seine Mitstreiter gaben nach und nach auf. So konnte Gandhi die Richtigkeit der These von Gopalrao nicht bestätigen (a. a. O. 30), obwohl er sein Vertrauen zur Rohkost nicht verlor. Wie Gandhi humorvoll anmerkte, war schließlich keiner von ihnen schwerkrank geworden. Daß sich alle trotz Gesundheit Tag für Tag schwächer gefühlt hatten, führte Gandhi auf fehlende Kenntnisse und Erfahrungen der Beteiligten im Umgang mit Rohkost zurück. Auf jeden Fall muß Rohkost einen Teil der Mahlzeit bilden, da beim Kochen viele Vitamine sterben und Mineralien unbrauchbar gemacht werden.

Auf jeden Fall soll das Essen gründlich gekaut werden. Durch das Kauen wird das Essen besser verdaut, und man kommt mit weniger aus. Schlechte Verdauung ist einerseits Ursache zahlreicher Krankheiten und bedeutet anderseits Verschwendung. Gandhis Antwort darauf ist die Trennkost, die Idee, verschiedene Nahrungsmittel nicht zu mischen. Obst ißt man zum Beispiel am besten morgens, zusammen mit Milch bildet es ein gutes Frühstück. Kohlenhydrate (Brot, Fladenbrot oder andere Formen von Zerealien) können mit einer oder zwei der folgenden Zutaten kombiniert werden: Bananen, Mandeln, Datteln, Feigen, Rosinen, Honig und Milch. Zu Getreide paßt auch Gemüse gut. Dann muß man aber auf die obigen Früchte verzichten, da Gemüse nicht mit Obst gemischt werden darf. Eine Mahlzeit kann aus Brot oder Reis und rohem Gemüse und die zweite aus Brot oder Reis und gekochtem Gemüse bestehen. Dazu kann man auch eine kleine Menge Hülsenfrüchte essen. Zum Fleisch passen grünes gekochtes oder rohes Gemüse, Salate oder Früchte wie Äpfel, Birnen, Orangen, Mangos und Guaven. Früchte und grüne Salate dürfen aber nicht zusammen mit Fleisch verzehrt werden (a. a. O. 127).

Gandhi war gegen alle Gewürze, und Chilischoten waren in der Ashram-Küche streng verboten. Er ist jedoch nicht gegen Zwiebeln und Knoblauch. Knoblauch bezeichnete er als den Moschus der Armen.

Gandhi war auch bemüht, den armen Indern in den Dörfern billige Nahrungsmittel zu zeigen. Die herkömmlichen Gemüsesorten wurden und werden immer noch in großen Mengen aus den Dörfern in die Städte transportiert, so daß die Dorfbewohner selbst weniger zu essen haben. Gandhi erschloß einige neue Sorten von Blattgemüse und erklärte den Dorfbewohnern, wie wichtig ihr Verzehr für die Gesundheit sei. Da sich die Inder überwiegend vegetarisch ernähren und Fleisch sehr teuer ist, lag das Problem jedoch bei den Proteinen. Sojabohnen und Erdnüsse waren Gandhis Antwort. Er wurde darauf aufmerksam, daß nach der Ölgewinnung der wertvolle Rest der Erdnüsse nicht mehr verzehrt wurde. Bauern fütterten ihre Rinder mit diesem Rückstand, dem sogenannten Erdnußkuchen, den sie den Betreibern von Ölpressen abkauften. Gandhi ließ Erdnußkuchen zu seinem Ashram kommen, wo die Ashrambewohner ihn »experimentell« in der Küche verwendeten und neue Kochrezepte entwickelten. Diese Rezepte scheinen jedoch nicht akzeptiert worden zu sein. Immer noch bekommen die Rinder in Indien Erdnußkuchen.

Zur Förderung der Gesundheit und Vermeidung von Krankheiten ist es unerläßlich, auf gewisse Genußmittel zu verzichten. Dazu zählen Alkohol, den Gandhi für schlimmer als Prostitution und Diebstahl hielt (Tendulkar II, 62), Rauchen, Rauschmittel wie Haschisch, Opium und Kaffee, Tee und Kakao.

§ 41. *Brahmacharya, die Enthaltsamkeit*

Wichtiger als alles andere ist nach Gandhi die Enthaltsamkeit. Er nannte sie *den wahren Schlüssel zur Gesundheit* und stellte sie über alle anderen therapeutischen Techniken und Nahrungsmittel (CWMG LXXVII, 22). Die sexuellen Sekrete sind aufgrund ihrer Fähigkeit, einen Menschen zu zeugen, besonders kraftvoll. Ihre Verschwendung verrät nach Gandhi grobe Ignoranz, ihre Konservierung im Körper führt dagegen zu vollkommener Gesundheit, muß sogar als Voraussetzung für die Gesundheit gesehen werden (a.a.O. 21). Nach Gandhi dienen diese Sekrete dem Zweck der Fortpflanzung. Denselben Zweck hat auch die Ehe zu erfüllen. Ist er erfüllt, hat das Ehepaar enthaltsam zu leben. Schwelgen in körperlichen Gelüsten führt zur Verschwendung dieser vitalen Kraft. Durch die Konservierung der sexuellen Sekrete wird nicht nur die körperliche, sondern auch die geistige und spirituelle Energie erhöht. Jemand, der die Technik der Enthaltsamkeit beherrscht, benötigt nur sehr wenig Nahrung. Trotzdem ist er fähig, jede körperliche oder geistige Arbeit zu leisten, und wird nicht schnell müde. Er altert auch langsamer als andere Menschen. Im Älterwerden mag sein Körper Verschleißerscheinungen zeigen, sein Geist jedoch bleibt aktiv und wird zunehmend klarer. Sein Gesicht glänzt vor geistiger Energie (vgl. auch § 23).

Wie soll man in Enthaltsamkeit leben? Selbst die größten Asketen in den indischen Mythen konnten das Gelübde der Enthaltsamkeit nicht einhalten. Es wird von einem Asketen erzählt, der die Welt verließ, um nicht in Versuchung zu geraten. Er tauchte ins Wasser, um den visuellen Kontakt zu Frauen zu vermeiden, und meditierte dort. Zwei koitierende Fische lenkten seine Konzentration auf Frauen und brachten ihn von seinem Entschluß ab. Die sexuellen Versuchungen sind viel zu mächtig. Entsprechend umfassend ist auch der Begriff der Enthaltsamkeit bei Gandhi gemeint.

Nach Gandhi genügt es nicht, auf den Koitus zu verzichten. Die Tat ist nur ein Ausdruck der Vorstellungen. Wahre Enthaltsamkeit durchdringt auch die Vorstellungen. Sich von einer Frau angezogen zu fühlen ist bereits ein Verstoß gegen das Prinzip. Das bedeutet, daß die vollkommene Enthaltsamkeit zu einer zweiten Natur des Menschen werden soll, so daß er sie einhält, ohne sich anzustrengen. Sie ist aber nicht mit Impotenz zu verwechseln. Der enthaltsame Mensch, der Brahmachari, ist ein gesunder Mensch. Seine Geschlechtsorgane sondern die vitalen Säfte normal ab, obwohl er nie den Erektionen unterliegt. Um diesen Zustand zu erreichen, muß man auch alle anderen Begierden, nicht nur die sexuellen beherrschen. In Indien kann man Brahmacharis begegnen, die krank oder geistig gestört wirken oder jähzornig sind. Sie quälen sich mit der selbstgestellten Aufgabe, den Samenerguß zu vermeiden. Aber das gelingt ihnen nicht, weil sie nicht darauf achten, auch die anderen Begierden zu beherrschen. Gandhi macht einige Vorschläge zur Beherrschung der Enthaltsamkeit: a) Weil sexuelle Begierden ihren Ursprung in den Gedanken haben, muß man die Gedanken beherrschen. Der Geist darf nie faulenzen oder ziellos denken. Das ist dadurch zu erreichen, daß man an seine Pflichten und ihre beste Erfüllung oder an Gott denkt. b) Unsere Lektüre und Gespräche sollen rein sein, d. h. erotische Themen sollen vermieden werden. c) Wie der Geist muß auch der Körper immer mit Arbeit beschäftigt werden. Gesunde Beschäftigung für die Hände, Füße, Augen und Ohren macht die Enthaltsamkeit leichter. d) Der Beherrschung der sexuellen Triebe geht die Beherrschung der Geschmacksnerven voran. Man darf nicht im Essen schwelgen, sondern nur so viel zu sich nehmen, wie für die Erhaltung des Körpers notwendig ist. e) Ein Mann soll in allen Frauen seine Tochter, Schwester oder Mutter sehen, umgekehrt soll eine Frau in Männern ihren Sohn, Bruder oder Vater sehen (CWMG LXXVII, 22–24). Der Gedanke, daß ein verantwortungsloser und fauler Mensch eher den sexuellen Begierden verfällt, steht hinter diesen Vorschlägen.

Vollkommene Enthaltsamkeit ist jedoch nicht jedermanns Sache. Selbst Gandhi stellte fest, daß er sie in diesem Leben nicht erreichen könne. Im Alter von 66 Jahren verlor Gandhi noch in Träumen seinen Samen – ein Fehler, der einem perfekten Brahmachari nicht unterlaufen kann. Er schrieb einer Ashrambewohnerin, daß er einmal auch im wachen Zustand sexuell erregt gewesen sei – trotz seiner Bemühung »blieb das Sinnesorgan wach«. Und er gestand ihr: »Ich betrachte mich nicht als einen vollkommenen Brahmachari« (Kakar, Sudhir, 105). Unter dem Gesichtspunkt der Gesundheit ist zum Glück keine Vollkommenheit hinsichtlich sexueller Enthaltsamkeit notwendig. Daher schrieb Gandhi in seinem »Key to health«:

»Die Enthaltsamkeit, die ich in diesem Kapitel betone, beschränkt sich auf die Konservierung der sexuellen Sekrete« (CWMG LXXVII, 21).

§ 42. *Urintherapie?*

Einige Menschen praktizieren und empfehlen begeistert die Urintherapie, die sie merkwürdigerweise mit Gandhi in Verbindung bringen. Hat Gandhi Urin als ein therapeutisches Mittel oder Medikament betrachtet? Bei seiner Beschäftigung mit dem Thema Gesundheit geht es immer um die Befreiung der Menschen, vor allem der armen Menschen, durch einfache und jedem zugängliche Methoden und Mittel, eine Befreiung von der komplizierten Medizin. Seinem Konzept vom Naturheilverfahren zufolge ist jeder Patient sein eigener Arzt. Zu diesem Zweck werden hier Mittel wie der bewußte Umgang mit den Elementen oder Selbstbeherrschung sowie das Fasten oder die Enthaltsamkeit angewendet. Hätte Gandhi die Einnahme von Urin tatsächlich für ein Heilmittel gehalten, dann hätte er das den armen Indern oder den Lesern seiner Zeitschriften bestimmt mitgeteilt. Im Zeitraum zwischen dem 4.1. 1913 und dem 16.8. 1913 schrieb er 34 Aufsätze über Gesundheit, die später unter dem Titel »A Guide to Health« als Buch herausgegeben wurden. Vom 28.8. 1942 bis 18.12. 1942 verfaßte er im Gefängnis wieder eine Reihe von Aufsätzen, die unter dem Titel »Key to health« erschienen. In diesen zwei Werken präsentiert er seinen Begriff von Gesundheit und Naturheilverfahren. Weder in diesen Publikationen noch in seinen anderen Artikeln über Gesundheit oder in seiner Korrespondenz bezog er sich auf die Urintherapie. Die Möglichkeit, daß er sie geheimgehalten hat, kann man ausschließen, da es in Gandhis Leben keine Geheimnisse gab. Sein Leben und Ashram waren offen für alle, er hatte kein Privatleben. Das bezeugen seine Biographen, die ihn persönlich kannten.

§ 43. *Gott als Allheilmittel*

Alle erwähnten Methoden zeigen ihre Wirkung, wenn man Gott vertraut, ihm die Verantwortung übergibt und seinem Weg folgt. Das Leben nach den Gesetzen der Natur zu führen, bedeutet nichts anderes, als Gottes Gesetzen zu folgen. Daher schloß Gandhi die Reihe seiner Aufsätze mit der Bemerkung: »Der Körper kann nur durch die Befolgung der Gesetze Gottes gesund bleiben« (CWMG, XII, 166). Die Gesetze Gottes zu befolgen und ihn in den Mitmenschen zu suchen ist die Aufgabe des Menschen. Davon abzukommen und in weltlichen Genüssen zu schwelgen hieße, dem Satan zu gehorchen – die Ursache der Krankheit. Daher konnte er behaupten, jede Krankheit sei eine Sünde, und jede Sünde sei eine Krankheit (MPWMG, II, 197). Wie Schulmediziner ihren Patienten Medikamente verschreiben, verschrieb Gandhi denen, die zu ihm zur Behandlung kamen, zusätzlich, tausendmal oder dreitausendmal Ramanama (Gottes Namen) zu beten.

10. Gandhi und die esoterischen Traditionen Indiens

Viele Kräfte liegen in uns verborgen, und wir entdecken sie nur durch ein ständiges Ringen.

Gandhi, 1942

Indische Philosophie ist unmittelbar mit der Praxis verbunden. In den meisten Fällen mündet diese Praxis in eine mystische oder, zeitgemäß ausgedrückt, esoterische Erfahrung, welche wiederum der Erkenntnis- und Realitätslehre (Epistemologie und Metaphysik) der jeweiligen Schule den letzten Beweis liefert. So führt etwa die nichtdualistische Schule von Shankara Argumente an, um den Gegner zu überzeugen, daß logisch betrachtet der »Unterschied« (zwischen zwei oder mehreren Dingen) nicht haltbar sei. Ein Geweihter kann sich aber nicht mit Argumenten zufriedengeben. Er will die Wahrheit dieser Argumente nicht in der Logik, sondern in der *Erfahrung* sehen. Darin besteht die Verbindung zwischen indischer Philosophie und der Praxis einerseits und der Esoterik anderseits, wobei die Esoterik nur als eine besondere Art der Praxis zu verstehen ist.

Im folgenden werden esoterische Vorstellungen in Gandhis Philosophie vorgestellt. Nun muß man hierbei auf einen wichtigen Punkt achten. Gandhi betrachtete alles in seinem Leben, was er dachte oder tat, sehr ernst und nüchtern wie ein Wissenschaftler. Nicht daß er keinen Humor gehabt hätte. Doch so wie ihm die Befolgung bestimmter Grundprinzipien ein sehr ernstes Anliegen war, so erweist sich auch die Esoterik bei Gandhi als eine ernsthafte Angelegenheit. Hier sind Lichtmeditationen, Kundalinikräfte, Chakras oder Retreats »in der schönen Berglandschaft« nicht zu erwarten.

§ 44. *Gandhi und die Yogasutras von Patanjali*

Gandhi betrachtete die Bhagavadgita als einen Wegweiser für sein Leben. Immer wenn er im Zweifel war, schlug er in ihr nach. Aber bei näherer Betrachtung der meisten seiner Ansichten über Wahrheit, Gewaltlosigkeit usw. läßt sich ein direkter Bezug zu Patanjalis Yogasutras nachweisen. Nur sprach Gandhi selbst nie explizit von diesem Aspekt seiner Ansichten. Er nannte jedoch die Gelübde seines Ashrams *Yamas* – Patanjalis Bezeichnung für die Disziplin.

Patanjali definiert diese Wissenschaft mit Hilfe eines Aphorismus: Yoga ist die »Stillhaltung« der seelisch-geistigen Vorgänge (Yogasutras, I, 2). Diese seelisch-geistigen Vorgänge sind Wünsche, Vorstellungen, Erinnerungen, Wissen, Schlußfolgerungen, Wahrnehmungen, Träume usw. Bei der Stillhaltung der seelisch-geistigen Vorgänge geht es meistens um die Beherrschung der Gedanken, welche die Tür zu esoterischen Erfahrungen öffnet. Gandhi scheint auf diesen Aphorismus Wert zu legen. Er glaubte, dadurch könne man enorme Energien freisetzen. Er schrieb in seiner Zeitschrift »Young India«, daß er sich täglich bemühe, »die Beherrschung über meine Gedanken zu erlangen – man stelle sich vor, welche unerschöpfliche Quelle der Energie dadurch für den Dienst erschlossen würde« (EWMG, 31).

Gandhi sagte oft, daß *Wahrheit* ihre eigene Kraft besitze und siege. Er sagte zum Beispiel: »Jede Wahrheit ist aktiv und wirksam und besitzt innere Kraft« (MPWMG III, 552). Er meinte auch, daß das Beharren auf der Wahrheit Kraft gibt (MPWMG I, 327), und nannte sie die Seelenkraft. In einem Aphorismus der Yogasutras heißt es (II, 36), daß sich allein aus den Worten eines Menschen, der die Disziplin Wahrheit beherrscht, die Früchte ergeben. Hariharananda kommentiert dies dahingehend, das Wort eines solchen in der Wahrheit gefestigten Menschen besitze eine so große Kraft, daß es sich verwirklicht. Er führt diese Kraft auf den starken Willen eines Yogis zurück, der durch das Medium der Wahrheit wirksam wird (Hariharananda Aranya, 220). Swami Vivekananda jedoch spricht schlicht von der reinen Kraft der Wahrheit (Swami Vivekananda, 263).

Gewaltlosigkeit oder *ahimsa* ist die zweite Disziplin bei Patanjali. Ein Aphorismus besagt (II, 35), wenn jemand Gewaltlosigkeit beherrscht, geben Menschen und andere Kreaturen, die in seine Nähe kommen, alle Feindseligkeit auf. Gandhis viele Ansichten über Gewaltlosigkeit und seine Erfahrungen im Leben scheinen ein Kommentar über diesen Aphorismus zu sein. Auf die Frage eines Lesers, ob bei einem Verrückten, der Amok läuft, die Anwendung von Gewalt angebracht sei (1940), antwortete Gandhi mit Nein. Wenn der Leser die Gewaltlosigkeit richtig beherrsche, so genüge allein seine Anwesenheit, den Verrückten zu besänftigen: »Ihre einfache Anwesenheit wird genügen« (MPWMG II, 432). Die ganze Philosophie hinter Gandhis politischen Agitationen besteht darin, daß man gewaltlos das Herz des Gegners verwandelt, damit er freiwillig auf seine bösen Taten verzichtet. Daher gibt es auch keine Feinde. In Gandhis Leben haben wir viele Beweise dafür. Man denke an General Smuts, Mir Alam oder an die aggressiven Mohammedaner in Bengalen, die von ihm zum Frieden bekehrt wurden.

Gandhi setzt das Besitzergreifen mit Stehlen gleich, und beides bedeutet für ihn Gewalt. Daher müssen die Bedürfnisse eines Menschen auf das Minimum reduziert werden. Diese beiden Prinzipien können mit dem Armutsgelübde gleichgesetzt werden. Gandhi verlangte dringend, daß Menschen, die im öffentlichen Leben stehen, Politiker etwa, dieses Gelübde ablegen. 1931 erklärte er in einer Ansprache in London, daß er zu Beginn seiner politischen Aktivitäten vor der Frage gestanden habe, wie er sich vor Unmoral, Unwahrheit und politischem Eigennutz schützen solle. In seiner Suche nach einer Antwort habe er das Armutsgelübde entdeckt (EWMG, 116). Das Gelübde einzuhalten sei am Anfang schwer gewesen. Aber mit der Zeit seien die Dinge immer mehr und geschwind von ihm abgefallen. Heute diene er den Menschen viel unbeschwerter und glücklicher. Zwar könne man die vollkommene Armut in diesem Körper nicht erreichen, es gäbe aber einen höchstmöglichen Grad an Armut, den wir als Menschen erreichen könnten. Menschen, die bis zu diesem Grad von Armut vorgedrungen seien, meinte Gandhi, bestätigten uns eines: »Wenn du dich von all deinem Besitz trennst, dann besitzt du tatsächlich den ganzen Reichtum der Welt« (a.a.O. 121). Gandhis eigene Erfahrungen bestätigen diese Aussage. Es mangelte ihm nie am täglichen Bedarf wie Kleidung oder Nahrung, und wenn er für seine sozialen Aktivitäten Geld benötigte, bekam er immer reichlich Spenden, so daß er sein Vorhaben nie wegen mangelnder Mittel aufgeben mußte.

Bei Patanjali heißt es (II, 37), beherrscht jemand das Nicht-Stehlen, fallen ihm alle Edelsteine [Schätze] der Welt zu. Auch das Nicht-Besitzergreifen hat Konsequenzen im esoterischen Bereich. Obwohl Gandhi nie davon sprach, hat der 39. Aphorismus von Patanjali eine besondere Bedeutung für die heutige Esoterik und kann auch im Zusammenhang mit Gandhis Ideen von Interesse sein: »Wenn jemand das Nicht-Besitzergreifen beherrscht, so wird er Kenntnisse über seine vergangenen und künftigen Inkarnationen erlangen.« Wenn jemand Kenntnisse über seine vergangenen Geburten erhalten will, so muß er damit anfangen, daß er seinen Besitz aufgibt. Wenn wir dem Meister glauben, sind diese Kenntnisse anders nicht zu haben.

Nach Gandhi führt *Enthaltsamkeit* zur Konservierung der sexuellen Sekrete und somit zur Steigerung der körperlichen, geistigen und spirituellen Energie. Aufgrund dieser Energie benötigt der Körper weniger Nahrung, und trotzdem bleiben die Leistungen gleich, sie steigern sich sogar. Pyarelal berichtet, daß nach Gandhi alle Kraft der Konservierung und Sublimierung der sexuellen Kraft entspringt, welche auch für die Zeugung des Lebens zuständig ist (Pyarelal, I, 573). Patanjalis Aphorismus lautet: »Durch die Beherrschung der Enthaltsamkeit wird Energie gewonnen« (II, 38). Swami Vivekananda kommentiert, daß ein keusches Gehirn enorme Energie und Willenskraft besitze. »Enthaltsamkeit ermöglicht wunderbare Einflußnahme auf die Menschen« (Swami Vivekananda, 263). Man fühlt sich an Louis Fischers Bericht über seinen Aufenthalt bei Gandhi erinnert, als nämlich Mahadev Desai Fischer erklärte, daß Gandhis enormer Einfluß auf die Massen auf seine Enthaltsamkeit zurückzuführen sei (Louis Fischer 1953, 329).

§ 45. *Körper und Seele*

Wie bereits erwähnt, gibt Patanjali einen klaren Hinweis darauf, wie jemand über seine früheren oder späteren Inkarnationen Kenntnisse erhalten kann. Derartige Kenntnisse allein spielen bei Gandhi keine besondere Rolle, er setzt jedoch die Wiedergeburt in seiner Ethik als wichtige Bedingung zur Gerechtigkeit voraus. In einem Brief (1927) an einen Mönch schrieb Gandhi: »Es ist fast unmöglich, ohne den Glauben an die Wiedergeburt zu beweisen, daß die Welt von Gerechtigkeit bestimmt wird« (CWMG XXXIV, 91). Gerechtigkeit verlangt, daß die Gerechten belohnt und die Ungerechten bestraft werden. Da dies in dieser Welt nicht der Fall ist, muß es – sollte Gerechtigkeit ein Gottes- oder Naturgesetz sein – irgendwann, wenn nicht in diesem Leben, Gerechtigkeit geben – den unsterblichen, in der Zukunft wiederverkörperten Seelen muß sie widerfahren. Ein Idealist wie Gandhi kann es nicht anders empfinden. Dabei geht er weit über das bloße logische Denken hinaus, wenn er in dem erwähnten

Brief behauptet: »Jeden Augenblick habe ich den direkten Beweis für die Wahrheit des Glaubens an Reinkarnation« (a.a.O.).

Gandhis Philosophie setzt eine klare Trennung zwischen dem vergänglichen Körper und der unsterblichen Seele voraus, und das nicht nur aus einer ethischen Notwendigkeit heraus. Den Körper sieht Gandhi als eine Mauer, die zwischen dem zu verwirklichenden Ideal und der Seele steht. So ist etwa die absolute Gewaltlosigkeit nicht zu erreichen, solange wir in diesem Körper leben. Wegen seiner Erhaltung müssen wir Gewalt anwenden, selbst wenn sie sehr gering ist. Absolute Gewaltlosigkeit ist uns also innerhalb des Körpers nicht möglich. Sie ist aber der Weg zur Wahrheit und von Wahrheit nicht zu trennen. Läßt sich die absolute Gewaltlosigkeit nur außerhalb des Körpers verwirklichen, so ist auch die absolute Wahrheit mit diesem Körper nicht zu erkennen. Daher sagte Gandhi, die Freiheit von allen Bindungen, vor allem von der Bindung zum Körper, sei die Verwirklichung von Gott oder Wahrheit (vgl. § 27). Darin findet sich der Gedanke enthalten, daß die Seele ohne Körper zu gewissen Erkenntnissen und Handlungen fähig ist und daß der Körper die Fähigkeiten der Seele beschränkt. Hier denkt Gandhi sehr ähnlich wie die Jaina-Philosophen. Nach ihrer Philosophie besitzt die Seele Allwissenheit, Allmächtigkeit und Allgegenwärtigkeit. Ihre Verbindung mit der Karma-Materie beschränkt diese Fähigkeiten. Der Körper ist nur eine sichtbare Form der Karma-Materie. Im Zustand von *Kaivalya* oder Reinheit werden die ursprünglichen Fähigkeiten der Seele wiederhergestellt.

Bei Gandhi ist die Seele vom Ego zu trennen. Da das Ego sich also als ein Hindernis auf der Suche nach Gott erweist, muß es überwunden werden, wie der Körper. Oft nennt Gandhi dies Reinigung, Reinheit, Auslöschen des Selbst, eine Null werden usw. Er schreibt zum Beispiel: »Niemand kann Gott von Angesicht zu Angesicht sehen, wenn er etwas Ego in sich hat. Er muß eine Null werden, wenn er Gott sehen will« (TG, 36). Aber zugleich muß er auch den Körper überwinden. Was ist aber wichtiger, die Überwindung des Körpers oder des Ego? Meines Erachtens stellt sich diese Frage bei Gandhi nicht. Das eine bedingt das andere. Es könnte auch argumentiert werden, daß bei Gandhi das Ego seine Existenz der Verbindung der Seele mit dem Körper verdankt.

Die letzte mystische Erfahrung, die Gandhi vorschwebt, hängt mit der Überwindung des Ego oder Körpers zusammen. In dieser Advaita-Erfahrung erlebt der Mensch die Einheit mit dem Schöpfer und seiner Schöpfung. Daher sagte er: »Ich möchte die Identität nicht nur mit allen Wesen, die Menschen heißen, verwirklichen, sondern ich möchte Identität mit dem ganzen Leben verwirklichen, auch mit solchen Wesen, die auf der Erde kriechen [...] Weil wir behaupten, daß wir und sie beide gemeinsam von demselben Gott abstammen« (EWMG, 59).

Es sind nicht nur einige Individuen, die nach solchen edlen Zielen streben. Nach Gandhi scheint in der Welt ein Prozeß im Gang zu sein, welcher indirekt, unbewußt und langsam die ganze Welt zu einem neuen Bewußtsein bewegt. Viele christliche Geistliche aus den USA und England baten ihn, nach Amerika bzw. Europa zu kommen, um diesen Prozeß zu beschleunigen. Gandhi lehnte diese Bitte jedoch ab, weil er dachte, die Zeit, Indien zu verlassen, sei noch nicht reif (a. a. O. 53). Können wir angesichts der wachsenden Popularität von Esoterik heute annehmen, daß sich das Weltbewußtsein geändert hat? Die Frage könnte eine endlose Diskussion entfachen. Gandhi hinterläßt uns jedoch eine nüchterne Mahnung: »Die Kraft des *Tapasya* verschwindet, wenn sie kommerzialisiert wird« (MPWMG, II, 18).

III.
Würdigung

11. Ist Gandhi überholt?

Das endgültige Ergebnis meiner Experimente liegt noch im Mutterleib der Zukunft.

Gandhi, 1939

50 Jahre nach Gandhis Tod stehen wir vor der Frage, ob seine Ansichten noch irgendeine Relevanz besitzen. 50 Jahre sind eine enorme Zeitspanne. In vieler Hinsicht hat sich die Erde verändert, die Lebensumstände der Menschen sind nicht mehr dieselben. Aus heutiger Sicht betrachtet, scheint Gandhi mit seinen Ideen über Wahrheit, Gewaltlosigkeit, Armut, Bescheidenheit, Heimindustrie, Dorfrepubliken usw. sonderbar zu sein. Und je weniger jemand Gandhis Philosophie kennt, desto sonderbarer kommen ihm seine Ansichten vor. Zeitliche und geographische Distanz sorgen für Mißverständnisse, die durch Wiederholungen und die unkritische Übernahme zu Unkenntnis erstarren. Das führt zu halbherziger und in manchen Fällen heuchlerischer Verehrung von Gandhi. Ein Beispiel dafür sind die Politiker der Kongreß-Partei in Indien.

In anderen Fällen führt dies zu einer unbegründeten Verurteilung Gandhis. In vielen Gesprächen mit Gelehrten läßt sich dies feststellen. Ihre Argumente laufen darauf hinaus, daß Gewaltlosigkeit in einer Konfliktsituation nicht funktioniere – »Selbst Gandhi starb ja durch Gewalt«, sagen sie mit Überzeugung, als ob Gandhis Tod sein Konzept der Gewaltlosigkeit endgültig widerlegt hätte. Das erinnert mich an meine Schulzeit, als die Pubertierenden auf Gandhi schimpften, ohne jemals seine Philosophie kennengelernt zu haben. Dieses weitverbreitete Phänomen nennt Maya Chadda »Mahatma bashing« (Mahatma prügeln) (S. Krolick and B. Cannon edit., 22). Vor einem solchen Hintergrund ist es dringend ratsam, sich ab und zu auch mit den Ansichten großer Persönlichkeiten, deren Gedanken zum Gemeinplatz geworden zu sein scheinen, auseinanderzusetzen.

§ 46. *Gewaltlosigkeit im kulturellen und religiösen Kontext*

Gandhi hat immer geglaubt, daß seine Technik des Satyagraha in jedem Land der Welt angewendet werden kann. Eine Stoßrichtung der Kritik stellt gerade das in Frage und meint, Gandhis Erfolg sei in Indien kulturbedingt gewesen. In einem anderen Kulturkreis, etwa dem europäischen, hätte er mit anderen Bedingungen zu tun gehabt und wäre daher nicht erfolgreich gewesen. Diese Argumentation führt den Erfolg von Gandhis Technik auf günstige Eigenschaften wie Gewaltlosigkeit oder Gläubigkeit, die die Inder besitzen, und auf das Ansehen eines Heiligen, das Gandhi in Indien genoß, zurück. Berührt eine Persönlichkeit wie Gandhi diese Saiten, erklingt die Musik – Gandhi habe die vorhandenen gesellschaftlichen und religiösen Werte der Inder gezielt in seiner politischen Strategie berücksichtigt. Gandhis Biographie widerlegt diese Kritik. In seinen Agitationen in Südafrika gegen die Regierung vereinigte er Inder aller Religionen. Mit gewissen Vorbehalten kann man der Ansicht zustimmen, daß Inder tendenziell gewaltlos seien. Aber natürlich sind nicht alle Inder gewaltlos. Für die Mohammedaner, die als Eroberer nach Indien kamen, war Gewalt kein Tabu. Unter diesen Mohammedanern hatte Gandhi wiederum mit Pathanen, Angehörigen kriegerischer Stämme aus dem Nordwesten des Subkontinents, zu tun, die gewöhnt waren, jeden Konflikt mit Gewalt auszutragen. Gandhi selbst wurde Opfer ihrer Gewalt. Wichtig ist jedoch, daß sich diese Pathanen später von Gandhis Gewaltlosigkeit beeindrucken ließen und daß sich Mir Alam bei Gandhi entschuldigte. Auch später in Indien hatte Gandhi Anhänger unter diesen Pathanen. Einer von ihnen erhielt den Titel »Frontier Gandhi«. Unter Gandhis Führung blieben auch Sikhs, Anhänger einer martialischen Religion, gewaltlos.

Gandhis Philosophie der Gewaltlosigkeit faszinierte auch einige Europäer in Südafrika so sehr, daß sie zu seinen Mitstreitern wurden. Man denke an Kallenbach, Polak, Schlesin, Doke usw. Der Hauptgegner Gandhis in Südafrika, General Smuts, mußte mit ihm Frieden schließen, und er gestand Jahre später: »Es war ein erfolgreicher Staatsstreich für Gandhi« (Nanda, B.R., 119). Die schwarzen Freiheitskämpfer gründeten ihre Strategien auf Gandhis Erfahrungen, und Gandhis Philosophie der Gewaltlosigkeit stellte einen wichtigen Faktor in ihrem Freiheitskampf dar. Die »African People's Organisation« und der ANC wurden von Gandhi stark beeinflußt, schreibt Nelson Mandela (Nanda, B.R. 1995, 8). Die Pathanen, Europäer, General Smuts oder die Afrikaner hatten nicht denselben religiösen oder gesellschaftlichen Hintergrund wie die Hindus. Der Erfolg Martin Luther Kings auf dem weit entfernten amerikanischen Kontinent entkräftet die Kritik weiter. Denn hier sind Gemeinsamkeiten mit Gandhi auf keinen Fall in kulturellen oder religiösen Gegebenheiten zu finden.

Die angeführten Beispiele besagen eines: Der Erfolg von Gandhis Philosophie läßt sich nicht durch kulturelle oder religiöse Faktoren erklären. Warum wird Gandhi dann diese Kritik vorgehalten? Indem man die Erfolgsaussichten der Gewaltlosigkeit durch die Aufzählung spezifischer Umstände relativiert, hat man sich der Verantwortung entledigt. Diese Faktoren sind aber in keiner Gesellschaft, auch nicht der indischen, als Naturgegebenheiten vorhanden. Man denke zum Beispiel an die Widerstände gegen Gandhi aus der Reihen der Kongreß-Partei, oder schlimmer, seitens der gebildeten Hindu-Fundamentalisten. Da Gewalt der natürliche geistige Zustand der Menschen ist, macht Geschichte, wer eine Atmosphäre der Gewaltlosigkeit schafft und sie der Gewalt entgegenhält. In dieser Aufgabe sah Gandhi eine Pflicht der menschlichen Spezies und einen wichtigen Schritt in der Evolution.

§ 47. *Die Atombombe*

Kurze Zeit bevor Indien unabhängig geworden war, entdeckten die Wissenschaftler die Atombombe, die die Amerikaner auf Hiroshima und Nagasaki warfen. Damit schien das Gewaltpotential der Kriegsmaschinerie den höchsten Grad erreicht zu haben. Viele Inder und Europäer wollten von Gandhi wissen, ob mit der Explosion der Atombombe, die er die Sünde der Wissenschaftler nannte, seine Idee der Gewaltlosigkeit nicht überholt sei. Einige Engländer und Amerikaner erklärten Gandhi, durch die Atombombe sei der Frieden gesichert (z. B. CWMG LXXXIV, 127 oder 393). Seine amerikanischen Freunde behaupteten, sie sei der sicherste Weg zur Gewaltlosigkeit! Gandhi wunderte sich über diese Ansichten. Er verglich den Frieden in der Welt nach der Explosion mit der Verdauungspause eines gefräßigen Menschen. Die Gewalt wird wiederkehren, wie der Gefräßige an den Tisch. »Die Atombombe hat die Gewalt nicht beendet«, erklärte er der Welt (a. a. O. 127). Für ihn war es eine axiomatische Wahrheit, daß Gewalt mit Gewalt nicht beendet werden könne, daß Frieden durch Krieg nicht hergestellt werden könne. Gandhi sah die Menschen sich auf den nächsten Krieg vorbereiten. Die unzähligen Kriege seit dem Ende des Zweiten Weltkriegs belegen, selbst wenn sie keine Weltkriege mit dem Einsatz von Atombomben waren, seine Vorhersage. Gandhi sah in ihr nur eine besonders gefährliche Entwicklung, da sie das feinste Gefühl des

Menschen abgetötet habe, welches die Menschheit durch alle Zeiten erhalten habe. Sie habe jeglichen Kodex der Kriegsführung hinfällig werden lassen. Die einzige daraus zu ziehende Lehre nach Gandhi: »Die Menschheit kann aus der Gewalt nur mit Hilfe von Gewaltlosigkeit aussteigen« (a. a. O. 394).

§ 48. Wirtschaft und Industrialisierung

Gandhi verurteilt in seinem Werk »Hind Swaraj« die Industrialisierung und Verehrung von Maschinen. Diese hätten die Versklavung Indiens verschuldet. »Es sind die Maschinen, die Indien versklavten«, heißt es hier (HS, 82). Wo es Maschinen gibt, da gibt es Großstädte, Straßenbahnen und Züge, heißt es weiter. In dieser Schrift kritisierte Gandhi den ganzen Fernverkehr und meinte puritanisch, der Mensch solle sich nur so weit fortbewegen, wie seine Füße und Hände ihn von Natur aus tragen könnten (a. a. O. 44). Diese radikalen Ansichten änderte Gandhi später in Indien. Doch blieb er bei seiner Abneigung gegen die kapitalintensiven Großindustrien der Städte, weil sie ausbeuterisch, unmenschlich und schädlich für den Geist und Körper des Menschen seien. In seinen Schriften und der »Konstruktiven Arbeit« setzte er sich daher überwiegend für die Agrarwirtschaft und Dorfindustrien ein, und in sein wirtschaftliches Bild paßten nur die unentbehrlichsten Maschinen. Lange Zeit machten sich die Ökonomen über Gandhi lustig und warfen ihm reaktionäre Ansichten vor. Industrialisierung und die damit verbundene Steigerung der Produktion waren ihrer Meinung nach der Schlüssel zum Glück einer Gesellschaft. Heute, wo die Entwicklungsländer dabei sind, sich zu industrialisieren und ihren Lebensstandard zu erhöhen, stellt sich heraus, daß der Lebensstandard des Westens kein Leitbild für die Welt sein kann. Man weiß jetzt, daß die Grundsätze der Wirtschaftslehre neu definiert werden müssen.

Der britische Ökonom E. F. Schumacher macht darauf aufmerksam, wie schädlich dieser Wohlstand für das »Raumschiff« Erde ist. In den USA leben 5,6 Prozent der Weltbevölkerung. Aber sie verbrauchen 40 Prozent der gesamten Rohstoffe der Welt, um ihren Lebensstandard zu genießen (Prasad, Nageshwar [Hrsg.], 35). Wenn man Westeuropa und Japan und alle Länder dazuzählt, die denselben Lebensstandard erreichen möchten, dann ergibt sich ein Schreckensszenario. Es zeigt sich deutlich, daß *es nicht zu verwirklichen ist, ohne die Erde zu zerstören.* Nach Gandhi hängt das Glück des Menschen nicht von den Waren ab, die er besitzt. Je weniger er besitzt, desto glücklicher ist er. Verzicht auf Gegenstände, versichert uns Gandhi, führt zum sicheren Glück (EWMG, 117). Verzicht und Entsagung statt Verbrauch und Besitz müssen bewußt als neue Werte etabliert werden.

Kapitalintensive Industrien bringen eine Verlagerung der Produktion in Großstädte mit sich, aber die Waren werden überall im Land verkauft. Daraus ergibt sich die Verarmung und das Verschwinden der Dorfindustrien, was wachsenden Druck auf die Agrarwirtschaft bedeutet. Dieses nannte Gandhi mit einem Wort »Ausbeutung«. Da fruchtbares Land nur beschränkt zur Verfügung steht, fliehen immer mehr Dorfbewohner in die Städte. So entstehen die Slums in den Großstädten. Gandhis Konzeption von Dorfindustrien bildet ein Pendant zur Agrarwirtschaft, die zur Dezentralisierung der Produktion und des Verbrauchs von Waren beitragen soll. Das hat den zusätzlichen Vorteil, daß die Infrastruktur keine wichtige Voraussetzung darstellt und die Waren nicht unnötig hin und her gefahren werden, was ihren realen Wert ohnehin nicht steigert. So können auch unnötiger Energieverbrauch und Umweltverschmutzung vermieden werden. Nach Schumacher steht bei Gandhi der Mensch im Mittelpunkt, nicht die Waren: Es geht um »die Produktion von Massen statt Massenproduktion« (a. a. O. 34).

Aber man darf nicht an die Figur in Hermann Hesses »Steppenwolf« denken, die einen Krieg gegen Maschinen erklärt und sie vernichten will. Das Wohl der Menschen ist der Grund, den Gandhi gegen die Maschinen anführt. Sollten sie jedoch den Menschen dabei behilflich sein, so sind sie willkommen. »Ich würde intelligente Ausnahmen machen« (MPWMG II, 182), »was immer für die verhungernden Millionen nützlich sein kann, ist schön« (a. a. O. 187), erklärte er dem Kunststudenten Ramachandran.

Gandhi beharrt nicht fanatisch auf seinen Ansichten. Dasselbe gilt auch für seine Theorien über Gesundheit. Trotz seiner Vorbehalte bescheinigt er der Schulmedizin hohe Verdienste hinsichtlich ihrer »Universalität«, ihrer wissenschaftlichen Methode. Die Schulmedizin könnte und muß sich von Geldgier und Tierversuchen distanzieren, und sie kann Homöopathie und alle Heilpraktiken einschließlich des Naturheilverfahrens umfassen. Sie hat vor allem »eine wunderbare Art der Chirurgie« (CWMG LIV, 306).

§ 49. *Vermengung der Religion mit Politik*

Gandhi wird oft vorgeworfen, er habe den religiösen Faktor in den Freiheitskampf, d. h. in die Politik, gebracht, und dadurch seinem säkularen Charakter geschadet – ein Grund für die Konflikte zwischen Hindus und Muslimen und schließlich für die Teilung Indiens. Gandhis Erhebung der Wahrheit zu Gott und die Verherrlichung der Gewaltlosigkeit als dem einzigen Weg zu ihm sowie sein ganzer Sanskrit-Wortschatz, dharma, Yajna, Brahmacarya, Asteya, Aparigraha (die Gelübde), Swaraj, Ramaraj usw., haben eine religiöse hinduistische Färbung. Oft hielt er Massengebete ab, bei denen Lieder auf Gott gesungen und religiöse Texte gelesen wurden. Noch dazu fastete er immer, wenn er aus einer politischen Krise keinen Ausweg sah, und nannte das einen Prozeß der Reinigung oder ein intensives Gebet. All das vermittelte, vor allem den mit Gandhis Philosophie nicht Vertrauten, den Eindruck, er sei »obskurantistisch«. Selbst die Intellektuellen aus der Kongreß-Partei wie Nehru mißverstanden ihn und hatten daher Schwierigkeiten mit seinen Aktivitäten. Im Zusammenhang mit dieser Kritik kann man drei zentrale Aspekte bei Gandhi nennen: Säkularismus, Spiritualismus und Volksnähe.

Säkularismus: Zwar verwendete Gandhi religiöse Lieder und Texte in seinen Gebeten im Ashram oder in der Öffentlichkeit, aber sie waren aus allen Religionen ausgewählt. So waren hier Christentum und Islam neben Hinduismus vertreten. Bei ihm wohnten viele Bewunderer, Angehörige anderer Religionen, die Hindus geworden wären, wenn er ein Zeichen dafür gegeben hätte. Gandhi tat es nicht. Seiner Ansicht nach soll jeder seine Religionszugehörigkeit beibehalten und ein guter Mensch werden. Ein Hindu soll ein guter Hindu, ein Christ soll ein guter Christ werden. Im Grunde genommen haben alle Religionen dieselben Vorteile und Nachteile. Daher sind Bekehrungen sinnlos. Wenn aber alle Religionen gleich sind, kann keine bevorzugt werden. Gandhis Säkularismus bedeutet Egalität aller Religionen, keine Areligiosität. Gandhi sah Religion, Politik oder Wirtschaft nicht als voneinander getrennte, »hermetische« Bereiche. Alle diese Bereiche bilden seiner Meinung nach das eine Leben, das wieder vom Schöpfer nicht zu trennen ist. Diese Auffassung von Säkularismus hat das unabhängige Indien in seine Staatsphilosophie aufgenommen. Obwohl in Indien Hindus die Mehrheit bilden, ist der Hinduismus keine Staatsreligion Indiens.

Spiritualismus: Gandhi blickt in seinem Umgang mit Religionen durch ihre äußeren Formen hindurch und hält an ihrem Wesen fest. So bleiben für ihn Gott und seine Schöpfung übrig, und die Frage stellt sich, wie der Mensch den Weg zu Gott finden solle. Die Antwort auf diese Frage prägt Gandhis Leben und alle seine Aktivitäten, sei es in der Politik oder Wirtschaft. Daher betonte er oft, daß diese Aktivitäten von (der als Spiritualität verstandenen) Religion nicht zu trennen seien. Diese Religion ist nicht als Hinduismus oder Islam, sondern als der Spiritualismus zu verstehen, der Gott und den Weg zu ihm in den Vordergrund treten läßt. Daher ist der Vorwurf, Gandhi habe Religion und Politik vermengt, nicht haltbar. Ganz im Gegenteil zeigte er den Indern, unter welcher Bedingung Angehörige verschiedener Religionen friedlich zusammenleben können.

Die Einführung der Spiritualität in die Politik sollte eine heilsame Wirkung auf die Gesellschaft haben. Bekanntlich ist Politik ein Geschäft, bei dem Tugenden wie Ehrlichkeit und Dankbarkeit meist keinen Platz haben. Derselbe Ruf haftet auch dem Beruf des Rechtsanwalts an. Gandhi glaubte nicht, daß ein Jurist unehrlich sein muß, und zeigte in Südafrika in seiner eigenen Praxis, daß Ehrlichkeit die Berufsausübung nicht erschwere. Dasselbe auch in der Politik zu zeigen war sein Ziel. Dies nannte er »Spiritualisierung der Politik«. Es ist nur bedauerlich, daß sich die späteren Politiker, in Indien sowie in anderen Ländern, von diesem Ideal nicht leiten ließen.

Volksnähe: Gandhi war einer der wenigen Inder, die die Bedeutung der Sprache in der Politik erkannten. Vor 1914 war die indische Politik eine Angelegenheit der Angehörigen des westlich gebildeten Mittelstandes. Die Kongreß-Partei war ein Verein von Rechtsanwälten, Ärzten oder Gelehrten, die ihre Reden auf englisch hielten und Beschlüsse im Englischen faßten. Zwischen diesen Politikern und der breiten Masse der Inder bildete die englische Sprache eine Barriere. Um alle Inder, die überwiegend ungebildet waren, zu mobilisieren, mußte man eine ihnen verständliche Sprache sprechen und in der Politik Termini verwenden, die aus den einheimischen Sprachen erwachsen sind. Gandhi erkannte diese Tatsache. Er verwendete als erster Inder Hindi in seinen Ansprachen und belegte die politischen, wirtschaftlichen und ethischen Termini mit Sanskrit-Wörtern. So heißt die Selbstregierung Swaraj, Dorfindustrie Gramodyog, ziviler Widerstand Satyagraha usw. Hätte er die englischen Ausdrücke verwendet, wäre der Freiheitskampf der Landbevölkerung fremd geblieben.

Nun hat dieser Vorteil eine Kehrseite. Dem Sanskrit begegnet man heute überwiegend in religiösem Kontext, Englisch dagegen in weltlichem Kontext. Gandhis Wortschatz und sein puritanisches Leben weckten eine religiöse Atmosphäre, und seine Handlungen waren von dieser Atmosphäre durchdrungen. Daher konnte er mißverstanden oder mißinterpretiert werden.

§ 50. *Schlußwort*

Gandhi kennen die meisten als einen politischen Akteur eines armen Landes, der selber in Armut lebte. Seine Gewaltlosigkeit und universale Liebe werden als unzumutbare Schwäche mißverstanden. Diese Form von Liebe steht jedoch mit tiefgründigen philosophischen Reflexionen in Zusammenhang. Wie im Fall von Buddha oder Jesus kann man Gandhis Philosophie von seiner Lebensarbeit, der Befreiung der Menschen, nicht trennen. Die Historizität von Buddha und Jesus und ihrer Lehre wird manchmal angezweifelt. Glücklicherweise ist dies in Gandhis Fall nicht möglich. Eine Frage drängt sich hier auf: Nach Buddha und Jesus gibt es den Buddhismus und das Christentum und nach Marx den Marxismus – alles ernsthafte Versuche der Umsetzung ihrer Lehre. Warum sehen wir nichts Ähnliches bei Gandhi? Mit anderen Worten, warum gibt es keinen Gandhismus? Dafür sind zum Teil die Geschichte und zum Teil Gandhi selbst verantwortlich.

Bei der Verbreitung des Buddhismus spielte der Kaiser

A'soka im 3. Jahrhundert eine große Rolle. Er wurde selber ein Buddhist und hieß auch seine Familie und entferntere Verwandte zum Buddhismus übertreten. Sein Reich umfaßte nahezu den gesamten Subkontinent, und unter ihm wurde der Buddhismus fast zu einer Staatsreligion erhoben. A'soka ersetzte die herkömmliche Form der Kriegsführung gegen die Nachbarn durch das Konzept friedlicher Bekehrung zu Buddhas Lehre, infolge dessen er Verwandte und Botschafter in die benachbarten Länder schickte – ein wichtiger Schritt zur späteren Verbreitung des Buddhismus in Süd- und Südostasien.

Die Lehre von Christus hat Kaiser Konstantin und die kirchliche Organisation, die Lehre von Marx die kommunistische Partei und einen Führer wie Lenin und später einen Mao als Katalysatoren für ihre Akzeptanz und Verbreitung gefunden. Gandhis Lehre wurde dagegen zu keiner Staatsphilosophie erhoben. Gandhi sah in Nehru, dem ersten Premierminister Indiens, seinen spirituellen Nachfolger. Nehru jedoch war sehr von der sowjetischen Planwirtschaft mit ihrer Betonung auf der Schwerindustrie und der westlichen Form von Demokratie beeindruckt. Die Ideen Gandhis im politischen, wirtschaftlichen oder gesellschaftlichen Bereich wurden verdrängt und vergessen. Auf der politischen Ebene kreiste das Wort »Grassroot-Democracy« (Basisdemokratie). Auf Dorfebene wurde Panchayatraj, eine Institution, geschaffen, der Ressorts wie Dorfverwaltung, Agrarsteuer und Gesundheit unterstellt wurden. Die Exekutive dieser Institution sollte demokratisch von den Dorfbewohnern gewählt werden. Trotz des Panchayatraj wurde die erhoffte Verselbständigung der Dörfer nicht umgesetzt, weil dieser Institution jegliche politische Macht fehlt. Sie liegt nach wie vor bei den Institutionen der Landesebene.

Nicht anders verhielt es sich mit den Dorfindustrien. Die »Fünfjahrespläne« sahen unter der Rubrik »Village and Small Industries« (Dorf- und Kleinindustrien) eine kleine Summe für die Dorfwirtschaft vor. So wurden 2,1 Prozent im ersten Fünfjahresplan, in den darauffolgenden 4, 1,5 und 1,3 Prozent bereitgestellt. In denselben Plänen wurde für die »Industrie und Mineralien« 2,8, 20,1, 20, 18,2, 24,7 Prozent und für die »Infrastruktur« 26,4, 27, 20, 19,5, 17,5 Prozent veranschlagt (Sankaran, 133–160): ein Lippenbekenntnis zu Gandhis Modell der Dorfwirtschaft. Die echten Anhänger Gandhis sind allerdings nicht am politischen Leben Indiens beteiligt, und sie sind über das ganze Land verstreut.

Alle diese Umstände erklären, warum Gandhis Ideen nicht zu einer Kraft geworden sind. Auch Gandhi selbst trug dazu bei. Er weigerte sich, aus seiner Lehre ein System zu erstellen, weil er fürchtete, daß sie zu einem Dogma erstarren könnte. Regelmäßig warnte er seine Anhänger davor. Als man ein »Komitee für Gandhische Gedanken« bilden wollte, sagte Gandhi: »Ich habe nichts begründet, das Gandhismus heißt. Ich bin Vertreter keiner Sekte. Ich beanspruche nie, eine Philosophie begründet zu haben« (MPWMG III, 209). Er faßte seine Philosophie in zwei Sätze: »Es gibt kein Dharma höher als die Wahrheit und kein Dharma höher als die größte Pflicht der Gewaltlosigkeit... Sie sollen es nicht Gandhismus nennen; es hat mit ›ismus‹ nichts zu tun« (a.a.O. 210). Einer Bekannten schrieb er zehn Jahre danach: »Sollte ein ›ismus‹ aufgebaut worden sein, wird er nicht lange bestehen. Und sollte er das tun, dann wird er kein Gandhismus sein« (EWMG, 62). Er verhinderte, daß aus seiner Lehre ein System entwickelt würde, weil in einem System die Wahrheit abhanden kommt. Darin zeigt sich ein anderer berühmter indischer Denker, J. Krishnamurti, Gandhi sehr ähnlich. Gandhi hatte diese Erkenntnis vielleicht aus seinem Umgang mit den Geistlichen und Kommunisten gewonnen. Auf jeden Fall ist die Folge, daß es einen Gandhismus, Gandhisten und Gandhigesellschaften nicht gibt. Einem Freund sagte er: »Ich habe keine Anhänger. Ich versuche mein eigener Anhänger zu sein. Selbst das gelingt mir nicht immer.«

Der »Ismus« kann schnell Menschen anziehen und für die Verbreitung einer Idee oder Philosophie sorgen. Wahrheit ist aber der Preis, der dabei gezahlt werden muß. Gandhis Hingabe an die Wahrheit ist letzten Endes der Grund, warum er nicht gleichermaßen wie Buddha oder Jesus zu einem Religionsstifter geworden ist.

Verzeichnis der Abkürzungen

Bei Zitaten aus oder Verweisen auf Schriften von Gandhi werden diese im Text mit folgenden Abkürzungen (in Klammern und unter Angabe der Seitenzahlen) gekennzeichnet:

AB   = Autobiography
SSA   = Satyagraha in South Africa
CWMG = The collected works of Mahatma Gandhi, Vol. I–XCIII
MPWMG = Moral and Political Writings of Mahatma Gandhi, Vol. I, II, III
EWMG = The essential writings of Mahatma Gandhi
SWMG = The selected works of Mahatma Gandhi, Vol. I–VI
PNLA   = Political and national life and affairs, Vol. III
TG   = Truth is God
DDR   = Diet and diet reform
HS   = Hind Swaraj
NVPW = Non-Violence in Peace and War, Vol. I & II

Glossar der Sanskrit-Ausdrücke

Advaita: der Nicht-Dualismus; eine Schule der indischen Vedanta-Philosophie

Ahimsā: Gewaltlosigkeit

Ākāśā: Äther, Himmel

Ānanda: Glückseligkeit

Anēkāntavāda: epistemologische Denkposition des Jainismus, daß jede Behauptung über einen Gegenstand nur beschränkte Gültigkeit besitzen kann, weswegen die Behauptung mit »vielleicht« qualifiziert werden muß

Aparigraha: Nicht-Besitzergreifen

Āshram oder Āshrama: eine der vier Lebensstadien nach hinduistischen Vorstellungen der Lebensführung; ein Kloster

Astēya: Nichtstehlen

Ātman: Seele

Avidya: Unkenntnis; Illusion; siehe auch Maya

Bhagavadgītā: ein philosophisches Werk aus 700 Sanskrit-Versen und Teil des Epos Mahabharata

Bhakti: Hingabe zu Gott

Brahma: das absolute Bewußtsein; die Ursubstanz, worauf die Welt erscheint

Brahmacharya: Enthaltsamkeit

Chit: Bewußtsein; Kenntnisse

Dharma: das Gesetz; die Wesenseigenschaft; Pflicht; Religion

Gītā: siehe Bhagavadgita

Himsā: Gewalt

Jainismus: eine indische Religion und Philosophie

Khaddar, Khadi: handgesponnener und handgewobener Stoff

Mahābhārata: ein indisches Epos aus etwa 100 000 Versen, das die Geschichte von Pandavas, ihren Rivalen Kauravas und dem großen Krieg zwischen den beiden erzählt

Mantra: mystische Formel zu okkultem Zweck

Māyā: Verblendung; Illusion; Unkenntnis

Mōksha: Erlösung

Nēti: wörtlich »nicht das«; eine negative Methode zur Erschließung des Absoluten

Niyamas: Regeln

Panch̄   Dorfrat, der aus fünf gewählten Personen besteht

Pūr   sw̄   j: volle Unabhängigkeit

Rāmanāma: Name Gottes; Name Ramas, einer Inkarnation Vishnus

Rāmāyaṇa: indisches Epos, das die Geschichte Ramas und seiner Frau Sita erzählt

Rām Rāj: Ramas Reich; der ideale Staat nach Hinduvorstellungen

Sādhana: spirituelle und asketische Übungen

Śankaracārya: indischer Philosoph aus dem 8.Jh., Gründer des Nicht-Dualismus

Sannyāsa: Entsagung der Welt

Sannyāsi: ein Asket, der der Welt entsagt hat

Sarvōdaya: Wohlfahrt für alle

Śāstra: Abhandlungen des Hinduismus über verschiedene Themen

Sat: Wahrheit; das Existierende

Sat-cit-ānanda: Existenz-Bewußtsein-Glückseligkeit

Satya: Wahrheit

Satyāgraha: das Beharren auf der Wahrheit; die Kraft der Wahrheit oder der Seele

Satyāgrahi: Person, die Satyagraha praktiziert

Swadēshi: wörtlich »vom eigenen Land«; der Verbrauch von Waren, die im eigenen Land manuell hergestellt werden

Syādvāda: siehe Anekantavada

Tapas: religiöse Bußübungen; Askese

Tyāga: Opfergeist; bewußt im Interesse anderer auf etwas verzichten

Upaniṣads: philosophische Werke aus Altindien

Vairāgya: Nicht-Verhaftung; Desinteresse

Vēdas: die ältesten heiligen Schriften der Hindus

Yajna: rituelles Opfer im Interesse der Allgemeinheit

Literatur

Basham, A. L.: *The wonder that was India*. Rupa&Co, Calcutta u. a. 1990.

Bhatt, Govardhan P.: *The basic ways of knowing*. Motilal Banarsidass, Delhi u. a. 1989.

Bhattacharya, Hari Mohan: *Jaina logic and epistemology*. K. P. Bagchi & Co, Calcutta 1994.

Bipan Chandra: *Modern India*. NCERT, New Delhi 1990.

Bipan Chandra, Amales Tripathi, Barun De: *Freedom Struggle*, NBT India, Delhi 1991.

Bipan Chandra: *India's Struggle For Independence*. Penguin Books, New Delhi 1991.

Blackburn, Simon: *The Oxford dictionary of philosophy*. Oxford University Press, Oxford and New York 1994.

Chakrabarti, Mohit: *Gandhian Mysticism*. Atlantic Publishers & Distributors, New Delhi 1989.

Chakrabarti, Mohit: *The Gandhian philosophy of man*. Indus, New Delhi 1995.

Chatterjee, Margaret: *Gandhis Religious Thought*. University of Notre Dame Press, Notre Dame, Indiana 1983.

Chatterjee, Margaret: *Gewaltfrei Widerstehen* (Übers. von Regina und Michael von Brück). Chr. Kaiser Gütersloher Verlagshaus, Gütersloh 1994.

Chatterjee, S. and D. Datta: *An introduction to indian philosophy*. Calcutta 1954.

Dasgupta, Ajit K.: *Gandhi's economic thought*. Routledge Research, London & New York 1996.

Devadhar, C. R. (Hrsg.): *Works of Kalidasa, vol. I&II*. Motilal Banarsidass, Delhi u. a. 1986.

Diem, H. (Hrsg.): *Kierkegaard: ausgewählte Texte*. Fischer Bücherei Frankfurt/M. 1956.

Dvivedi, M. N.: *The Yoga-Sutras of Patanjali*. Sri Satguru Publications, Delhi 1992.

Fischer, Louis: *The life of Mahatma Gandhi*. Tauchnitz, Stuttgart 1953.

–: *Gandhi: His life and Message for the world*. A Mentor book. New York u. a. 1982.

Fromm, Erich: *Haben oder Sein*. dtv, München 1980.

Gandhi, M. K.: *The collected works of Mahatma Gandhi*. The Publications Division, Govt. of India, Vol. I bis LXXXXIII. New Delhi.

Gandhi, M. K.: *Hind Swaraj or Indian Home Rule*. Nayajivan Publishing House, Ahmadabad 1994.

–: *The Way To Communal Harmony*. Nayajivan Publishing House, Ahmadabad 1994.

–: *India of my Dreams*. Nayajivan Publishing House, Ahmadabad 1995.

–: *The Bhagwatgita*. Orient Paperback, New Delhi–Bombay 1994.

–: *Hindu Dharma*. Orient Paperbacks, New Delhi u. a. 1995.

–: *Village Industries*. Nayajivan Publishing House, Ahmadabad 1960.

–: *Political and national life and affairs*, Vol. III. Nayajivan Publishing House, Ahmadabad 1968.

–: *Diet and Diet Reform*. Nayajivan Publishing House, Ahmadabad 1993.

–: *Unto this last*. Nayajivan Publishing House, Ahmadabad 1994.

–: *Trusteeship*. Nayajivan Publishing House, Ahmadabad 1994.

–: *Character and nationbuilding*. Nayajivan Publishing House, Ahmadabad 1994.

–: *An autobiography or the story of my experiments with truth*. Nayajivan Publishing House, Ahmadabad 1990.

–: *The Law and the Lawyers*. Nayajivan Publishing House, Ahmadabad 1993.

–: *Satyagraha in South Africa*. Nayajivan Publishing House, Ahmadabad 1995.

–: *What is Hinduism?* National Book Trust, India, New Delhi 1995.

–: *Truth is God*. Nayajivan Publishing House, Ahmadabad 1995.

Gandhi, Mahatma: *Non-Violence in Peace and War*, Bd. I. Nayajivan Publishing House, Ahmadabad 1948.

Gandhi, Mahatma: *Non-Violence in Peace and War*, Bd. II. Nayajivan Publishing House, Ahmadabad 1949.

–: *Diet and diet reform*. Nayajivan Publishing House, Ahmadabad 1993.

Godse, Gopal: *Gandhiji's Murder and after*. Surya-Prakashan, Nai Sarak, Delhi-6. 1989 (Originalausgabe).

Godse, Nathuram: *May it please your Honour*. Vitasta Prakashan, Pune 1978.

Hahnemann, Samuel: *Organon of Medicine*. M. Bhattacharya & Co, Calcutta 1987.

Heidegger, Martin: *Sein und Zeit*. Max Niemeyer Verlag, Tübingen 1979.

–: *Vorträge und Aufsätze*, Teil I & II. Verlag Günther Neske, Pfullingen 1967.

Iyer, Raghavan N.: *The moral and political thought of Mahatma Gandhi*. Oxford University Press, New York 1973.

Iyer, Raghavan (Hrsg.): *Moral and Political Writings of Mahatma Gandhi, Vol I, II and III*. Clarendon Press, Oxford 1986.

Iyer, Raghavan: *The essential writings of Mahatma Gandhi*. Oxford Indian Press, Delhi u. a. 1996.

Jaspers, Karl: *Existenzphilosophie*. Walter de Gruyter & Co, Berlin 1956.

Kakar, Sudhir: *Intimate relations: Exploring Indian sexuality*. Penguin Books, New Delhi 1991.

Khosla, G. D.: *Last Days of Netaji*. Thomson Press (India) Limited, Delhi 1974.

Krings, H., H. M. Baumgartner u. C. Wild (Hrsg.): *Handbuch der philosophischen Grundbegriffe*. Kösel-Verlag, München 1974.

Kripalani, J. B.: *Gandhi: His life and thought*. New Delhi 1971.

Krolick, Sanford, Cannon, Betty (Hrsg.): *Gandhi in the »Postmodern« Age: Issues in War and Peace*. Colorado School of Mines Press, Goden, Colorado 1984.

Kytle, Calvin: *Gandhi, Soldier of Nonviolence*. Seven Locks Press, Washington D. C. 1982.

Legget, Trevor (Übers.): *Sankara on the Yoga Sutra-s*. Motilal Banarsidass Publishers, Delhi 1992.

Lohia, Rammanohar: *Marx, Gandhi and Socialism*. Rammanohar Lohia Samata Vidyalaya Nyasa, Hyderabad 1978.

Majumdar, R. C. (Hrsg.): *The History and culture of the Indian People*, Vol. XI. Bharatiya Vidya Bhavan, Bombay 1978.

Majumdar, R. C. (Hrsg.): *The History and Culture of the Indian People*. Bharatiya Vidya Bhavan Bd. XI, Bombay, 1978.

Mall, Ram Adhar: *Die Herausforderung: Essays über Mahatma Gandhi*. Edition College, Hildesheim 1989.

Marx u. Engels: *Werke Bd. 3*. Dietz Verlag, Berlin 1962.

–: *Ausgewählte Werke*. Gondrom Verlag, Bindlach 1987.

Mashruwala, K. G.: *Gandhi and Marx*. Nayajivan Publishing House, Ahmadabad 1971.

Meyers kleines Lexikon: Philosophie. Meyers Lexikon Verlag, Mannheim u. a. 1987.

Nahar, P. C. and Ghosh, K. C. (Hrsg.): *An Encyclopaedia of Jainism*. Sri Satguru publications, New Delhi 1996.

Nanda, B. R. (Hrsg.): *Mahatma Gandhi: 125 years*. Indian Council for cultural relations, New Delhi 1995.

–: *Gandhi and his critics*. Oxford University Press, Delhi u. a. 1996.

–: *Mahatma Gandhi: A Biography*. Oxford University Press, Delhi u. a. 1997.

Patanjali: *Die Wurzeln des Yoga*. Otto Wilhelm Barth Verlag, Bern u. a. 1995.

Platon: *Der Staat*. Felix Meiner Verlag, Hamburg 1993.

Polak, H. S. L., H. N. Brailsford, Pethick-Lawrence: *Mahatma Gandhi*. Odhams Press Ltd, London 1994.

Pramanik, Nimai: *Gandhi and the Indian national revolutioneries*. Shribhumi Publishing Company, Calcutta 1984.

Prasad, Nageshwar (Hrsg.): *Gandhi and the contemporary World*. Radiant Publishers, New Delhi 1993.

Pschyrembel Klinisches Wörterbuch, de Gruyter, Berlin u. a. 1990.

Pyarelal: *Mahatma Gandhi, the last phase*, Vol I&II. Nayajivan Publishing House, Ahmadabad 1956.

Radhakrishnan, N: *Gandhi: The quest for tolerance and survival*. Gandhi smriti and darshan samiti & Gandhi Media centre New Delhi, 1995.

Radhakrishnan, S.: *The Principal Upanisads*. Oxford University Press, Delhi 1990.

Radhakrishnan, S. and Moore, Charles A. (Hrsg.): *A source book in Indian Philosophy*. Princeton University Press & Oxford University Press, London 1957.

Rau, Heimo (Hrsg.): *Mahatma Gandhi: as Germans see him*. Shakuntala Publishing House, Bombay 1969.

Romain Rolland and Gandhi: Correspondence. Publications Division, New Delhi 1990.

Rothermund, Dietmar: *Mahatma Gandhi: Der Revolutionär der Gewaltlosigkeit – eine politische Biographie*. Piper, München–Zürich 1989.

Sandkühler, Hans Jorg (Hrsg.): *Europäische Enzyklopädie zu Philosophie und Wissenschaft*. Felix Meiner Verlag, Hamburg 1990.

Sankaran, S.: *Indian Economy: problems, policies & development*. Margham Publications, Madras 1996.

Sartre, Jean Paul: *Existentialism and Humanism*. Eyre Methuen Ltd., London 1977.

Swami Hariharananda Aranya: *Yoga Philosophy of Patanjali*. University of Calcutta, Calcutta 1981.

Sharma, Shri Ram: *Gandhi: The man and the mahatma*. Rajan Chadhigarh 1985.

Singh, Ramjee: *The Relevance of Gandhian Thought*. Classical Publishing Company, New Delhi 1983.

Swami Swarupananda (Übers.): *Srimad Bhagavad-Gita*. Advaita Ashrama, Calcutta 1993.

Swami Vivekananda: *Complete works of Swami Vivekananda*. Advaita Ashrama, Calcutta 1994.

Tendulkar: *Mahatma: Life of M. K. Gandhi*. Vol. I bis VIII. Times of India Press, Bombay 1951.

Thilly, Frank: *A History of Philosophy*. Central Publishing House, Allahabad 1996.

Thomson, David: *Europe since Napoleon*. Alfred A Knopf, New York 1982.

Toelle, Gisela: *Kasturba Gandhi – die Frau im Schatten des Mahatma*. Herderbücherei, Freiburg u. a. 1985.

Verma, M. M.: *Gandhi's technique of mass mobilisation*. R. K. Gupta & Co., New Delhi 1990.

Volpi, Franco und Julian Nida-Rümelin (Hrsg.): *Lexikon der philosophischen Werke*. Alfred Kröner Verlag, Stuttgart 1988.

Zum Autor

Vanamali Gunturu, 1956 in Indien geboren, studierte Sanskrit-Literatur, englische Literatur und Geschichte sowie Philosophie in Hyderabad an der Osmania University, wo er eine Dissertation über Franz Kafka schrieb. Er absolvierte eine Ausbildung zum Deutschlehrer am Goethe-Institut in München und promovierte 1995 an der Ludwig-Maximilians-Universität in München in Philosophie über Husserl und Krishnamurti. Neben seiner Tätigkeit als Autor hält er Seminare an der Universität sowie freie Vorträge. Im Eugen Diederichs Verlag hat Vanamali Gunturu bereits ein Buch über Krishnamurti veröffentlicht (DG 133).

DIEDERICHS GELBE REIHE
Die lieferbaren Bände

EUGEN DIEDERICHS VERLAG